Auf dem Weg

gemeinsam gottesdienst gestalten
Herausgegeben von Jochen Arnold,
Michaeliskloster Hildesheim,
Evangelisches Zentrum für Gottesdienst und Kirchenmusik
der Ev.-luth. Landeskirche Hannovers
Band 14

Fritz Baltruweit (Hg.)

Auf dem Weg

Gottedienste, Andachten, Gebete, Lieder im Urlaub

gemeinsam gottesdienst gestalten 14
Herausgegeben von Jochen Arnold

Bibliografische Information Der Deutschen Nationalbibliothek

Die Deutsche Nationalbibliothek verzeichnet diese Publikation
in der Deutschen Nationalbibliografie;
detaillierte bibliografische Daten sind im Internet
über http://www.d-nb.de abrufbar.

Reihengestaltung: Andreas Klein, Stilfrei Grafikatelier, Hannover,
nach einem Logo-Entwurf von hauptvogel + dittrich pre:print gmbh, Hildesheim
Umschlag: Sybille Felchow, she-mediengestaltung, Hannover
Satz: Lüddecke Graphic Design, Hannover
Notensatz: Andreas Overdick, Göttingen
Typografie: Quay Sans
Druck- und Bindearbeiten: MHD Druck und Service GmbH, Hermannsburg
ISBN 978-3-7859-0996-6
Printed in Germany

Inhalt

© biloba / photocase.com

Gott verspricht eine sichere Landung,
aber keine ruhige Reise

Aus England

Geleitwort

Jochen Arnold

Mit dem 14. Band unserer liturgisch-homiletischen Reihe *gemeinsam gottesdienst gestalten* wenden wir uns einem neuen Thema zu: Es geht um Gottesdienste zu besonderen Zeiten an besonderen Orten, um Gottesdienste im Urlaub. Das Kirchenjahr, das uns in den meisten Bänden ein wichtiger roter Faden war (vgl. auch die letzten Bände ggg 15 zum Abendmahl und ggg 16 mit Gottesdiensten für die Kleinsten), tritt also zurück zugunsten einer anderen, einer besonderen Zeit.

Ja, der Urlaub ist eine besondere Zeit. Oft freue ich mich schon Monate lang darauf, endlich raus zu kommen aus dem Alltagstrott, neue Länder und Landschaften mit ihren Menschen zu sehen und zu erleben. Ich wünsche mir Zeit zum Ausspannen, zum Auftanken, Zeit für die Familie und die Beziehung – und auch Zeit für Gott.

Ich habe den Eindruck, dass viele Menschen in der Urlaubszeit besonders offen für spirituelle Erfahrungen sind. Oft kommen tiefe Sehnsüchte ans Licht, die sie schon lange umtreiben.

Viele Kolleginnen und Kollegen in der Urlauberseelsorge wissen darum und spüren, dass ihre Andachten und Gottesdienste Menschen anders erreichen können als der klassische Gottesdienst zuhause. In kurzer Zeit können sie wesentliche geistliche Impulse für das Leben von Menschen geben, ganz gleich, woher sie kommen, ob sie eher kirchendistanziert oder -verbunden, jung oder alt, konservativ oder progressiv usw. sind.

Diese Impulse zu erweitern und zu bereichern, ist dieses Buch entstanden. Fritz Baltruweit hat in monatelanger Redaktionsarbeit Gebete und Ansprachen, liturgische Kerntexte (auch in anderen Sprachen!), Lieder und Bilder gesammelt, um sie für einen zentralen Bereich unseres gottesdienstlichen Lebens fruchtbar zu machen.

Gedanklich vollzieht das Buch einen Dreischritt: Es reicht vom Aufbruch in den Urlaub über einzelne Stationen an besonderen Orten und Zeiten bis zur Rückkehr nach Hause. Wir werden nach Mallorca und an das Wattenmeer, auf hohe Berge und in lichte Höhen geführt und freuen uns an der Sonne und der Weite, an Liedern und Bildern.

Unterschiedliche Zeiten werden dabei erfahren: Morgen, Mittag, Abend und Nacht, aber auch Frühling, Sommer, Herbst und Winter. Alle Texte zeichnen sich durch eine besondere Naturverbundenheit und eine tiefe Freude am Leben aus, die uns zur Dankbarkeit führen.

Mascha Kaléko (vgl. unten S. 82) dichtet dazu treffend:

„Ich freue mich, daß am Himmel Wolken ziehen
Und daß es regnet, hagelt, friert und schneit.
[...]
Ich freue mich. Das ist des Lebens Sinn.
Ich freue mich vor allem, daß ich bin."

Auch ich freue mich, dass ich bin, und ich freue mich über dieses Buch.

Herzlich danken möchte ich an dieser Stelle allen Kolleginnen und Kollegen, die daran mitgewirkt haben: für einen großen Schatz, den es nun zu heben gilt; den aber auch diejenigen heben können, die zuhause bleiben oder einfach nur eine besondere Andacht (z.B. im Sommer) vorbereiten.

Andrea Röcher vom Lutherischen Verlagshaus danke ich für die sorgfältigen Korrekturen. Mein ganz besonderer Dank gilt meinem Kollegen Fritz Baltruweit, der nun schon am siebten der 16 ggg-Bände maßgeblich beteiligt ist.

Allen Leserinnen und Lesern wünsche ich einen anregenden Gebrauch.

Vorwort: Kostbare Zeit

Fritz Baltruweit

„Also, Heiligabend, da habe ich das Gefühl: Ich muss einfach zum Gottesdienst", sagte mir ein guter Freund neulich. – „Und sonst?," fragte ich nach. – „Na sonst... (er denkt ein bisschen nach) ...höchstens im Urlaub mal". – „Warum ausgerechnet im Urlaub?", fragte ich. – „Naja, im Urlaub hat man mal Zeit nachzudenken. Zu sehn, was einem wichtig ist im Leben. Und da passt dann ein Gottesdienstbesuch ganz gut rein... – Ich hab auch gute Erfahrungen gemacht: Die Gottesdienste sind nicht so öde wie zu Hause, wenn ich da mal hingegangen bin...".

Ich glaube, es ist bei vielen Menschen so: Der Gottesdienstbesuch im Urlaub ist (wenn er denn stattfindet) für viele die zweite Gottesdiensterfahrung im Jahr.

Der Urlaub hat nach Ansicht des ostfriesischen evangelischen Landessuperintendenten Detlef Klahr immer auch eine religiöse Dimension. „Eine Urlaubsreise sei, theologisch betrachtet, eine Pilgerschaft und Suche nach Heil. ... In dieser Zeit bleiben die Gesetzmäßigkeiten des Alltags außer Kraft. Das verschafft Freiheit und spirituelle Lebenskraft. Gerade im Urlaub lassen sich die Menschen von der Kirche und ihren Angeboten ansprechen. So finden auch viele, die nicht mehr in der Kirche sind, eine neue Begegnung mit dem Glauben."

Das bedeutet: Ein Gottesdienstbesuch im Urlaub ist immer auch mit besonderen Erwartungen verbunden. Deshalb sind wir herausgefordert, der Gestaltung des Urlaubsgottesdienstes besondere Aufmerksamkeit zu widmen. Es geht darum, der existenziellen Dimension, dem Leben in seinen Grunddimensionen, Gott, auf die Spur zu kommen. Es geht aber auch um eine liebevolle Gestaltung und ein professionelles Erscheinungsbild. „Die Kirche steht in den Urlaubsgebieten in Konkurrenz mit anderen Anbietern", sagt Klahr. „Die Menschen stimmen mit den Füßen ab. Sie bleiben stehen, wenn sie sich angesprochen fühlen – und gehen weiter, wenn dies nicht der Fall ist. Darum muss die Kirche mit ihren Angeboten auch weiterhin dahin gehen, wo die Menschen sind. Sie kann nicht allein darauf warten, dass die Menschen zu ihr kommen."[1]

---

[1] Die Zitate stammen aus der Rede Detlef Klahrs bei einem Treffen mit Kurdirektoren im Februar 2008 in Aurich.

Szenenwechsel. „Die Klangschale gehört seit letztem Jahr fest in mein Gepäck, wenn ich zur Urlaubs-Seelsorge aufbreche", sagte ein Teilnehmer an einem Seminar im Hildesheimer Michaeliskloster. Eine Woche lang kommen von einem Mittag zum nächsten jeweils 40 bis 50 Pfarrerinnen und Pfarrer zusammen, die in verschiedenen Regionen Europas Urlaubs-Seelsorge machen. Zusammen mit Oberkirchenrat Michael Schneider aus dem EKD-Kirchenamt sprechen wir einmal im Jahr über die Situation des Urlaubs, probieren liturgische Bausteine aus, berichten einander von guten und schwierigeren Erfahrungen. „Wir brauchen Material, das wir gut einsetzen können", heißt es immer wieder. „Und möglichst viel in einem Buch vereinigt, damit wir nicht soviel mitnehmen müssen. Außerdem wäre eine CD mit Musikunterlegungen für Texte und Playbacks gut."

Die Idee dieses Buches entsteht. Viele erklären sich bereit, ihre Erfahrungen für das Buch zur Verfügung zu stellen: ein Text, eine Geschichte, eine Meditation, ein Bild. So finden Sie Beiträge von 53 Autorinnen und Autoren in diesem Buch. Eine wahre Fundgrube, um den unterschiedlichen Situationen der Urlaubs-Seelsorge Rechnung zu tragen.

Wir wollen der kostbaren Situation des Urlaubs gerecht werden: der kostbaren Zeit, dem kostbaren Ort. Alle Beiträge sind unter dieser Herausforderung entstanden und vielfach auch erprobt worden.

Nicht nur als „liturgische Fundgrube" eignet sich dieses Buch. Es macht einfach Freude, darin zu blättern, sich die Bilder anzuschauen, den einen oder anderen Text zu lesen und zu meditieren. Es ist kein Buch, das auf einmal von Anfang bis zum Ende durchgelesen werden muss, sondern eher eines, das „mitgeht" auf dem Weg durch den Urlaub, Begleiter sein will an verschiedenen Orten und zu besonderen Zeiten – vom Aufbruch bis zur Rückkehr.

Alle, die an dem Buch mitgearbeitet haben, wünschen Ihnen gute Erfahrungen mit diesem „Begleiter".

Auf dem Weg
Aufbrechen

Warum reisen wir?

Warum reisen wir? Die Frage, die so einfach daherkommt, ist so einfach nicht zu beantworten. Warum überkommt uns immer wieder die Lust, den Atlas aufzuschlagen oder den Globus zu drehen, in Reisekatalogen zu blättern und von fernen Ländern zu träumen? Warum packen wir in schöner Regelmäßigkeit die Koffer, lassen die Rollläden herunter und brechen auf in die Ferne?

Hat sich etwas geändert seit damals, als der blonde Hans Albers in seinem Lied „La Paloma" von der blauen Ferne sang: „Mich trägt die Sehnsucht fort in die weite Ferne, unter mir Meer und über mir Nacht und Sterne ..."? Kenne ich diese Sehnsucht nicht auch, die Sehnsucht nach dem Anderswo? Die Neugier auf andere Landschaften und andere Menschen? Auf andere Gerüche und andere Farben, auf andere Klänge und andere Sprachen? Spüre ich ihn nicht auch – den Wunsch nach Tapetenwechsel?

Irgendwann im Jahr beginne ich zu träumen, will die ausgetretenen Pfade des Alltags verlassen, dem Diktat des Terminkalenders entfliehen, die von Beruf und Familie geforderten Rollen ablegen. Und einfach nur leben nach Lust und Laune.

Wäre das nicht schön, irgendwann in diesem Anderswo anzukommen, das so viele Überraschungen für mich bereithält? Wo ich Neues entdecke an mir und in der Welt? Wo ich mich erfrischt fühle, regeneriert und die Lebensgeister zurückkommen? Holidays – in diesem englischen Wort ist noch zu erkennen, dass die Urlaubstage einmal holy days waren, heilige Tage des Innehaltens, der Rückbesinnung und der Rekreation.

Heute sind sie oft die Fortsetzung des stressigen Alltags mit anderen Mitteln.

Warum reise ich also? Vielleicht darum: Weil ich das Weite suchen muss, um mich selbst zu finden. Das klingt paradox. Aber ich muss erst Vertrautes loslassen, um in der Fremde das Eigene neu zu finden.

Man könnte es auch so sagen: Jede Reise beinhaltet immer mehr als die reale Reise. Sie ist immer verbunden mit Sehnsüchten, Wünschen, Phantasien. Eine Reise antwortet auf ein Problem, ist dessen Lösung und schafft auch wieder neue Problemlagen. Insofern ist Reisen deutbar als Bild für das ganze Leben. Reisen enthält darum immer auch eine symbolische und spirituelle Dimension, der man sich bewusst sein sollte.

Klaus Nagorni

Im Urlaub habe ich Zeit...

Im Urlaub
 habe ich Zeit,
 die ich sonst nicht habe.
 Ich bin offen für das,
 was mich grundsätzlich betrifft.

Im Urlaub
 werde ich still,
 schaue zurück,
 schaue nach vorn.

Im Urlaub
 spüre ich die Weite,
 die mich umfängt.
 Wind, Wellen, eine gute Aussicht...
 ...Lebens-Raum.

Im Urlaub sehe ich,
 wie es gehen kann
 mit meinem Leben.

Fritz Baltruweit

Auszeiten

Sommer – Sonne – Urlaub.
Auszeiten im Jahr tun gut.
Wenn aller Stress, alle Termine
und alle Verpflichtungen von mir abfallen,
wenn ich einfach loslassen kann
und das Leben genieße,
dann merke ich wieder,
wie wichtig Du für mich bist
und wie sehr ich Dich zum Leben brauche.

Du hast den Sommer,
die Sonne und die Zeit gemacht.
Wie groß und unfassbar ist Deine Schöpfungskraft.
Ich stehe staunend vor Dir und danke Dir,
dass Du für mich da bist.

Renate Hofmann

Zu Beginn der Sommerferien:

Bitte um Segen für die geschenkte Zeit – Aufbrechen in den Urlaub

Elemente für einen Gottesdienst unter Gottes Himmelzelt – am besten entweder draußen oder im Zelt oder in einem „angedeuteten" Zelt in der Kirche...

Fritz Baltruweit

Lied „Geh aus, mein Herz..." (EG 503, V.1, 2, 8 + 14)

Gebet
Gott, wir sind hier zusammen unter deinem Zelt –
und du bist bei uns.
Dafür danken wir dir.
Lass uns erfahren, dass du da bist,
hier in deinem Zelt, mitten unter uns.
Lass uns deinen Segen erfahren,
deine Güte, die uns zeigt:
Mit dir geht es uns gut.

So sprechen wir gemeinsam:
Gott,
deine Güte reicht, so weit der Himmel ist,
und deine Wahrheit, so weit die Wolken gehen.
Unter deiner Güte finden wir Menschenkinder Zuflucht.
Wir werden satt von den reichen Gütern deines Hauses.
Du tränkst uns mit Wonne wie mit einem Strom.
Denn bei dir ist die Quelle des Lebens.
Und in deinem Licht sehen wir das Licht.
Gott, wir danken dir dafür.
Amen.

Biblische Lesung: 1. Mose 12,1-4

Lied rechts:
Text: Hans-Jürgen Netz. Musik: Fritz Baltruweit; aus: Meine Liedertüte, 1993.
Alle Rechte im tvd-Verlag, Düsseldorf

Lied: Gottes Hände sind wie ein großes Zelt

1. Got - tes Hän - de sind wie ein gro - ßes Zelt, das die Er - de ganz um - spannt und fest zu - sam - men - hält. Got - tes Hän - de sind wie ein gro - ßes Zelt für dich und mich und für die gan - ze Welt, für dich und mich und für die gan - ze Welt.

2.   Gottes Liebe ist wie ein großes Zelt...

3.   Gottes Frieden ist wie ein großes Zelt...

4.   Gottes Segen ist wie ein großes Zelt...

Predigtgedanken

Liebe Gemeinde –
jetzt sind wir hier noch einmal zusammen
vor den Sommerferien –
haben vieles miteinander erlebt in der letzten „Saison"
(möchte ich mal sagen – und damit meine ich das letzte „Schul-Jahr")

Es begann...
...einzelne Stationen des „Jahres"...
ja, was war seitdem alles... –
was haben wir alles zusammen erlebt... –
hier unter Gottes großem Zelt,
in dem wir heute so sinnfällig zusammen sind.
Und demnächst – für manche schon morgen –
brechen wir unsere Zelte ab –
dann geht es los in ganz verschiedene Richtungen.
Die einen fahren nach Bayern,
die anderen nach Dänemark,
wieder andere nach Spanien –
und manche bleiben hier.

Ganz unterschiedliche Erlebnisse
stehen uns bevor.

Aber eins werden wir gemeinsam haben:
Wir bleiben alle unter Gottes großem Zelt –
Sein Segen wird mitgehen – mit uns allen.
...so wie mit Abraham, der ja aufbrach in eine neue Welt,
von der er kaum etwas erahnte.
Wenn wir uns das mal vorstellen:
Da sagt jemand aus heiterem Himmel:
Geh von zu Hause weg.
Geh in ein anderes Land –
Ich werde es dir schon zeigen, dieses Land.
Aber ich verrate es dir jetzt noch nicht...

Und dann macht Abraham das auch noch.
Wie groß muss sein Vertrauen gewesen sein,
sein Glaube.
...dass er losgeht.

Wie groß die Gewissheit:
Da geht jemand mit,
da leitet mich jemand,
der es gut mit mir meint,
der mir die Richtung weist
und meine Füße auf weiten Raum stellt.

Das ist wichtig zu wissen.
Für Abraham.
Und für uns.
Für uns hat das Aufbrechen
nicht so eine Dimension wie bei Abraham.
Unsere Wege werden sehr unterschiedlich verlaufen
in den nächsten Wochen –
und manche Wege werden fantastisch sein,
andere vielleicht schwer werden.

Letztlich ist es auch bei uns wenigstens ein bisschen
so wie bei Abraham:
Wir wissen vielleicht, wo wir hinfahren in den Ferien –
oder ob wir zu Hause bleiben.
Aber wir wissen nicht,
was uns die nächsten Wochen,
die nächste Zeit bringen wird.
...was alles passieren wird.
...was unser Leben verändern wird.

So eine Sicherheit,
die wir uns vielleicht suggerieren,
gibt es auch für uns nicht.

Aber da ist dann dieser Gott, der mit uns geht
und der sagt:
Ich gehe vor dir her,
um dir den richtigen Weg zu zeigen.
Ich gehe hinter dir her,
um für dich da zu sein, wenn du dich verlaufen hast.
Ich werde auch unter dir sein,
um dich aufzufangen, wenn du fällst.
Ich werde um dich herum sein,
um dich vor bösen Menschen zu schützen
und dich in den Arm zu nehmen,
wenn dir kalt wird.
Ich werde mit dir sein,
mit dir wohnen in meinem großen Zelt,
in dem alle Menschen Platz haben –

damit mein Segen dich begleitet –
und du sollst ein Segen sein.
Abraham ist ein Beispiel dafür,
das uns sagt/zeigt:
Gott begleitet uns,
wohin wir auch gehen.

Das ist unser Gott –
Und wir dürfen sagen:
Gut, dass du da bist.
Danke.

...und das auch andern zeigen.
Amen.

Lied „Vertraut den neuen Wegen" (EG 395)

Fürbitten
Wir antworten auf die einzelnen Bitten:
Gott, sei mit uns auf dem Weg.

Lasst uns beten:
Guter Gott, in ein paar Tagen ist es soweit:
Wir haben Ferien,
Zeit auszuruhn,
Zeit, Neues zu entdecken.
Sei bei uns in dieser Zeit.
Lass uns auch Zeit für dich finden.
Zeige uns deinen Weg,
damit unsere Zeit zu deiner Zeit wird.
Wir bitten dich gemeinsam:
Gott, sei mit uns auf dem Weg.

Gott,
wir bitten dich für alle, die wegfahren
und für alle, die hierbleiben:
dass wir zur Ruhe kommen
und Freiräume finden,

Glück, Gemeinschaft,
erfüllte Zeit
und ein offenes Herz für Gottes Wunder.
Lass du deinen Segen leuchten über uns.
Wir bitten dich gemeinsam:
Gott, sei mit uns auf dem Weg.

Gott,
wir bitten dich für alle,
die schwere Wege gehen müssen.
Sei du mit ihnen.
Begleite sie mit deinen Engeln,
Schenk ihnen Aussicht auf Gutes.
Wir bitten dich gemeinsam:
Gott, sei mit uns auf dem Weg.

Gott,
sei du mit allen, die sich auf den Weg machen,
um neue Wege zu gehen,
in eine Zukunft aufbrechen,
von denen sie nicht genau wissen,
wo es hingeht.
Sei du fest an ihrer Seite.
Dein Segen behüte sie.
Wir bitten dich gemeinsam:
Gott, sei mit uns auf dem Weg.

Gott,
sei mit uns auf dem Weg,
wohin wir auch gehen.
Begleite uns
unter deinem großen Zelt.
Amen.

Segen
Lassen Sie uns aufstehen
und Gottes Segen empfangen
und weitergeben.

Wir tun das zeichenhaft,
indem wir die rechte Hand nach oben öffnen,
um zu empfangen,
und die linke Hand nach unten öffnen,
um weiterzugeben.
Und vielleicht finden wir eine Hand neben uns,
von der wir etwas empfangen,
und eine,
der wir etwas weitergeben.
Nicht irgendetwas,
sondern Gottes Segen.
Wir wollen uns diesen Segen zusagen lassen.

Der Gott, der dich liebhat, gehe vor dir her,
um dir den richtigen Weg zu zeigen.
Der Gott, der dich liebhat, gehe hinter dir her,
um für dich da zu sein, wenn du dich verlaufen hast.
Der Gott, der dich liebhat, sei auch unter dir,
um dich aufzufangen, wenn du fällst.
Der Gott, der dich liebhat, sei um dich herum,
um dich vor bösen Menschen zu schützen
und dich in den Arm zu nehmen,
wenn dir kalt wird.
Der Gott, der dich liebhat, sei über dir,
um dich zu segnen. Amen.

Weitere Segens-Formen:
Segen[2]
> mit dem Lied: Segne uns mit der Weite des Himmels...[3]

1 *Segne uns mit der Weite des Himmels, segne uns mit der Wärme der
Sonne, segne uns mit der Frische des Wassers, himmlischer Vater,
segne uns.*
Refrain: *Segne, Vater, tausend Sterne, segne, Vater, unsre Erde,
segne, Vater, Meer und Land, segne, Vater, Herz und Hand.
(die Musik geht weiter...)*

---

2 Aus dem Ökumenischen Gottesdienst der Arbeitshilfe „Schöpfungszeit" (siehe www.schoepfungszeit.de)
3 Alternative Liedmöglichkeit: Komm, Herr, segne uns

Gott hat uns gesegnet –
und segnet uns jeden Tag
mit der Weite des Himmels,
mit der Wärme der Sonne,
mit Erde, Meer und Land.
Dankbar nehmen wir Gottes Wege an.
Dankbar singen wir von Gottes Segen.

2 *Segne uns mit dem Rauschen der Wälder, segne uns mit der Ernte der*
Felder, segne uns mit der Kraft der Tiere, himmlischer Vater, segne uns.
Refrain: Segne, Vater, tausend Sterne, segne, Vater, unsre Erde,
segne, Vater, Meer und Land, segne, Vater, Herz und Hand.
(die Musik geht weiter...)

Etwas von dem Segen, von dem wir singen,
erfahren wir miteinander.
Jeden Tag – und auch hier und jetzt.
Lassen Sie uns aufstehen – und die rechte Hand nach oben öffnen,
so dass sie etwas empfangen kann:
die Kraft Gottes, die im Segen fließt –
Gottes Energie, die uns leben lässt und antreibt.
Die linke Hand öffnet sich nach unten,
so dass wir etwas von der Kraft, der Energie Gottes weitergeben können.
Und wenn die rechte Hand nach oben geöffnet ist, die linke Hand
nach unten, dann findet sich bestimmt eine Hand des Nachbarn
oder der Nachbarin neben Ihnen, die „in Ihre Hand" passt...
So empfangen wir Hand in Hand Gottes Segen.

Der Herr segne dich
und behüte dich.
Der Herr lasse leuchten sein Angesicht über dir
und sei dir gnädig.
Der Herr erhebe sein Angesicht auf dich
und gebe dir Frieden.
Amen.

3 *Segne uns mit den Träumen der Kinder, segne uns mit der Liebe der Eltern, segne uns mit den Geschichten der Alten, himmlischer Vater, segne uns.*
Refrain: *Segne, Vater, tausend Sterne, segne, Vater, unsre Erde, segne, Vater, Meer und Land, segne, Vater, Herz und Hand.*

So geht im Frieden Gottes.
Lebt im Einklang mit der Schöpfung.
Amen.

Lied: Segne uns mit der Weite des Himmels...

Er - de,   seg - ne,   Va - ter,   Meer und Land,   seg - ne   Va - ter,   Herz und Hand.

2.   Segne uns mit dem Rauschen der Wälder,
      segne uns mit der Ernte der Felder,
      segne uns mit der Kraft der Tiere,
      himmlischer Vater, segne uns.
      Segne, Vater, tausend Sterne...

3.   Segne uns mit den Träumen der Kinder,
      segne uns mit der Liebe der Eltern,
      segne uns mit den Geschichten der Alten,
      himmlischer Vater, segne uns.
      Segne, Vater, tausend Sterne...

Text: Kinderkirchentags-Team. Musik: Peter Janssens; aus: Gottes Erde, 1985.
Alle Rechte im Peter Janssens Musik Verlag, Telgte-Westfalen

Lied-Alternative: Komm, Herr, segne uns (EG 170)
„Ein Segenswort auf einem Stück Zelt"

Sie können auch etwas zu Ihrem Nachbarn/Ihrer Nachbarin in der
Kirche sagen – oder etwas aufschreiben – vielleicht auf ein Stück Zelt,
so dass Menschen Ihr Wort lesen und es mitnehmen können:
   Gott segne dich.–
   Gott behüte dich.–
   Gott sei mit dir.–
   Gott begleite dich.

oder:
   ...oder Menschen, die wollen, kommen nach vorn vor den Altar und
   lassen sich persönlich segnen, vielleicht auch als Familie. Den Segen,
   den sie zugesprochen bekommen, können sie auch als Postkarte mit-
   nehmen.

Ein Segenswort für den Urlaub und mehr:
...wohin du auch gehst:
Gott gehe mit dir,
behüte dich,
leite und begleite dich –
und sei für dich ein Segen.
Amen.

oder ein

Irischer Reisesegen

Möge die Straße euch zusammenführen
und der Wind in deinem Rücken sein.
Möge die Sonne dein Gesicht
und deine Seele wärmen
und der Regen sanft auf deine Felder fallen.
Und bis wir uns wiedersehen,
halte Gott dich fest in seiner Hand.
Amen.

May the road rise up to meet you.
May the wind always be at your back.
May the sun shine warm upon your face,
and rains fall soft upon your fields.
And until we meet again,
May God hold you in the palm of His hand.
Amen.

Nu de Weg jou komt groeten
zal de wind weer waaien in je rug.
Laat Gods licht jou dragen
warm als de zon,
als regen die je zachtjes kust.
En we zien elkaar ooit weer,
we zien elkaar ooit weer,
blijf nu maar even in de palm van Gods hand.

Siehe dazu auch das Lied auf S. 281 ff

Geh aus, mein Herz

Im Sommer werden sie besonders gerne gesungen: die Lieder von Paul Gerhardt. Eins seiner Lieder wurde weit über den christlichen Gottesdienst hinaus bekannt. Es ist „Geh aus, mein Herz, und suche Freud". In strahlenden Farben und klingenden Bildern nimmt uns der Dichter darin mit auf einen Spaziergang durch Gärten und Fluren. Er öffnet uns die Augen für die Schönheit der Blumen, die schon nach einem Wort Jesu herrlicher gekleidet sind als der reiche König Salomo. So werden wir auf die Schönheit der Schöpfung hingewiesen und zum Dank gegenüber Gott eingeladen.

Aber im gleichen Moment fällt uns auch ein: Diese gute Schöpfung Gottes ist bedroht. Und so lag es eigentlich nahe, dass jemand dieses schöne Lied von Paul Gerhardt verändern würde. Ein anderer Autor wollte uns die große Gefährdung unseres gesamten Lebensraumes bewusst machen. Da heißt es in einer modernen Bearbeitung:

„Geh aus, mein Herz, und suche Freud, denn du hast nicht mehr lange Zeit, dich an Natur zu laben. Schau an der schönen Gärten Zier, solange Blume, Baum und Tier noch Raum zum Leben haben."

Und weiter: „Die Bäume stehen voller Laub, doch die Chemie senkt ihren Staub herab auf Wald und Weide. Narzissus und die Tulipan, die weichen heut der Autobahn - im Abgas wächst Getreide."

Ich weiß nicht, ob man das auch singen kann, auf die gleiche, leichtfüßige Melodie, mit der uns Paul Gerhardt zum Spaziergang einlud. Bleiben einem da die Töne nicht im Halse stecken, wenn es heißt: „Die Lerche schwingt sich in die Luft, bis auch ihr kleiner Leib verpufft im Sog der Düsenwerke. Die hochbegabte Nachtigall kämpft gegen den Transistorschall und unterliegt an Stärke"?

Der unbekannte Bearbeiter hat also die schönen Worte von Paul Gerhardt auf den Kopf gestellt. Er wollte uns kein Liedchen zum fröhlichen Dahinträllern bieten. Er wollte, dass wir die Stimmen der Natur als Mahnung hören. Die Schöpfung ist kein käufliches Genussmittel. Sie ist ein Lebensraum, den wir zärtlich pflegen und schützen müssen. Darum heißt es am Ende dieses umgeschriebenen Paul-Gerhardt-Liedes: „Ich selber kann und mag nicht ruh'n, denn jeder muss das Seine tun, so groß sind die Gefahren. Ich singe mit, wenn alles singt, voll Hoffnung, dass es uns gelingt, die Schöpfung zu bewahren."

Klaus von Mering

Engel, die mitgehn durch die Zeiten

Die Tür zur Welt Gottes

In meinem Leben wünsche ich mir:
Ein Engel begleite mich, wohin ich
auch gehe,
wo immer ich bin.

Engel begegnen mir
zwischen Himmel und Erde –
begegnen mir,
wo es brenzlig wird
in unserm Leben,
wo es um Leben
und Tod geht...

Engel begegnen mir
in meinen Freiräumen.
Sie sind nie ganz eindeutig.
Immer sind sie „durchsichtig" –
jedenfalls so durchsichtig,
dass ich durch sie hindurch Gott
sehen und erfahren kann.

Postkarte erhältlich über
kirchliche-dienste.de / engel

Immer ziehen Engel mich
auf die Seite des Lebens,
manchmal jäh und „gewaltig" –
manchmal zeigen sie uns
behutsam den Weg,
begleiten,
schützen,
leiten mich zu dem,
was vor mir liegt.

Engel schließen mir
die Tür zu der Welt Gottes auf –
und keiner kann sie schließen.
Ihr Lichtstrahl aus der offenen Tür
fällt direkt in mein Herz.
So wünsche ich mir das.

Mein Engel.
Bist du da?

Fritz Baltruweit

Lied rechts: Text: Fritz Baltruweit, Nora Steen. Musik: Fritz Baltruweit;
aus: Flirt mit dem Himmel, 2008. Alle Rechte im tvd-Verlag, Düsseldorf

Lied: Jeder Mensch braucht einen Engel

2. Und er mag dich, und du lächelst –
und es wird ganz leicht in dir.
Du kannst fliegen – du kannst träumen
und lebst auf im Jetzt und Hier.

3. Ihn schickt Gott – und er bleibt bei dir,
will dich in die Weite führ'n.
Du kannst fliegen – du kannst träumen,
kannst den Himmel leicht berühr'n.

Engel-Segen

Gott sende dir seine Engel –
Engel, die dich tragen,
Engel, die dich leiten,

Engel, die dich schützen –

Hier,
jetzt,
immer.

Sichtbar,
unsichtbar,
spürbar.

Gestern,
morgen,
in Ewigkeit.

Gott segne dich.
Gott schenke dir die Flügel seiner Sehnsucht
und erfülle dein Leben mit Liebe.
Amen.

Bettina Naumann/Nora Steen

Himmelspostkarte

Manchmal habe ich das Gefühl, eine Postkarte aus dem Himmel zu erhalten.

Zum Beispiel an diesem Abend am Meer: Ich gehe mit nackten Füßen am Wasser entlang. In den Ohren das Rauschen und über dem Horizont ein roter Feuerball: die Sonne. Ihre Farben brechen sich in jeder Welle, die auf dem Strand ausläuft. Ich bleibe stehen und schaue zu, wie sie langsam im Meer versinkt.

Eigentlich ist es ja gar nicht so, überlege ich. Nicht die Sonne versinkt im Meer. Sondern die Erde dreht sich unter ihr weg. Im genau richtigen Abstand, so dass Leben entstehen konnte.

Wie viele Planeten, wie viele Sterne gibt es, auf denen nur Staub und Steine sind. Die nichts sind als große Murmeln auf dem Weg durch das All.

Die Erde aber ist wie gemacht für das Leben. Mit Wasser, Sonnenlicht, Pflanzen und Tieren. Und uns. Alles ist da, was wir brauchen.

Ich kann mir nicht vorstellen, dass das ein Zufall ist.

Ich atme die salzige Luft ein und schaue zu, wie Himmel und Wolken sich färben. Noch malen die Wellen glitzernde Muster auf den Strand. Und am Spülsaum entdecke ich eine herzförmige Muschel.

Welch ein Wunder ist diese Erde, die sich unter der Sonne dreht. Mit allem, was auf ihr ist. Auch mit mir. Mir wird fast schwindelig, wenn ich darüber nachdenke.

Plötzlich fühle ich mich klein an diesem Abend am Meer. Und doch auf eine seltsame Weise geborgen. Ein Psalmvers kommt mir in den Sinn. Ob es dem Beter ähnlich ergangen ist wie mir? Was ist der Mensch?, fragt er staunend, was ist der Mensch, dass du, Gott, an ihn denkst?

Unvorstellbar groß muss dieser Gott sein, der das All erschaffen hat. Und doch hält er die Welt behutsam in seinen Händen. Wunderbar, auf seiner Erde leben zu dürfen. Einer unter Milliarden Menschen. Und doch einzigartig. Geliebt von diesem großen Gott, der sich an uns erinnert. An jeden einzelnen, an Sie und an mich.

Und zuweilen, da schickt er uns einen Gruß aus seiner Ewigkeit. Ich denke an dich, steht an diesem Abend auf meiner Himmelspostkarte.

Danke, schreibe ich mit dem Fuß in den Sand. Und hoffe, dass das unermüdliche Meer meine Antwort hinter den Horizont trägt.

Tina Willms

Das Leben ist wie eine Reise
Gedanken zur Taufe

Das Leben ist wie eine Reise.
Wer nach Texel reist, kann eine Erfahrung ganz besonders intensiv machen: Das Wasser spült weg. Und das Wasser spült hin.

Die Veränderungen in Texel: Südeierland. Es war einmal die Südspitze einer eigenen Insel. Sturmfluten hatten die Insel zweigeteilt für lange Zeit. Im Slufter können wir heute noch ahnen, welche gewaltigen Kräfte wirken, wenn das Wasser wegspült und hinspült.
Eine Veränderung in Spiekeroog: Vor einigen Jahren waren wir mit Familien im November auf der Insel. Wind und Wasser mit einer Stärke von 9-10 und Böen von 11. Zehn Meter Insel wurden in einer Nacht im Westen abgerissen. Sie schienen verloren. Aber nein, sie wurden nach Osten gebracht in einer Nacht einschließlich aller Strandhaferpflanzen. Neue Dünen waren plötzlich vorhanden. Was dem Menschen in Jahrzehnten nicht gelungen war, schaffte das Wasser in einer Nacht.

Am 6. Sonntag nach Trinitatis hören wir die Botschaft von der Taufe. Sie ist ein noch viel mächtigeres Wasser. Sie spült weg und sie spült hin. (Wir hören noch einmal Matthäus 28,18-20.)
Die Taufe ist ein mächtiges Wasser. Sie spült weg und spült hin. Aber wie Luther sagt: Nicht das Wasser allein macht das, sondern das Wasser in Gottes Wort gefasst und mit Gottes Wort verbunden, das heißt in der Kraft des Heiligen Geistes Gottes.
Was spült die Taufe weg?
Die Worte des Paulus haben wir in der Epistel-Lesung gehört: Der Leib der Sünde wird vernichtet. Wir sterben mit Christus, um frei zu werden von der Sünde. Es gibt Taufgottesdienste, da werden die Menschen ganz untergetaucht. Viele orthodoxe Priester tauchen auch das Baby in einem großen Taufbecken ganz unter. Der alte Adam wird ersäuft, damit der neue Adam, der Christusmensch, auferstehe. Der sieht in jedem Menschen anders aus. Er kann so aussehen:
Was spült die Taufe weg?
Die Angst. Angst entsteht häufig durch Trennung: Trennung von Menschen neben mir, weil Bindungen zerreißen oder sich einfach auflösen; Trennung von mir selbst, weil ich mit mir selbst uneinig bin und mein Herz zerrissen wird durch hin und her wogende Gedanken; Trennung von der Zukunft, weil ich keinen Ausweg sehe oder keine Hoffnung mehr habe.

Und in alledem:

Trennung von Gott: Gefühlte Trennung von Gottes Liebe, von seiner Fürsorge, seinem Immer-für-mich-da-sein. Das biblische Wort Sünde leiten einige von „Sondern" ab. Absondern, Trennen, isoliert und allein sein.

Und Angst – so sagte mir ein afrikanischer Freund – „Angst essen Seele auf." Angst tötet. Mal schnell wie ein Schock im Verkehrsunfall, mal langsam, aber unaufhörlich.

Die Taufe hat die Kraft, meine Angst *weg*zuspülen. Und wenn ich das vergesse, erinnere ich mich: Du bist getauft! Gott, du bist stärker als meine Angst. Hilf mir! Und er hört und wirkt!

Was spült die Taufe hin?

Gemeinschaft in Gottes Gegenwart. Keiner wird allein getauft. Es ist sofort eine Gemeinde da. Für kleine Kinder die Eltern und Paten, bald Kindergarten und Jugendgruppe und die Konfirmanden. Eine junge Frau kam zu mir und wollte getauft werden und ich fragte sie: Warum? Ich will einfach zu euch dazugehören. Gemeinschaft der Gemeinde Jesu Christi.

Neue **Kraft** und Orientierung. Ich gehöre durch die Taufe zu den Christen weltweit. Auf vielen Reisen haben meine Frau und ich erfahren, dass wir im fremden Land bei den Christen tatsächlich Schwestern und Brüder fanden. Und als wir im Januar bei Maartje und Braam waren, hatten wir das Gefühl: Ja, wir können einander vertrauen. Wir sind hier nicht fremd. Wir sind Schwestern und Brüder unter dem Segen des einen Gottes. Wunderbar.

Die neue **Orientierung** hilft mir hier im Leben und sie geht weit über dieses Leben hinaus. *Hier* erleben wir zurzeit viele Krisen. Gottes Geist, den ich in der Taufe erhalten habe, lässt mich wissen, was ich wirklich zum Leben brauche. Und dann stelle ich Tag für Tag fest: Ich bin reich, weil ich habe, was ich brauche. *An der Grenze des Lebens* falle ich nicht ins Leere. Wie Jesus auferstanden ist, werde auch ich auferstehen. Manche Menschen habe ich in den Tod begleitet. Von seinem Glauben oder auch von dem stellvertretenden Glauben des Menschen neben ihm gehen ganz große Kräfte aus durch die Orientierung über den Tod hinaus. Das alles spült die Taufe *hin*.

Wohin führt uns das? Zu einer ganz großen kraftvollen Stille in uns. Jesus, auf den ich getauft bin, stillt den Sturm, auch den Sturm in mir. Augustinus fasst seine Lebens-Reise so zusammen: Mein Herz ist unruhig, bis es Ruhe findet in dir.

Das Leben ist wie eine Reise hin zu der Ruhe, die wir in Gott finden. Ich wünsche Ihnen wunderbare Tage und Erfahrungen hier auf Texel und dann wieder zu Hause in der Gewissheit, die Jesus uns gibt: Ich bin bei euch alle Tage bis an der Welt Ende. Das ist gewisslich wahr. Amen.

Robert Wachowsky

Lied: Ich bin getauft
(Vor- und Zwischenspiel, instrumental, gesummt oder auf „du")

Text: Christine Tergau-Harms; Musik: Wolfgang Teichmann, 2010

Wo du hingehst, da will ich auch hingehen

Trauung

Trauung N.N. und N.N. in Finca Sa Rota, Mallorca

Begrüßung

Liebe Familie und Freunde,
liebe N., lieber N.,

ich begrüße Sie und Euch alle recht herzlich zu diesem Hochzeitsfest
hier auf der Finca Sa Rota auf Mallorca.

Vor einiger Zeit habe ich einen Aufkleber gesehen, auf dem stand:
Don't marry be happy.

Wenn Ihr davon überzeugt wäret, dass Heiraten unglücklich macht,
liebes Brautpaar, dann wäret Ihr heute sicher nicht hier.

Nein, Ihr freut Euch auf das gemeinsame Glück. Ihr habt diesen Tag
gemeinsam geplant.

Eine Hochzeit ist etwas Schönes und Großes – für einige ist sie das
schönste Fest des Lebens.

Zwei Menschen haben nach einiger Zeit des Kennenlernens, Sicher-
werdens Ja zueinander gesagt. Sind mit diesem Ja zum Standesamt
gegangen und suchen nun Gottes Segen für den gemeinsamen Weg
durch ein ganzes Leben.

Dass dieser Weg glückt, ist die Hoffnung aller, die das Leben von N.
und N. bisher begleitet haben und weiter begleiten möchten. Wir alle
bilden miteinander heute so etwas wie einen festlichen Kreis um Euch,
liebes Brautpaar – mit vielen guten Wünschen, Gedanken und
Geschenken. Und der Festkreis um Euch beide ist sicher noch größer als
Ihr ihn hier versammelt seht. In und um ... *(Orte der Herkunft und des
bereits gemeinsamen Lebens nennen)* und sicher noch an anderen Orten
werden Menschen an Euch denken. Mit Sicherheit auch im Kindergarten
Eurer kleinen Tochter, die gesagt hat: „Wir heiraten heute".

Ich lade Sie und Euch nun ein zum ersten gemeinsamen Lied ‚Danke'
und wünsche uns allen ein gesegnetes Fest, das wir feiern im Namen
Gottes, des Vaters, des Sohnes und des Heiligen Geistes. Amen.

Ansprache

Liebe Hochzeitsgäste,
liebe Verwandte und Freunde des Brautpaares,
liebe N., lieber N.,

vor ein paar Wochen war der Jackpot so richtig voll. Da habe ich mit meinen beiden Töchtern mal Lotto gespielt. So aus Spaß versteht sich – alle spielen aus Spaß Lotto.

Jeder weiß doch, wie gering die Chancen auf den großen Gewinn sind: Sechs Richtige und auch noch mit Zusatzzahl – das ist fast unmöglich, auch wenn es Woche für Woche Menschen gibt, für die sich auf einen Schlag das Leben verändert. Den meisten bleibt die Enttäuschung und die Sehnsucht nach unerfüllten Träumen.

Für Euch hat sich das Leben auf einen Schlag verändert. Wenn ein Mensch vom anderen sagt:

Er ist für mich wie sechs Richtige mit Zuatzzahl, dann meint er wohl, dass er unermesslichen Reichtum geschenkt bekommen hat, die Erfüllung seiner Träume.

Ja, dass Ihr beide so empfindet, liebes Brautpaar, ist Euch beiden abzuspüren. Wie glücklich Ihr beide miteinander und mit Eurer kleinen Tochter seid, das habe ich gestern in unserer kurzen Begegnung und in dem, was Ihr mir von Euch erzählt habt, spüren können. Da haben sich zwei junge Menschen getroffen, die relativ schnell eine große Vertrautheit gespürt haben, die sich ohne viel Worte verstanden, gleich tickten und sich gut riechen konnten.

Dass das so bleibt und nicht wie manch großer Gewinn nach kurzer Zeit – man kann es kaum glauben – verbraucht ist, darum sind wir heute hier, um für Euch den Beistand und den Segen Gottes zu erbitten.

Als Wort der Bibel, das Euch und Eure Tochter begleiten soll, hat Pfarrer N., mit dem Ihr das erste Gespräch hattet, ein Wort aus dem Buch Ruth ausgewählt: *„Wo du hingehst, da will ich auch hingehen; wo du bleibst, da bleibe ich auch."* (1,16)

Er hat damit in biblischen Worten den Wunsch verstärken wollen, was Ihr sehr schön mit Euren eigenen Worten so beschrieben habt: „Wo komme ich her? Wo gehe ich hin? Die Antwort auf diese Fragen ist für uns nebensächlich. Die Hauptsache ist, dass wir auf unserem Weg niemals alleine sind."

Wir alle wissen, dass jede Beziehung, auch die Ehe, ein Wagnis ist. Ich möchte auch ein kleines Wagnis eingehen: Ich weiß nicht, ob Ihr gerne wandert – ich vermute es nur. Aber angeregt durch Eure Worte vom Woher und Wohin, vom Gehen und Bleiben des Bibelwortes möchte ich deshalb die Trauansprache in die Geschichte von einer Wanderung einweben.

Dabei kommt der Weg zum Gipfel des Eheglücks manchmal eher einer Alpinwanderung nahe als einem kleinen Abendspaziergang hier im Umfeld der Finca Sa Rota.

Keine Sorge, ich will Euch keine Angst machen, nein, sondern Mut zusprechen, denn ich bin davon überzeugt, dass Ihr beste Voraussetzungen mitbringt für Eure gemeinsame Wandertour.

Denn es bedarf für eine solche Wanderung, will man nicht auf dem Weg zum Ziel unangenehme Überraschungen erleben, einer guten Ausrüstung und einer sorgfältigen Vorbereitung – da bringt N. ja besondere Fähigkeiten ein.

Wenn zwei Menschen aufeinander aufmerksam werden, ihre Blicke sich treffen und zueinander finden, berühren sich zwei ganz verschiedene Lebensgeschichten.

Vor X Jahren, 1997 beim Skifahren in Ort X, seid Ihr Euch das erste Mal begegnet. Der gemeinsame Weg beginnt.

In der Zeit, die Ihr jetzt zusammen seid, vieles miteinander erlebt habt, „als wir schwanger waren" – das fand ich ganz besonders schön ausgedrückt –, Eure Tochter geboren wurde und Ihr ein Zuhause eingerichtet habt, ja, da habt Ihr erfahren, dass Eure Liebe zueinander stark genug ist, einander treu zu sein, sich aufeinander verlassen zu können – die gemeinsame Wanderung zu wagen.

Ihr seid Euch mit den Jahren näher gekommen, liebe N., lieber N., habt im Alltag der Liebe sicher auch Neues am anderen kennen gelernt – die guten und die weniger guten Seiten. Auch wenn man als Außenstehender fast den Eindruck gewinnt, letztere gäbe es bei Euch beiden gar nicht.

Es ist ein Unterschied, ob man sich von Zeit zu Zeit sieht oder Tag für Tag zusammenlebt und so die Gewohnheiten und Eigenarten des anderen kennenlernt.

Da gilt es auch, dem anderen die Freiheit zu schenken, dass er vielleicht in manchem anders ist als ich. Da gilt es zu lernen und auch ein wenig einzuüben, ihn so wie er ist, zu respektieren und zu lieben.

In dieser ganzen Zeit, liebes Brautpaar, seid Ihr schon so manche Wegstrecke miteinander gegangen und habt auch sicher schwierigere Situationen gemeistert. Ihr habt Euch lieben gelernt. Ihr habt miteinander über Eure Gedanken und Eure gemeinsamen Ziele gesprochen, in vielen Situationen erfahren, dass der andere Euch Halt gibt, Euch ernst nimmt, Ihr mit ihm auf einer Wellenlänge seid. Kurzum: Ihr habt festgestellt, dass Ihr zueinander passt!

Und ich glaube, Ihr seid immer noch voneinander gefesselt – ohne Euch aneinander zu ketten. Wer Euch beiden begegnet, spürt etwas von dieser positiven Ausstrahlung, die von Eurer Beziehung ausgeht.

Positiv thinking – positiv denken ist zum Zauberwort unserer Gesellschaft geworden. Dieses kann man aber nicht – davon bin ich überzeugt – zum Programm machen. Denn wer diese Einstellung nicht nur spielt, sondern lebt, der weiß, worauf sich seine positive Lebenseinstellung gründet: In den guten und Mut machenden Erfahrungen, die er in seinem Leben bisher gemacht hat. Auf Eure Partnerschaft bezogen: Ihr habt mit und aneinander die Erfahrung gemacht, das sind zwei, die passen nicht nur supergut zusammen, sondern sie sind fasziniert vom anderen. Ist es beim einen das besonders freundliche Wesen, so fasziniert beim anderen die Spontaneität und das Organisationstalent!

Ihr habt in der zurückliegenden Zeit sicher auch erfahren, dass Eure Seilschaft auch Belastungen Stand halten kann, fest und zuverlässig ist. Verlässlichkeit und Zuverlässigkeit – wie es Euer Trauspruch zum Ausdruck bringt – sind zwei Dinge, die Ihr Euch nicht nur voneinander wünscht, sondern die Ihr in Eurer Beziehung bereits erfahren habt. Und das – finde ich – ist eine ganz wichtige und notwendige Voraussetzung für Euren gemeinsamen Weg.

Zu den Vorbereitungen für eine Bergtour gehört aber auch, sich darauf zu verständigen: Welchen Gipfel wollen wir erreichen und welchen Weg wählen wir? Es geht um die gemeinsame Zielsetzung: Woraufhin wollen wir unser Leben ausrichten und gestalten?

Ich bin mir sicher, dass Ihr beide Euch Gedanken über Eure gemeinsame Lebensplanung gemacht habt, Ihr fangt ja nicht bei Null an. Die Entscheidung, gemeinsam nach X zu gehen, war sicher eine solche Entscheidung. Und da gilt es abzuwägen, wer möchte was, was möchten wir gemeinsam?

Bei aller Gemeinsamkeit: Auch wenn man sich so gut versteht wie Ihr, hat doch jeder seine Interessen und Ziele. Und es ist gut, wenn man dazu steht und sie offen ausspricht. Nicht der ständig verliebte Blick in die Augen des anderen ist Maßstab für eine gute Seilschaft, der Garant für das Gelingen einer Beziehung.

Dabei kann man schnell den Blick verlieren für das, was um einen herum geschieht. Und dabei übersieht man schnell Unebenheiten, Geröll und loses Gestein, die einen schnell ins Rutschen bringen und zur Gefahr werden können.

Wichtig ist, einen Weg zu finden, den beide gehen können.

Man kann auch bei einer gut vorbereiteten Wanderung, liebe N., lieber N., nicht alles im Voraus planen. Das wäre – glaube ich – auch ziemlich langweilig. Denn gerade der Hauch von Abenteuer, der immer dabei ist, wenn man sich gemeinsam auf einen unbekannten Weg macht, macht den Reiz dieser Unternehmung aus.

Die Antwort auf die Frage, worauf wollen wir unser Leben ausrichten, hängt auch nicht in erster Linie an der beruflichen Karriere, an der finanziellen Absicherung, der permanenten Steigerung des Lebensstandards. Das ist auch wichtig, aber eine Garantie für eine geglückte Beziehung ist es noch nie gewesen.

Nein, entscheidender ist und das hängt auch ein bisschen mit der Faszination eines solchen Abenteuers zusammen: Welche Hoffnung trägt uns? Haben wir Visionen für unseren gemeinsamen Lebensweg?

Gerade die Menschen, die in der Wirtschaft arbeiten, wissen wie wichtig Visionen für ein Unternehmen sind. In dem Buch „Der kleine Prinz" erzählt Antoine de Saint-Exupéry in diesem Zusammenhang eine kleine Geschichte: *„Menschen wollen ein Schiff bauen. Und sie überlegen, was sie brauchen und woher sie das nötige Material bekommen. Darauf wendet der Autor ein: Das ist nicht entscheidend, sondern entscheidend ist, in den Menschen die Sehnsucht nach dem Meer zu wecken."*

So wichtig wirtschaftliche Absicherung ist, Eure Ehe wird von der Sehnsucht nach einer gelungenen Partnerschaft leben, von dem, wie reich sie ist an Wärme, Zärtlichkeit, Verständnis und Treue.

„Wo du hingehst, da will ich auch hingehen; wo du bleibst, da bleibe ich auch."

Ihr wisst sicher auch aus eigenen Erfahrungen: Ungeduldig darf man nicht sein beim Wandern und Bergsteigen. Da gibt es immer wieder Durststrecken, die einem Mühe machen. Wer da ungeduldig wird, vorschnell aufgibt und umkehrt, der taugt nicht zum Wandern. Es ist wichtig, dass Ihr in solchen Situationen die Hoffnung Eures gemeinsamen Lebenszieles nicht aufgebt und darum auch die Geduld miteinander nicht verliert. Da fehlt einem manchmal aus verschiedensten Gründen die Kraft zum Weitergehen.

Und das macht auch eine Beziehung, eine Seilschaft aus: Ich weiß, der andere bleibt an meiner Seite, geht mit. Ich kann mich in solchen Momenten voll und ganz auf ihn verlassen. Und wenn es sein muss, übernimmt er mal für eine Zeit die Führung, weil er mehr Kraft dazu hat. Und ich weiß mich auch in solchen Momenten getragen und im Vertrauen auf ihn gut aufgehoben – auch da, wo der andere mal Entscheidungen alleine treffen muss. Zeiten, in denen man von dem Vertrauen zehrt, dass der andere mich nicht hängen lässt, sondern einer den anderen durchzieht.

Es ist wichtig, dass Ihr dranbleibt am anderen – das geht bei einer Wanderung nur, wenn man ein gemeinsames Tempo findet, den anderen noch in Sichtweite hat. Nicht aber, wenn der eine vorausprescht und den anderen zurücklässt und der Abstand immer größer wird.

Im Miteinandergehen wird mir der andere mit den Jahren vertrauter und ich weiß auch nach vielen Jahren noch, wie er sich in bestimmten Situationen verhält, wo seine Stärken und Schwächen sind, was ihm wichtig ist. Dabei entscheidet sich die Frage nach Nähe und Distanz in einer Beziehung nicht an der räumlichen Entfernung. Im Gegenteil. Wer wüsste das besser als Ihr!

Auf so einer Bergwanderung, liebes Brautpaar, lauern unzählige Gefahren, unwegsames Gelände, kaum zu überwindende Felsvorsprünge. Und besonders gefährlich wird es, wenn dunkle Gewitterwolken aufziehen und Unwetter droht.

Da braucht es manchmal eine kleine Höhle, in der ich Schutz finden kann und ich mich gut aufgehoben weiß. Da braucht es viel Geschick, Geduld und Ausdauer – auch Übung – diese Gefahren zu meistern.

Ja, auch diese Zeiten, liebe N., lieber N., machen eine Ehe aus. Das können manchmal Kleinigkeiten sein, ein Wegstück mit losem Gestein, das schnell überwunden ist und nach ein paar Metern wieder vergessen. Es können aber auch gefährliche Abgründe sein, die Euch in große Gefahr bringen können oder an denen Ihr zu scheitern droht und die zum Rückweg zwingen.

Und der Grund dafür sind nicht immer nur Missverständnisse und Meinungsverschiedenheiten.

Es kann manchmal etwas sein, auf das wir gar keinen Einfluss haben, eine unvorhergesehene Situation, die das eigene und das Leben des Partners verändern kann. Wir wissen nicht immer, was uns auf dem Weg zum Gipfel begegnet, uns an der nächsten Biegung erwartet.

Aber es wäre schön, wenn sich auf Eurer gemeinsamen Wanderung durchs Leben mehr und mehr das Gefühl einstellt, ohne Angst sein zu können, weil man sich der Treue und Verlässlichkeit des Partners gewiss sein kann. Der andere bleibt, er seilt sich nicht ab. Er hält am gemeinsamen Kurs fest, auch wenn die Umstände schwierig sind.

Auf die Ehe bezogen, liebes Brautpaar, ist es in der Regel keine Frage des Materials oder der Ausrüstung. Damit kommt Ihr immer durch. Es liegt an Euch: Was jeder in diese Situation einzubringen bereit ist, wie viel ihm das Durchhalten wert ist, wie Ihr zueinander in Beziehung steht. Ob er den Gipfel, das Ziel vor Augen hat, auch wenn es gerade nicht zu sehen ist, oder die Hoffnung schon aufgegeben hat. Besonders in solchen Situationen zeigt sich, was eine Beziehung trägt.

Nun könnte ich auf Gott zu sprechen kommen. Aber mich reizt es, an dem, was „in Verbindung stehen" in einer Partnerschaft bedeutet, auch unsere Beziehung zu Gott zu verdeutlichen. In unserer Gesellschaft gebrauchen wir den Begriff der Verbindung tagtäglich, ja, es ist fast so etwas wie ein Zauberwort geworden: Kommunikation.

Und die Möglichkeiten, mit denen wir heute mit aller Welt in Verbindung stehen können, uns mitteilen können, wachsen täglich. Auf der anderen Seite wird gerade beklagt, dass immer mehr Menschen die kommunikative Kompetenz fehle.

Wir Menschen leben davon, dass wir in Verbindung stehen mit anderen, dass uns etwas mit anderen verbindet, dass wir uns anderen mitteilen. Von uns etwas mitteilen, das, was uns bewegt, was uns Freude macht oder auch Sorgen.

Und dort, wo Menschen enger verbunden sind, wie in einer Ehe, ist es ein Geben und Nehmen.

Da gibt es Situationen, wo es einfach angesagt ist, zuzuhören, Anteil zu nehmen an dem, was den anderen bewegt. Da entwickelt sich aber auch Vertrauen, dass ich mich mit meinen Anliegen auch dem anderen zuwenden kann und von ihm gehört werde. Für Eure wie für jede Beziehung, liebe N., lieber N., wird Entscheidendes davon abhängen, ob Ihr miteinander im Gespräch bleibt.

Auf dem Weg zum Gipfel des Eheglücks muss man sich immer wieder darüber verständigen, wie der Weg weitergehen soll, ob man noch das gemeinsame Ziel vor Augen hat. Da muss man sich auch manchmal etwas zurufen, seine Position angeben, sagen, wo man steht, oder den anderen auf Gefahren aufmerksam machen.

Das können manchmal ganz banale Dinge sein, die Ihr Euch mitteilt. Aber dort, wo der eine den anderen zum Beispiel am Abend nicht mehr mit wirklichem Interesse fragt, wie war dein Tag, da beginnen bereits Kommunikationsstörungen, weil sie ein Ausdruck dafür sind, dass es mich gar nicht mehr interessiert, was der andere erlebt hat – wie sein Alltag aussieht.

Sicher, es gibt Lebenssituationen, in denen die Verbindung etwas lockerer werden kann, vielleicht mir auch ein anderer Mensch ein besserer Gesprächspartner sein kann – aber: Haltet die Verbindung!

Und es gibt auch Zeiten, in denen Worte keinen Platz haben oder überflüssig sind. Zeiten, in denen ich mich durch Gesten, kleine Aufmerksamkeiten oder Zärtlichkeiten dem anderen mitteile und so die Verbindung halte.

Haltet immer auch die Verbindung mit Gott. Lasst Euch nicht irre machen in dem Vertrauen, liebes Brautpaar: Wir sind umschlossen von einem größeren Leben, sind geborgen und gehalten, was auch geschehen mag.

„Wo du hingehst, da will ich auch hingehen…"

Die Treue Gottes und die Treue des Menschen gehören zusammen, weil letztere nur möglich wird durch die erste. Was für ein Glück ist es, dass wir uns auf die Treue Gottes verlassen können.

Ihr wisst das ja selber: Gott kann man nicht sehen, man kann ihn auch nicht beweisen. Aber man kann ihn spüren: Als Zuversicht, als Ermutigung in uns immer wieder, in einem Kind wie X, als Lebenskraft, die uns die Freude am Schönen schenkt und die Ausdauer in dem, was uns schwer fällt. Und man kann ihn erfahren als Hilfe in der Not – der eine oder die andere unter Ihnen, liebe Festgemeinde, wird das vielleicht aus eigener Erfahrung bestätigen. Es gibt ja immer wieder Lebenssituationen, in denen man denkt, es geht nicht mehr weiter. Und dann, irgendwie, geht es doch. Und im Rückblick fragt man sich verwundert: Wie war das bloß möglich? Wie kam ich aus diesem Tief heraus? Wie haben wir gemeinsam wieder unseren Weg gefunden?

Der, der von Gott nichts wissen will und seine Verbindung zu ihm schon längst gekappt hat, wird es dem Zufall oder dem eigenen Vermögen zurechnen. Als Christen sagen wir: Das ist die Erfahrung der Hilfe und Treue Gottes.

Liebes Brautpaar, indem Ihr heute diesen Gottesdienst hier feiert, um Gott Euren Lebensweg anzuvertrauen und ihn dafür um seinen Segen zu bitten, tut Ihr etwas, was dem Zeitgeist weit voraus ist: Ihr wisst, wo die wirkliche Treue aufgehoben ist und wo Ihr immer neue Kraft für Eure Treue finden könnt. Nämlich bei Gott.

Deshalb meine Bitte an Euch: Bleibt nicht nur Euch, einander treu, sondern auch ihm. Denn wer sein Leben unter der Treue Gottes lebt, wird nicht nur die Weite der Schöpfung Gottes erfahren – wie zum Beispiel hier auf Mallorca –, sondern auch die Weite des gemeinsamen Lebens.

Erinnert Euch nicht nur in den guten, sondern auch in den schweren Tagen Eures gemeinsamen Lebens immer an das Versprechen Gottes, das auch Ihr beide Euch an diesem Tag gegeben habt: *„Wo du hingehst, da will ich auch hingehen; wo du bleibst, da bleibe ich auch."* Gott ist mit Euch. Welch ein Gewinn und unermesslicher Reichtum!
Euch eine glückliche Seilschaft. Amen.

Michael Schneider

Biblische Lesung
Hört, was Gottes Wort über die Ehe, Ihre Partnerschaft und Ihre Liebe sagt. Da heißt es am Beginn der biblischen Überlieferung in der Schöpfungsgeschichte im ersten Buch Mose:
   „Und Gott schuf den Menschen nach seinem Bilde,
   nach Gottes Bild schuf er ihn,
   und er schuf sie als Mann und als Frau.
   Und Gott segnete sie und sprach zu ihnen:
   Seid fruchtbar und mehret euch
   und füllet die Erde und macht sie euch untertan.
   Gestaltet euer Leben.
   Und Gott sah an alles, was er gemacht hatte und siehe, es war sehr gut."

Creó, pues, Dios al hombre a su imagen; a imagen de Dios lo Creó;
hombre y mujer los Creó.
Dios los bendijo y les dijo: „Sed fecundos y multiplicaos. Llenad la tierra; sojuzgadla y tened dominio sobre los peces del mar, las aves del cielo y todos los animales que se desplazan sobre la tierra."

Lied: Wir machen uns gemeinsam auf den Weg

Wir ma-chen uns ge-mein-sam auf den Weg durch das Le-ben, durch den Tag und die Nacht. Wir trau-en uns ge-mein-sam auf den Weg, und wir ge-ben auf-ein-an-der acht. Auch wenn nicht im-mer die Son-ne scheint, wis-sen wir, dass wir ge-bor-gen sind. Mit Got-tes gro-ßer Lie-be kön-nen wir durch's Le-ben gehn.

2. Auch wenn Wege manchmal steinig sind,
    wissen wir, dass wir getragen sind.
    Mit Gottes großer Liebe
    machen wir uns auf den Weg.

3. Auch wenn der Tag dann zum Alltag wird,
    wissen wir, dass wir gesegnet sind.
    Mit Gottes großer Liebe
    können wir durchs Leben gehn.

Du Gott des Aufbruchs

Du Gott des Aufbruchs, stärke mich,
wenn dein Geist mich bewegt,
wenn ich dein Rufen höre,
ich aufbreche zur Mitte.

Du Gott des Aufbruchs, begleite mich,
wenn ich festgetretene Pfade verlasse,
wenn ich eine neue Richtung einschlage,
ich auf dem Weg bin zu mir.

Du Gott des Aufbruchs,
sei mir ein Licht auf meinem Weg,
wenn beim Gehen die Angst mich befällt,
wenn mein Schritt ins Stolpern gerät,
ich mich im Raum verliere.

Du Gott des Aufbruchs, wende dich zu mir,
wenn ich neue Schritte wage,
wenn ich neue Bewegungen versuche,
ich mich wende zu dir.

Helga Czysewski

Zeit-RAP

Stetig tropft die Lebenszeit
in die Uhr der Ewigkeit.

Zeit – ist – uns geschenkt,
Zeit vergeht und bleibt nicht stehn,
Zeit heißt weitergehn.

Stetig tropft die Lebenszeit
in die Uhr der Ewigkeit.

Gott – schenkt – Lebenszeit
auf dem Weg zur Ewigkeit.
Doch sie bleibt nicht stehn.

Stetig tropft die Lebenszeit
in die Uhr der Ewigkeit.

Tag – und – Nachtzeit zählt,
weitergeht der Lebensweg
reiht sich Jahr um Jahr.

Stetig tropft die Lebenszeit
in die Uhr der Ewigkeit.

Sonn – und – Mond sich dreht
Weiter sich die Welt bewegt
Läuft auf ihrer Bahn

Stetig tropft die Lebenszeit
in die Uhr der Ewigkeit.

Einer – kennt – die Zeit,
teilt sie ein die Ewigkeit,
geht mit uns den Weg.

Helga Czysewski

Die Zeit, die ist ein sonderbar Ding!

„Die Zeit, die ist ein sonderbar Ding. Wenn man so hinlebt, ist sie rein gar nichts. Aber dann auf einmal, da spürt man nichts als sie. Sie ist um uns herum, sie ist auch in uns drinnen. In den Gesichtern rieselt sie, im Spiegel da rieselt sie. In meinen Schläfen fließt sie. Und zwischen mir und dir da fließt sie wieder, lautlos, wie eine Sanduhr... Manchmal hör' ich sie fließen – unaufhaltsam. Manchmal steh' ich auf mitten in der Nacht und lass' die Uhren alle, alle steh'n," So die Marschallin im Rosen-kavalier von Richard Strauss und Hugo von Hofmannsthal. In zwei Formen stellt sich ihr die vergehende Zeit dar, einmal ist es die Sanduhr, in der die Zeit verrinnt. Seit dem späten Mittelalter begegnet die Sand-uhr als Bild für das vergehende Leben des einzelnen Menschen. Aber die Marschallin spricht auch die mechanischen Uhren an, die sie „alle, alle" anhält und stehen lässt.

Mechanische Uhren begegnen uns zum ersten Mal im 14. Jahrhundert. Sie suggerieren nicht die stetig vergehende Zeit wie bei der Sanduhr, sondern die scheinbar ewig weiterlaufende Zeit im immergleichen Takt. Zeit verrinnt nicht, Zeit vertickt. Solche Uhren wurden im Zentrum der frühneuzeitlichen Städte aufgestellt und dienten wohl – so Marianne Gronemeyer – als Symbol der Herrschaft. Wer die Zeit beherrscht, zeigt damit auch die Herrschaft über das Maß, den Rhythmus, den Takt der Menschen an.

Ein solches politisches Zeitmonument ist auch der Grazer Uhrturm, der seine bekannte Form im 16. Jahrhundert erhalten hat, just zu der Zeit, als Graz eines der Zentren des evangelischen Kirchen- und Schullebens wurde. In einer kleinen runden Vedoute ragt er aus grünenden Bäumen hervor, zu seinen Füßen müßig spazieren gehende Menschen, zu zweit und allein – so ziert er eine typisch österreichische Schokoladenascherei der Confiserie Heindl. Die Firma Heindl ist ein Familienunternehmen, das 1953 gegründet wurde. Sie ist im 23. Wiener Bezirk beheimatet und hat ein österreichweites Netz an Filialen, darunter auch einen Laden am Stephansplatz in Wien. Am Firmenstandort betreibt Heindl seit 2001 das erste Wiener Schokoladenmuseum.

Die Confiserie Heindl hat gleich mehrere Taler im Sortiment, da gibt es einmal die „Sissi-Taler", dann die „Johann-Strauß-Taler" und schließ-lich die „Grazer-Uhrturm-Taler". Eignet sich die Form der Münze beson-ders gut für Süßigkeiten? Das wird nicht nur praktische Gründe der Herstellung haben, es gibt ja sogar Münznachbildungen in Schokolade. Und wie steht es mit dem Zusammenhang von Zeit und Geld und Süßigkeit, ein Zusammenhang, für den der Grazer Uhrturm Taler steht?

Mit der mechanischen Uhr vor Augen und der verstreichenden Lebenszeit im Glas der Sanduhr im Sinn begann in der europäischen Geschichte eine radikale Beschleunigung des Lebens. Weil die Zeit so knapp ist und weil sie – immer im Rückblick gesehen – so schnell vergeht, muss alles ausgefüllt sein, in immer kleinere Häppchen unterteilt. Wenn die Zeitintervalle immer kleiner werden, kann der trügerische Eindruck erweckt werden, als wäre dann mehr an Aktivität, mehr an Leben möglich. Zeit wird geldwertig, Zeit vergeuden ist out, Zeit sparen ist in. Angesagt ist Zeitmanagement, effizienter Umgang mit der Ressource Zeit, als wäre sie in der Tat ein „sonderbar Ding", das der Mensch in Händen hält, das er einteilen, verwalten, ausgeben kann wie Geld. Nur vermehren tut sie sich halt nicht. Der Wiener Kabarettist Werner Brix hat das in einem seiner Programme auf die Schaufel genommen und beschreibt, was alles „getimed" ist, vom Frühstücksei bis zum Videorecorder, vom Job bis zum Freizeitsport. Nicht einmal die Beziehungen bleiben davon verschont. In Afrika wird das so auf den Punkt gebracht: „Europäer haben Uhren, Afrikaner haben Zeit."

Die Zeit ist keine dem Menschen zur Verfügung stehende Materie. Sie ist ein Geschöpf Gottes. Der Kirchenvater Augustinus hat in seinen Bekenntnissen den Überlegungen zur Zeit ein eigenes Buch gewidmet. Er setzt mit der eigenen Ratlosigkeit ein: „Was ist also Zeit? Wenn mich niemand danach fragt, weiß ich es; will ich einem Fragenden es erklären, weiß ich es nicht." (Conf. 14,17). Der Schlüssel zum Verständnis liegt für ihn darin, dass die Schöpfung nicht in der Zeit geschehen ist, sondern mit der Zeit. Mit den ersten Worten des biblischen Schöpfungsberichtes „Am Anfang" – in principio – wird angedeutet, dass mit der Schöpfung auch die Zeit geschaffen wurde. Zeit ist gekennzeichnet durch Veränderung, beides ist unvereinbar mit der Vorstellung von Ewigkeit.

Gott nimmt sich Zeit für die Schöpfung und die Geschöpfe und lässt, ihnen Zeit. Der Rhythmus der sieben Tage und der Ruhetag, der Sabbat, als Höhepunkt, als „Krone" der Schöpfung sind deutliche Hinweise, dass die den Geschöpfen gelassene Zeit nicht nur in immer mehr und schnellerer Aktivität besteht, sondern erst, in der Stille, in der Ruhe zur Erfüllung kommt. So weist der Sabbat auf die himmlische Erfüllung hin, auf die die ganze Schöpfung zugeht. Weil Gott der Schöpfer der Zeit ist, kann der Beter in den Psalmen bekennen: „Meine Zeit steht in deinen Händen" (Psalm 31,16).

Letztlich findet die vom eigenen Altern geängstigte Marschallin im Rosenkavalier wieder Halt im Glauben. So beendet sie ihr Nachdenken über die Zeit, dieses „sonderbar Ding", mit folgenden Worten: „Allein man muss sich auch vor ihr nicht fürchten. Auch sie ist ein Geschöpf des Vaters, der uns alle erschaffen hat." Noch einmal Augustinus: „... denn geschaffen hast Du uns zu Dir, und ruhelos ist unser Herz, bis dass es seine Ruhe hat in Dir" (Conf. 1,1).

Der Uhrturmtaler von Heindl, Nougatcrispcreme in Milchschokolade, lässt sich nicht hastig hinunterschlingen. Er muss langsam zergehen und braucht Zeit, um seine Süße und die intensiven Geschmacksstoffe zu entfalten. Die Langsamkeit des Genießens in einer Welt der rasenden Beschleunigung. Für einen Augenblick stehen die Zeiger des Uhrturms still, wie in Erwartung der Zeit, die Gott herauführt.

Michael Bünker

Aus: Bischofsbrot und Mozartkugel
Von irdischen Süßigkeiten und himmlischen Wahrheiten, Wien – Graz – Klagenfurt
2010

Sommer

Stehen im Licht,
Wärme und Energie tanken,
Bewegung und Begegnungen
sprudelnde Kraft verteilen,
energiegeladen tanzen und singen.
Freude an der Freude
Lust auf mehr...

Tief durchatmen,
Sonne pur genießen,
raus aus den Häusern
ins Freie.

Begegnungen mit anderen
Menschen,
zusammen die Wärme spüren,
der Musik des Sommers lauschen,
die Gerüche einatmen.

Ja..., der Sommer ist da,
Kraftquelle des Lebens.
Dafür danke ich dir – Gott.

Waltraud Berger

Lied: Schenk uns Zeit

Schenk uns Zeit! Schenk uns Zeit,
Zeit aus dei - ner E - wig - keit!
1. Zeit zum Neh - men, Zeit zum Ge - ben,
Zeit zum Mit - ein - an - der - le - ben.

2.   Zeit zum Trinken, Zeit zum Essen,
        Zeit, um keinen zu vergessen.

3.   Zeit zum Beten, Zeit zum Klagen,
        Zeit, dir Gott, auch Dank zu sagen.

M: Confucio Roberto. T: Krenzer Rolf.
© Strube Verlag, München-Berlin

Ich gucke aus dem Fenster.
Draußen ist noch da.
Ich summe eine Melodie
und fühle mich wunderbar.

Peter T. Schulz

Auf dem Weg

Ankommen – Da sein – mitten am Tag, an seinem Anfang und seinem Ende – immer

Unterwegs

Unterwegs kann man eine Menge erfahren. Man begegnet Menschen, die man bislang nicht kannte. Orientiert sich in einer fremden Landschaft. Probiert unbekannte Speisen. Hört fremdartige Klänge. Vielleicht lernt man sogar ein paar Worte einer bislang fremden Sprache.

Das alles steckt schon im Wort Erfahrung. Erfahrungen machen nur die, die sich auf Fahrt begeben. Nur wer losfährt, wird auch etwas erleben. Es scheint paradox: Man muss das Weite suchen, um sich selbst zu finden.

Vieles kann nur erleben, wer sich hinausbegibt in die große weite Welt. Es ist darum kein Zufall, dass die großen Gestalten der Bibel Reisende waren, die sich lösten aus ihrer vertrauten Umgebung. Und sozusagen aus dem Rahmen fielen.

Da ist Mose, der sein Volk aus der Sklaverei in Ägypten herausführte. Und Jesus, der nicht wusste, wo er sein Haupt hinlegen sollte. Oder Paulus, der das Römische Reich durchstreifte, um die gute Nachricht bis ans Ende der Welt zu verbreiten. Menschen, die durch das geprägt wurden, was ihnen auf dem Weg begegnete.

Denn unterwegs passiert viel. Es gibt Umwege und Entdeckungen, Krisen und Wandlungen. Selbstbilder und Gottesbilder zerbrechen. Gute und schlechte Erfahrungen kann man machen. Erfahrungen von Gastfreundschaft. Aber auch von Bedrohung und Gefahr. Und manchmal trifft man auf Engel, die am Weg stehen.

Der Weg lässt niemanden unverändert. Er verwandelt uns. Daher die tiefe Verbindung zwischen Reisen und religiöser Erfahrung. Wanderung und Wandlung stehen nicht nur sprachlich in einer engen Beziehung. „Wir hören nicht auf zu wandern, bis wir verwandelt sind", hat Marie Luise Kaschnitz in einem ihrer Gedichte geschrieben.

In der biblischen Geschichte von den Emmausjüngern wird das besonders deutlich. Deprimiert sind sie von Jerusalem aufgebrochen. Unterwegs sind sie einem Fremden begegnet, der sie ein Stück auf ihrem Weg begleitet. Ihm erzählen sie von den unbegreiflichen Vorgängen, die hinter ihnen liegen. Sie nötigen ihn, zum gemeinsamen Mahl zu bleiben.

Beim Brechen des Brotes öffnen sich ihre Augen. Plötzlich können sie ihre Erlebnisse in einem neuen Licht sehen. Und begreifen: Sie stehen nicht am Ende, sondern am Anfang eines neuen Weges. Aus Einladenden werden Eingeladene. Im Erleben von Gastfreundschaft wandelt sich ihre Perspektive auf das Leben.

So wird die Reise zum Bild für die Lebensreise. In jedem Leben gibt es Niederlagen und Enttäuschungen, Abschiede und Aufbrüche, Krisen und Wandlungen. Aber auch die Erfahrung, es geht weiter. Wenn wir uns nur die Augen öffnen lassen für den Weg, der in ein neues, ein helles und weites Land führt.

Klaus Nagorni

Hast du heute schon gelebt?

Wenn du dir nicht sicher bist, dann rate ich dir:
Mache ein paar Fehler mehr als bisher,
damit du dein Gewissen spürst.
Versuche nicht so schrecklich perfekt sein zu wollen,
dass du auf andere nicht herabblicken musst.

Entspanne dich mehr,
damit du genießen lernst.
Nimm vieles nicht mehr so ernst,
dass du ausgelassener und verrückter sein kannst.
Mache dir nicht mehr so viele Sorgen,
damit du die Leichtigkeit des Lebens entdeckst.

Besteige noch mehr Berge
und durchschwimme noch mehr Flüsse und Seen,
damit du die Höhen und Tiefen des Lebens spürst.
Und beobachte noch mehr Sonnenuntergänge,
damit deine Gefühle nicht erkalten.

Iss noch mehr Eiscreme und noch größere Tüten davon;
und gehe barfuß, damit du spürst,
dass du trotz allem Boden unter den Füßen hast.

Umarme die Menschen,
die du magst und sage ihnen das.
Dann bist du ein Segen
und trägst den Segen
des Allerhöchsten in die Welt.

Walter Baßler, Gran Canaria

Göttlich

Leben
unter diesem Sommerhimmel

Leben dürfen
unter deinem weiten Herzen

Tina Willms

Einsamkeit – Gemeinsamkeit

Massen von Menschen brechen auf in diesen Ferienwochen.
Viele von ihnen suchen vor allem die Einsamkeit.
Ungestört denken, träumen, lesen dürfen,
den Strand oder den Wald ganz für sich haben;
nicht reagieren müssen auf das Geschwätz und die Forderungen
anderer Menschen –
danach sehnen sich viele.
Zu viele?

Machen wir uns nichts vor:
Wo wir hinwollen,
ist immer schon einer vor uns dagewesen.
Die einsamen, lauschigen Plätzchen,
die es noch gibt auf unserer Erde,
werden auch von anderen entdeckt.
Nie sind wir allein.
Nicht auf Dauer jedenfalls.
Und überhaupt: *„Es ist nicht gut, dass der Mensch allein sei"*
(1. Mose 2,18).
Zum Ich gehört ein Du.
Auch erst recht in den schönsten Wochen des Jahres.

Mögen wir die rechte Balance finden zwischen Einsamkeit und
Gemeinsamkeit!

Rainer Staege

Zeichnung: Julia Drinnenberg

Mühle

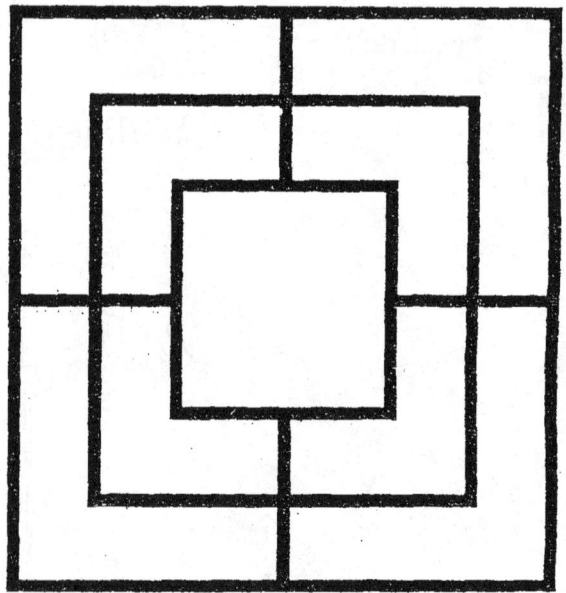

Ein uraltes Spiel: Mühle.
Verloren hat, wer seine Steine ungünstig gesetzt hat.
Wir können in der Zwickmühle sitzen,
zwischen die Mühlsteine geraten,
zermalmt werden ...

Urlaubszeit –
Gelegenheit, aus der Mühle auszubrechen,
noch einmal ganz neu mit dem Spiel zu beginnen,
einen Hauch von Befreiung zu spüren.
Lasst uns ein Spiel spielen,
in dem es keine Verlierer gibt!
Niemand soll in die Enge getrieben werden.
Erst recht nicht in diesen kostbaren Wochen.

Rainer Staege

Lied: Jeder Tag ist ein Geschenk

Je - der Tag, den wir mit - ein - an - der
le - ben, je - der Tag ist uns ge -
schenk, ist uns von Gott ge - ge - ben:
Je - der Tag, je - der Tag ist ein Ge -
schenk, ist uns von Gott ge - ge - ben:
Je - der Tag ist ein Ge - schenk.

2.   Jedes Licht, das wir miteinander sehen,
            jedes Licht ist uns geschenkt.
            Bleib nicht im Dunkel stehen.
            Jeder Tag, jeder Tag ist ein Geschenk.
            Bleib nicht im Dunkel stehen.
            Jeder Tag ist ein Geschenk.

3.   Jeder Traum, den wir miteinander spinnen,
            jeder Traum ist uns geschenkt,
            mit allen unsren Sinnen.
            Jeder Tag, jeder Tag ist ein Geschenk –
            mit allen unsren Sinnen.
            Jeder Tag ist ein Geschenk.

4.   Jedes Lied, das wir miteinander singen,
jedes Lied ist uns geschenkt,
bringt unsern Dank zum Klingen.
Jeder Tag, jeder Tag ist ein Geschenk,
bringt unsern Dank zum Klingen.
Jeder Tag ist ein Geschenk.

Text: Hans-Jürgen Netz. Musik: Fritz Baltruweit; aus: Jeder Tag ist ein Geschenk, 1999.
Alle Rechte im tvd-Verlag Düsseldorf

Quellen

Vor einiger Zeit habe ich die Quelle der Samke gesucht. Die Samke ist
ein kleiner Bach, der im Deister entspringt. Ich fand aber keine einzelne
Quelle, sondern einen ganzen Quelltopf. In einer versteckten Bodensenke
quillt an vielen Stellen helles, klares Wasser unter dem Laub hervor und
vereinigt sich dann weiter unten zu einem Bächlein. Was Pflanzen, Tiere
und Menschen zum Leben brauchen, sprudelt hier klar und hell aus der
Erde. Einfach so, unaufhörlich. Und jeder Regen speist den Quelltopf neu.
Ja, so eine Quelle, das ist ein wunderbares Naturschauspiel, verborgen
unter Laub.

Jesus sagt: „Bei mir ist die Quelle des Lebens." Mir leuchtet das ein.
Denn aus seinem Mund flossen Worte, die bis heute Leben bringen. Aus
seinen Händen floss Heilung. Wo seine Füße hingingen, da konnte
neues Leben wachsen. Auch Jesus war sozusagen ein Quelltopf. Und
später haben seine Jünger weitergemacht. Inzwischen sprudeln rund um
den Erdball viele, viele Quelltöpfe, die sich aus der einen Quelle Jesus
speisen.

Auch in unserer Nähe fließen diese Quellen – meist ganz unscheinbar!
Da besucht jemand seine kranke Nachbarin. Ein Vater macht seinem
arbeitslosen Sohn Mut. Verwitwete Frauen und Männer trösten sich
gegenseitig. Die Bekannte aus dem Turnverein hütet selbstverständlich
mal das Kind der Turnschwester. Und überall in den Kirchen singen und
erzählen Menschen von der Güte Gottes. Ich könnte unzählige andere
Beispiele aufzählen.

Die alten Quellen sprudeln noch immer. Unsere Münder sind Quellen
des Lebens, wenn wir beten, singen oder freundlich und liebevoll mit
anderen reden. Aus unseren Händen fließt Hilfe, wo Hilfe nötig ist.

Unsere Füße setzen sich in Bewegung, damit sich etwas verändert in der Welt. So können wir Hoffnung, Frieden und Liebe bringen. Einfach so – in Familie und Nachbarschaft oder auch professionell in Einrichtungen der Diakonie und Caritas.

Wo Christen hingehen, wo sie zupacken, werden sie zur Quelle, gespeist aus der einen Quelle „ganz oben". Wo die sprudelt, da ist es wie an einem Quelltopf im Wald: erfrischend, lebendig und hoffnungsvoll.

Ilse Wittenborn

Ahnung

Silberfäden
im Sonnenlicht.
Glitzerndes Netz
über dem Boden.

Einer ist da,
der mich hält.

Tina Willms

Begegnung

Gott mit seinem
Sinn für Details
hüllte heute den Mond
in Wolkengewänder
und hängte ihn in die Zweige
einer Trauerweide.

Im Wasserspiegel
lächelte er
mich an.

Tina Willms

Der Herr ist meine Warft

Es ist dieselbe Landschaft – einmal auf dem Foto und dann vor meinen Augen. Und doch könnte der Gegensatz nicht größer sein! Ich erinnere mich an einen Besuch der Kirche auf Hallig Hooge, vor mir der Friedhof. Einige Grabsteine, ein Holzkreuz, dazwischen blühende Sträucher, zwei kleine Bäume. Hinter dem weißgestrichenen Lattenzaun erstrecken sich weit die grünen Wiesen, darüber der große blaue Himmel – strahlender Sonnenschein über der Hallig. Am Horizont erheben sich zwei Warften in den Himmel.

In meiner Hand halte ich ein kleines Heft aus dem Schriftenkasten der Kirche. Im Heft sehe ich dieses Foto – der gleiche Standort, der gleiche Blick über die Hallig, doch eine ganz andere Welt. Das Bild zeigt eine Sturmflut: Die Grabsteine gucken gerade soeben noch aus dem Wasser heraus, die beiden kleinen Bäume ducken sich im Sturm, der weiße Holzzaun ist noch da, und dann, so weit man sehen kann: wogendes Wasser, peitschender Wind, Gischtkämme auf den Wellen. Der Übergang der Wellen in den grauen Himmel ist kaum auszumachen. Der Horizont ist verloren gegangen. Nur fern im Dunst sieht man wieder die beiden Warften – Zuflucht für Menschen und Tiere. Was mögen die Bewohner gefühlt haben in jener Sturmflut?

Dazu lese ich im Heft einen Psalm. Vertraute Worte und doch ganz anders. Psalm 23: *„Der Herr ist mein Hirte"* mit anderen Worten:

Der Herr ist meine Warft,
meine Zuflucht inmitten des Meeres.
Er leitet mich, wenn ich Watten durchziehe,
und bei aufkommendem Nebel lässt er mich nicht aus den Augen.
Er lässt mich immer wieder heimkehren
um seines Namens willen.
Und wenn von Nordwest des Todes gewaltige Fluten kommen
und die kleine Hallig überwinden,
fürchte ich mich nicht,
denn du bist meine Warft,
mein Schutz im Brüllen der Wogen.

Wolfgang Raupach-Rudnick

Psalm 23

(englisch)
The Lord is my shepherd,
I shall not want.
He makes me lie down in green
pastures;
he leads me beside still waters;
he restores my soul.
He leads me in right paths
for his name's sake.
Even though I walk through
the darkest valley,
I fear no evil; for you are with me;
your rod and your staff
they comfort me.
You prepare a table before me

(niederländisch)
De HEER is mijn herder,
het ontbreekt mij aan niets.
Hij laat mij rusten in groene weiden
en voert mij naar vredig water,
hij geeft mij nieuwe kracht en
leidt mij langs veilige paden tot
eer van zijn naam.
Al gaat mijn weg door een donker
dal,
ik vrees geen gevaar,
want u bent bij mij, uw stok en
uw staf,
zij geven mij moed.
U nodigt mij aan tafel

in the presence of my enemies;
you anoint my head with oil;
my cup overflows.
Surely goodness and mercy
shall follow me
all the days of my life,
and I shall dwell in the house of
the Lord my whole life long.

voor het oog van de vijand,
u zalft mijn hoofd met olie,
mijn beker vloeit over.
Geluk en genade volgen mij
alle dagen van mijn leven,
ik keer terug in het huis
van de HEER tot in lengte van
dagen.
(De Nieuwe Bijbelvertaling 2004)

(spanisch)
Jehová es mi pastor, nada me faltará.
En lugares de delicados pastos me
hará descansar;
junto a aguas de reposo me pastore-
ará.
Confortará mi alma.
Me guiará por sendas de justicia por
amor de su nombre.
Aunque ande en valle de sombra de
muerte,
no temeré mal alguno,
porque tú estarás conmigo;
tu vara y tu cayado me infundirán
aliento.
Aderezas mesa delante de mí
en presencia de mis angustiadores;
unges mi cabeza con aceite;
mi copa está rebosando.
Ciertamente, el bien y la misericordia
me seguirán todos los días de mi vida,
y en la casa de Jehová moraré por
largos días.

(italienisch)
Il Signore è il mio pastore
e nulla mi manca.
Su prati d'erba fresca mi fa
riposare;
mi conduce ad acque tranquille,
mi ridona vigore;
mi guida sul giusto sentiero:
il Signore è fedele!
Anche se andassi per la valle
più buia,
di nulla avrei paura,
perché tu resti al mio fianco,
il tuo bastone mi dà sicurezza.
Per me tu prepari un banchetto
sotto gli occhi dei miei nemici.
Con olio mi profumi il capo,
mi riempi il calice fino all'orlo.
La tua bontà e il tuo amore mi
seguiranno
per tutta la mia vita;
starò nella casa del Signore
per tutti i miei giorni.

Weitere Sprachen finden Sie in dem Buch „Laudate omnes gentes" – Was uns eint:
Gemeinsam beten und singen in der Ökumene, Gütersloh 2010.

Worte aus Psalm 36
– Musik-„Unterlegung"

Herr, deine Güte reicht,
so weit der Himmel ist,
und deine Wahrheit,
so weit die Wolken gehen.
Deine Gerechtigkeit
steht wie ein Berg
und dein Recht
ist tief wie das Meer.
Gott, du hilfst allen Kreaturen,
Menschen und Tieren.

Your steadfast love, o Lord,
extends to the heavens,
your faithfulness
to the clouds.
Your righteousness
is like the mighty mountains.
Your jugdments
are like the great deep.
You save humans and animals
alike, o Lord.

Wie köstlich ist deine Güte!
Wir Menschenkinder finden
Zuflucht
unter dem Schatten deiner Flügel.
Wir werden satt
von den reichen Gütern deines
Hauses.
Du tränkst uns mit Wonne
wie mit einem Strom.
Denn bei dir ist die Quelle des
Lebens.
Und in deinem Licht
sehen wir das Licht.

How precious is your steadfast
love, o God!
All people may take refuge
in the shadow of your wings.
They feast
on the abundance of your house.
And you give them drink
from the river of your delights.
For with you is the fountain of life.
In your light
we see light.

Keyboard-Musikunterlegung zu Psalm 36

Sommerpsalm

Deine Güte, Gott, reicht
so weit der Himmel ist.
Lichtgeschwind weht sie
durch Raum und Zeit,
ich scheitere daran,
ihr hinterherzudenken.
Sie zu erfassen: unmöglich.

Und doch:
hat mich im Vorbeieilen
ihr Hauch berührt
und der Tag grüßte freundlich
als trüge er dein Gesicht.

Tina Willms

Am Morgen

Morgenlob

Geprezen zijt Gij God,
Gij die de lichten aan de hemel
hebt geschappen
Die het licht aan de hemel laat
schijnen
over alles
Gij schiep, om licht te geven,
De zon voor de dag
En de maan en de sterren voor
de nacht
En evenzo het licht van de
kaarsen.
Zend Uw levend licht, Christus,
in onze harten
En laat ons eensgezind uit-
roepen:
Geprezen zij de Heilige Naam!
Wij prijzen en verheerlijken U,
Vader, Zoon en Heilige Geest
Nu en zonder einde. Amen.

*gefunden in der Kirche von
Schiermonnikoog*

Gepriesen seist du, Gott,
du hast die Lichter am Himmel
geschaffen;
du lässt das Licht am Himmel
über alles scheinen.
Du schufst, um Licht zu geben,
die Sonne für den Tag
und den Mond und die Sterne für
die Nacht
und ebenso das Licht der Kerzen.
Sende dein lebendiges Licht,
Christus,
in unsere Herzen
und lass uns einmütig rufen:
Gepriesen sei dein Heiliger Name!
Wir preisen und verherrlichen
dich,
Vater, Sohn und Heiliger Geist
jetzt und ohne Ende. Amen.

Übersetzung: Bärbel Büssow

Morgenpsalm am Meer

Ein Augenaufschlag
in den jungen neuen Tag
ein Dank am Morgen
für Deine unsichtbare
Gegenwart
im Lauf durch die Stunden
durch Wind und Weite

im Möwenschrei
im Meeresrauschen
ein Augenaufschlag am Morgen
zu Dir – Gott
wie Lichteinfall in den Tag
in den Gang der Welt

Annemarie Schnitt

Herr, ich werfe meine Freude wie Vögel an den Himmel...

Text: Fritz Pawelzik. Musik: Fritz Baltruweit; aus: Es sind doch deine Kinder, 1983.
Alle Rechte im tvd-Verlag Düsseldorf

Herr, ich werfe meine Freude... (gesungen)

Herr, ich werfe meine Freude wie Vögel an den Himmel.
Die Nacht ist verflattert und ich freue mich am Licht.
Deine Sonne hat den Tau weggebrannt vom Gras
und von unseren Herzen.
Was da aus uns kommt,
was da um uns ist an diesem Morgen,
das ist Dank.

Herr, ich werfe meine Freude... (gesungen)

Herr, ich bin fröhlich heute am Morgen.
Die Vögel und Engel singen,
und ich jubiliere auch.
Das All und unsere Herzen sind offen für deine Gnade.
Ich fühle meinen Körper und danke.
Die Sonne brennt meine Haut, ich danke.
Das Meer rollt gegen den Strand, ich danke.
Die Gischt klatscht gegen unser Haus, ich danke.
Herr, ich freue mich an der Schöpfung
und dass du dahinter bist und daneben und davor
und darüber und in uns.

Herr, ich werfe meine Freude… (gesungen)

Ich freue mich, Herr,
ich freue mich und freue mich.
Die Psalmen singen von deiner Liebe,
die Propheten verkündigen sie,
und wir erfahren sie:
Weihnachten, Ostern, Pfingsten und Himmelfahrt
ist jeder Tag in deiner Gnade.

Herr, ich werfe meine Freude… (gesungen)

Herr, ich werfe meine Freude wie Vögel an den Himmel.
Ein neuer Tag, der glitzert und knistert,
knallt und jubiliert von deiner Liebe.
Jeden Tag machst du. Halleluja, Herr!
Amen.

Herr, ich werfe meine Freude… (als Kanon gesungen)

Morgengebet

3 Gongschläge [Klangschale]   **Gong/Singing bowl** (3 times)

Eröffnung

L1: Am Anfang,
         als alles noch dunkel war,
         sprach Gott: Es werde Licht.
Alle: Und es ward Licht.
Eine Kerze wird angezündet.

Opening

L1: In the beginning,
         when it was very dark,
         God said: Let there be light.
All: And there was light.
A candle is lit and placed centrally.

L2: Am Anfang,
         als alles noch lautlos war,
         war das Wort bei Gott.
Alle: Und was Gott war,
war im Wort.
*Eine Bibel wird geöffnet und auf
den Tisch (bzw. in die Mitte) gelegt.*

L2: In the beginning,
         when it was very quiet,
         the word was with God.
All: And what God was,
         the word was.
An open bible is placed centrally.

L3: Als die Zeit erfüllt war,
         sandte Gott seinen Sohn.
Alle: Er kam zu uns.
         Er wurde einer von uns.
*Ein Kreuz wird hingestellt
(bzw. in die Mitte gelegt).*

L3: When the time was right,
         God sent his Son.
All: He came among us.
         He was one of us.
A cross is placed centrally.

[L1: Am Anfang
         (ver)sammeln wir uns um
         Gottes Licht, Wort und Kreuz.]

[L1: In the beginning we center
         ourselves around Gods light,
         word and cross.]

Lied(vers)   **Song**

Psalm (L1) – siehe z.B. Psalm 36
(S. 64)

Psalm (L1) – for example : Psalm
36 (S. 64)

Lied(vers)   **Song**

Bibelwort (z.B. Losung des Tages)
[und Auslegung] (L2)

**Bible reading
[and Meditation]** (L2)

Lied(vers)   **Song**

[Gebet (L3)]
[z.B. Luthers Morgensegen (S. 71)]
(gemeinsam gesprochen?)
[und/oder: Vater unser]

Schluss-Litanei:
Sendung und Segen
L1: Seht Eure Hände an.
Seht die Zärtlichkeit,
die in ihnen liegt.
Alle: Sie sind Gottes Geschenk
für diese Welt.
L2: Seht Eure Füße.
Seht den Weg,
den sie gehen sollen.
Alle: Sie sind Gottes Geschenk
für diese Welt.
L3: Seht eure Herzen.
Seht das Feuer
und die Liebe in ihnen.
Alle: Sie sind Gottes Geschenk
für diese Welt.
L1: Seht das Kreuz.
Seht unseren Heiland.
Alle: Er ist Gottes Geschenk
für diese Welt.
L2: Dies ist Gottes Welt.
Alle: Wir werden für Gott
und die Welt da sein.
L3: Gott segne dich
und behüte dich.
Gott bewahre dich
und erfülle dein Leben
mit Liebe.
Alle: Amen.

3 Gongschläge [Klangschale]
Die Kerze wird gelöscht.

[Prayer (L3)]
[for example: Luther's Morning-
Prayer (S. 71)] *(common spoken?)*
[or/and Lords Prayer]

Closing Litany:
Dismissal and Blessing
L1: Look at your hands.
See the touch
And the tenderness.
All: God's own
for the world.
L2: Look at your feet.
See the path
and the direction.
All: God's own
for the world.
L3: Look at your heart.
See the fire
and the love.
All: God's own
for the world.
L1: Look at the cross.
See God's Son
and our Saviour.
All: God's own
for the world.
L2: This is God's world.
All: And we will serve him in it.
L3: May God bless you.
May he keep you
ever in his care
and lead your lives
with love.
All: Amen.

Gong/Singing bowl (3 times)
The candle is extinguished.

(Anfang- und Schlusslitanei: IONA-Community, Schottland)
Weitere Sprachen (französisch / spanisch / italienisch) finden Sie in dem Buch
„Laudate omnes gentes" – Was uns eint: Gemeinsam beten und singen in der
Ökumene, Gütersloh 2010.

Morgensegen (mit Bewegungen)

Lasst uns den neuen Tag begrüßen	
mit Händen,	*strecken*
Mund	*gähnen oder rufen: hallo*
und Füßen.	*aufstampfen*
Du, Gott,	*– nach oben zeigen –*
geh du mit mir	*dann auf eigene Person deuten*
auf allen meinen Wegen.	*Wege zeigen*
Für diesen Morgen dank ich dir.	*Hände falten*
Gib du mir deinen Segen.	*Hände wie Schale öffnen*

Martina Horak-Werz

Luthers Morgensegen

Ich danke dir, mein himmlischer Vater,
durch Jesus Christus, deinen lieben Sohn,
dass du mich diese Nacht
vor allem Schaden und Gefahr behütet hast;
und bitte dich, du wollest mich diesen Tag
auch behüten vor Sünden und allem Übel,
dass dir all mein Tun und Leben gefalle.
Denn ich befehle mich, meinen Leib und Seele
und alles in deine Hände.
Dein heiliger Engel sei mit mir,
dass der böse Feind keine Macht an mir finde.
Amen.

(englisch)
I thank You, my heavenly Father,
through Jesus Christ, Your dear Son,
that You have kept me this night

from all harm and danger;
and I pray that You would keep me
this day also from sin and every evil,
that all my doings and life
may please You.
For into Your hands I commend myself,
my body and soul, and all things.
Let Your holy angel be with me,
that the evil foe may
have no power over me.
Amen.

(niederländisch)
Ik dank U, mijn hemelse Vader,
door Jezus Christus, uw lieve Zoon,
dat U mij deze nacht genadig bewaard hebt
voor alle kwaad en alle gevaren
en ik bid U:
dat U mij deze dag ook wilt genadig bewaren
voor zonden en alle kwaad,
opdat al mijn doen en laten U welgevallig is.
Want in uw handen beveel ik mij,
mijn lichaam en ziel en alles;
laat uw heilige engel bij mij zijn,
zodat de boze vijand geen macht over mij krijgt.
Amen.

(spanisch)
Te damos gracias, Padre celestial,
por medio de Jesucristo, tu amado Hijo,
porque nos has protegido
durante la noche de todo mal y peligro,
y te rogamos también
que nos preserves y nos guardes
de pecado y de todo mal en este día,
para que en todos nuestros
pensamientos, palabras y obras
te podamos servir y agradar.

En tus manos encomendamos el cuerpo,
el alma y todo lo que es nuestro.
Tu santo ángel nos acompañe
para que el maligno no tenga ningún
poder sobre nosotros.
Amén.

(italienisch)
Ti ringrazio, mio Padre celeste, per Gesù
Cristo, tuo diletto Figlio, perché questa
notte mi hai protetto da ogni danno e
pericolo, e ti prego di proteggermi anche in questo giorno dal peccato e da
ogni male, sì che ti possano piacere
tutte le mie opere e la mia vita; poiché io
rimetto il mio corpo e l'anima e ogni
cosa nelle tue mani. Il tuo santo angelo
sia con me, anché il maligno non abbia
alcun potere su di me.
Amen.

(dänisch)
Jeg takker dig, min himmelske Fader
ved Jesus Kristus din elskede søn,
at du i denne nat har beskyttet mig
mod alle skader og farer og beder dig:
beskyt mig på denne dag
mod synd og ondskab
lad al min gerning og alt mit liv
være dig til behag.
I dine hænder befaler jeg
min krop og sjæl og alt.
Lad din hellige engel være med mig,
så den onde fende ikke kan få magt over mig.
Amen.

Weitere Sprachen finden Sie in dem Buch „Laudate omnes gentes" – Was uns eint: Gemeinsam beten und singen in der Ökumene, Gütersloh 2010.

Lied: Morning has broken

1. Mor - ning has bro - ken like the first mor - ning.
Mor - gen - licht leuch - tet, rein wie am An - fang.

Black - bird has spo - ken like the first bird.
Früh - lied der Am - sel, Schöp - fer - lob klingt.

Praise for the sing - ing, praise for the mor - ning,
Dank für die Lie - der, Dank für den Mor - gen,

praise for them spring - ing fresh from the world.
Dank für das Wort, dem bei - des ent - springt.

2.   Sweet the rain's new fall, sunlit from heaven,
       like the first dewfall on the first grass.
       Praise for the sweetness of the wet garden,
       sprung in completeness where his feet pass.

3.   Mine is the sunlight, mine is the morning,
       born of the one light Eden saw play.
       Praise with elation, praise ev'ry morning –
       God's recreation of the new day.

2.   Sanft fallen Tropfen, sonnendurchleuchtet.
       So lag auf erstem Gras erster Tau.
       Dank für die Spuren Gottes im Garten,
       grünende Frische, vollkommnes Blau.

3.   Mein ist die Sonne, mein ist der Morgen,
       Glanz, der zu mir aus Eden aufbricht!
       Dank überschwänglich, Dank Gott am Morgen!
       Wiedererschaffen grüßt uns sein Licht.

Lied: An jedem neuen Morgen
(zu singen nach EG 302 „Du meine Seele singe")

An jedem neuen Morgen soll Dank mein Grundton sein.
Ich weiß mich tief geborgen und stehe nicht allein.
Die Sonne wird mir scheinen durch jede Regenwand.
Der gute Geist der Seinen: von Menschen Gott genannt.

An jedem neuen Tage bin ich an meinem Ort.
Bei allem, was ich sage, begleitet mich dein Wort.
Es gibt so viele Blender mit Unheiligemschein.
Sie lieben Tarngewänder und wollen Götter sein.

An jedem neuen Abend bedenke ich mein Tun.
Das Himmelslicht ist labend und lässt mich sicher ruhn.
Mein Leben auf der Erde ist kurz und momentan.
Was war, was ist, was werde bleibt sein geheimer Plan.

In manchen dunklen Nächten bist du mein helles Licht.
Die deinen Namen ächten, störn nicht mein Gleichgewicht.
Nimm du mich an den Händen, auch wenn ich dich nicht seh.
Ich lass mich von dir senden. Bleib bei mir, wenn ich geh.

T: Lothar Veit © Strube Verlag München – Berlin

Lied links: 1. Mose 2,15. Musik: Galic Folktune. Text: Eleanor Farjeon, before 1933.
Deutsch: T: Jürgen Henkys
© Strube Verlag München – Berlin

Lied: Die güldene Sonne (zu singen nach EG 444)

Die güldene Sonne,
bringt Leben und Wonne,
vorbei ist die Nacht.
Ich kriech aus den Decken,
gieß Wasser ins Becken,
dann Frühstück gemacht.

Ich atme die Kühle.
Wie wohl ich mich fühle!
Der Duft von Kaffee.
Ich lasse mir schmecken
die leckeren Wecken
mit Apfelgelee.

Wie oft lag am Morgen
ein Berg voller Sorgen
wie Blei auf der Brust.
Nichts wollte gelingen.
Mir fehlte zum Singen
und Leben die Lust.

Hab tränenverschwommen
kein Licht wahrgenommen,
doch die Sonne stand da.
Gott ließ aus den Pfützen
die Strahlen aufblitzen
und war mir ganz nah.

Ach, wenn ich doch sähe
das Licht in der Nähe
jeden Augenblick.
So steh ich mitunter
wie blind vor dem Wunder,
dem täglichen Glück.

Die güldene Sonne
bringt Leben und Wonne.
Ich bin übern Berg.
Nun will ich beginnen
mit hellwachen Sinnen
mein heutiges Werk.

Gerhard Schöne
© *Buschfunk Musikverlag Berlin*

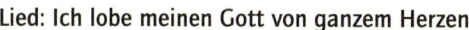

Lied: Ich lobe meinen Gott von ganzem Herzen

auf CD

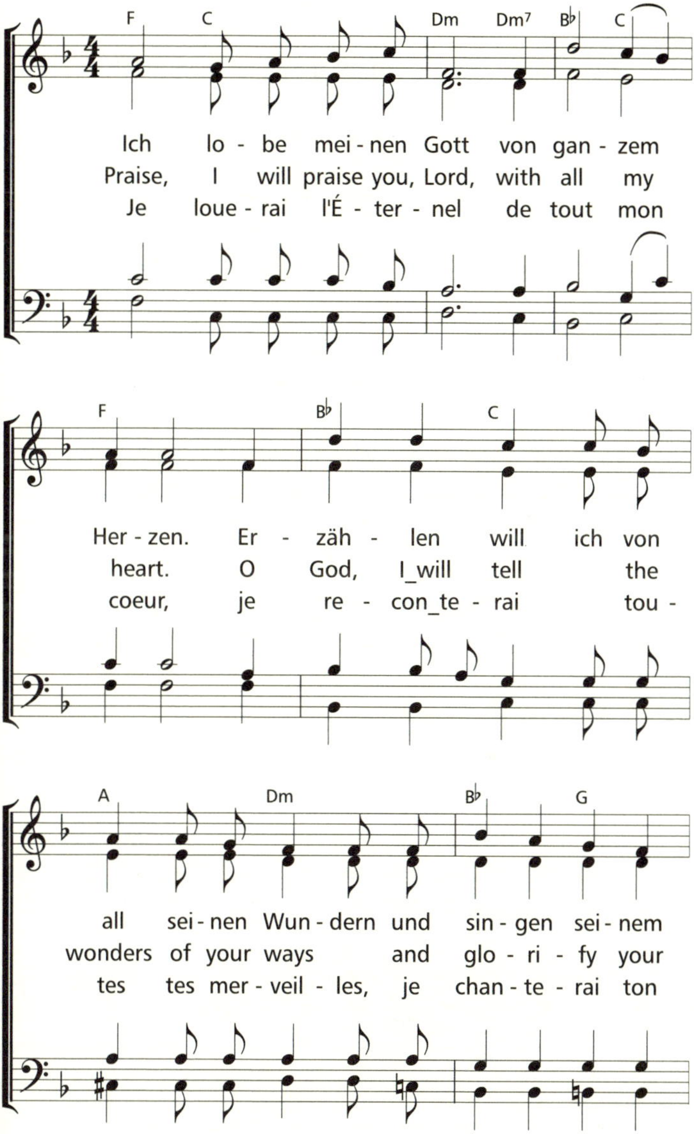
F C Dm Dm7 B♭ C
Ich lo - be mei - nen Gott von gan - zem
Praise, I will praise you, Lord, with all my
Je loue - rai l'É - ter - nel de tout mon
F B♭ C
Her - zen. Er - zäh - len will ich von
heart. O God, I_will tell the
coeur, je re - con_te - rai tou -
A Dm B♭ G
all sei - nen Wun - dern und sin - gen sei - nem
wonders of your ways and glo - ri - fy your
tes tes mer - veil - les, je chan - te - rai ton

Originaltitel: Je louerai l'Eternel
Text: Claude Fraysse (nach Ps 9,2-3.8-10). Melodie: Claude Fraysse.
Dt. Text: Gitta Leuschner, Übersetzung: Kenneth I. Morse, Satz: Alain Bergèse.
© 1982 Claude Fraysse / Alain Bergèse, Frankreich.
Für D, A, CH: SCM Hänssler, D-71087 Holzgerlingen

Die Zeit anhalten

Wenn es kalt ist und ich die dicke Mütze und die Sonnenbrille brauche, dann ist dies die beste Zeit am Meer spazieren zu gehen. Dann bin ich fast allein am Strand. Ich atme den Geruch von Salz und Seetang. Jeder Schritt dauert lange, weil die Füße im Kies versinken. Ich gehe bis die Beine müde werden. Irgendwo setze ich mich auf einen Stein oder eine Bank. Ich lausche dem Rollen der Kiesel am Spülsaum und halte mein Gesicht in die Sonne. Herrlich! Oder sogar – göttlich!?

Am liebsten würde ich die Zeit anhalten. So müsste es bleiben für immer.

Dann dringt die Kälte durch die Hose. Ich stehe auf und trete den Rückweg an, ein bisschen wehmütig.

Jesus und seine Freunde steigen für ihren besonderen Augenblick auf einen Berg. Jesus will Gott nahe sein. Und er ist es auch. Die Geschichte erzählt: Als er betet, leuchten seine Kleider hell und der Glanz Gottes spiegelt sich auf seinem Gesicht. Gottes Herrlichkeit wird sichtbar in diesem außergewöhnlichen Moment. Die Freunde möchten die Zeit anhalten. Den Glanz Gottes festhalten. „Lass uns Zelte aufschlagen!" Mit diesem Vorschlag ist Petrus schnell bei der Hand. Doch der göttliche Glanz verflüchtigt sich. Die Gruppe steigt vom Berg herab. Auch ihr Weg geht weiter.

Kein Augenblick lässt sich festhalten. Nicht einmal ein göttlicher Moment ist ewig. Wehmut bleibt.

Aber wenn die herrlichen Augenblicke dauern würden, wären sie dann noch schön und hell? Würde die Zeit versteinern, sie würde sich schwer auf uns legen, uns anketten.

Nur weil die wunderbaren Momente kommen und vergehen, bleiben sie licht und leicht.

So lege ich meine Wehmut in die offene Hand und puste sie sanft davon.

Eine Spur Glanz bleibt in meinem Herzen, wenn ein herrlicher Moment verweht ist.

Und sollte eine Zeit kommen, die drückt und dunkel ist, dann suche ich dort die glänzende Spur. Von ihr lasse ich mich tragen zu neuen Zeiten. Zu neuen Ufern.

Manuela Handelsmann

Das Meer und die Weite

Haben Sie ein paar Minuten Zeit? Dann lade ich Sie ein. Schließen Sie einfach für einen Moment die Augen. Hören Sie dem Rauschen der Wellen zu. Und dann ziehen Sie in Gedanken einfach Schuhe und Strümpfe aus und folgen mir an den Strand.

Wir gehen am Spülsaum entlang, den Wind im Rücken. Er weht den feinen Sand nach Osten und hat dort eine weite helle Fläche geschaffen. Eine richtige kleine Wüste. Über uns: der hohe Himmel. Und neben uns: das weite Meer.

Es tut gut, den Blick mal so weit in die Ferne schweifen lassen zu können. Im Alltag – bei mir zuhause – erlebe ich eher das Gegenteil. Tausend Sachen habe ich um mich herum gesammelt. Und es kommt ständig wieder etwas dazu. Am Ende kann es dann passieren, dass alles zugemüllt ist. Was mich einmal interessiert hat, macht nun mein Haus zu einem Museum alter Geister. Brauche ich das wirklich alles zum Leben?

Darin sah Christus eine Gefahr! Durch diese alten Geister können wir uns den Zugang zum Leben verbauen. In einem Gleichnis erzählt er von einem Menschen, dessen Seele er mit einem Haus vergleicht. Nachdem die alten Geister daraus vertrieben wurden, hat der nichts Besseres zu tun, als das Haus zu putzen – und zu erklären: Ich bin jetzt frei. Sozusagen geistlos. Paßt auf, sagt Christus dann: Die alten Geister werden wiederkommen, in das leere Haus einziehen und es dort schlimmer als vorher treiben.

Vielleicht ahnen wir, dass es nach dem Loslassen des Alten – erst einmal eine Zeit braucht, bis wir uns überhaupt erlauben, Neues zuzulassen. Eine ungewohnte und eben auch gefährdete Zeit für unsere Seele. Dann ist es gut, wenn man Räume der Stille kennt. In denen es nicht darauf ankommt, viel mitzubringen – sondern einfach nur da zu sein. Wo man zur Ruhe kommt. Und über die Ruhe zu neuer Lebendigkeit.

Ich wünsch Ihnen an diesem Tag, dass Sie für sich immer wieder einen solchen Raum der Stille entdecken können. Bei einem langen Strandspaziergang am Meer. Oder bei einem Besuch in einer kleinen Inselkirche.

Günther Raschen

Ebbe und Flut

Lieben Sie das auch? Dieses sanfte Rauschen der Wellen? Wir steigen über einen schmalen Holzbohlenweg nach oben auf eine Düne. Eine frische Brise spielt mit unseren Haaren. Was für ein Blick! Über uns: die Weite des Himmels. Und vor uns: das Meer.

Auflaufendes Wasser. Eben noch lag das Watt frei. Jetzt füllt es sich wieder. Ebbe und Flut: Sie geben dem Leben hier auf der Insel einen verlässlichen Rhythmus. Ist das Wasser am Strand hoch genug aufgelaufen, dann freuen sich alle auf die mehrstündige Badezeit. Und auch, wenn das Meer sich dann wieder zurückzieht: das nächste Wellenbad kommt bestimmt.

Auch in unserem Inneren gibt es Zeiten der Ebbe und der Flut. Zeiten, in denen wir uns am Leben freuen können und es in vollen Zügen genießen dürfen. Aber es gibt auch Zeiten, in denen wir wie auf uns selbst zurückgeworfen sind und uns fragen, wo denn unsere Lebendigkeit geblieben ist. Unsere Seele ist nicht wie das Meer an den verlässlichen Rhythmus von Ebbe und Flut gebunden. Sie kann von so vielem berührt und bewegt werden. Und manchmal merken wir gar nicht, wie tief uns etwas geängstigt, verletzt oder gekränkt hat.

In solchen Zeiten der Ebbe kann unsere Seele sehr unruhig werden. Aus Angst, es könnte lange oder immer so bleiben. Ich habe aber die Erfahrung gemacht, das dies auch Zeiten der Wandlung, der Verwandlung sind. Tief im Innern und vor unserer Wahrnehmung verborgen, reift dann ein neuer Zugang, ein neuer Weg zur Lebendigkeit heran, mit dem wir noch gar nicht gerechnet haben.

Christus hat uns eingeladen, solche Zeiten der Ebbe nicht nur ängstlich auszusitzen. Für ihn galt bei einem Menschen niemals: „Wer nichts hat, der ist ein Nichts". Christus vertraute ganz darauf, dass wir als Kinder Gottes auch in Zeiten der Ebbe unserer Sehnsucht nach größerer Lebendigkeit nachgehen können. „Sucht weiter, sucht wieder!", legt er uns ans Herz. „Und ihr werdet finden. Bittet – und euch wird gegeben. Klopft an – und die Tür wird sich euch öffnen."

Wenn Ihre Tür zurzeit weit offensteht, dann machen Sie es sich bewusst und freuen Sie sich. Wenn Sie dagegen befürchten, dass Ihnen der Zugang zum Leben ganz verstellt ist, dann vertrauen Sie darauf: Wie auf Ebbe die Flut folgt, so wird Gott auch Sie wieder wie ein Meer von Liebe umfangen. Manchmal braucht das nur seine Zeit.

Die Kinder am Strande buddeln übrigens irgendwann einen Kanal. Ein Spatenstich – und schon fließt das Wasser vom Meer an den Strand. So kann auch der Glaube wieder in einen Menschen strömen. Christus bietet sich an wie ein Meer voller Vertrauen. Und voller Achtung vor der Lebendigkeit des anderen – auch wenn diese in manchen Zeiten verschüttet ist.

Es braucht Zeit, bis Menschen wieder so einen Zugang zum Meer des Vertrauens finden. Manchmal hilft mir dabei ein anderer Mensch, der ein gutes Wort für mich hat, eine Berührung, einen Blick. Vielleicht ist es auch ein Satz, der mich von innen her anrührt – oder ein Gedanke, ein Lied, ein stiller Moment.

Und dann kann das Wunder geschehen. Wie durch einen kleinen Kanal beginnst du wieder vorsichtig zu fließen, zu strömen – mehr und mehr.

Günther Raschen

Ich freu mich, dass ich bin

„Sozusagen grundlos vergnügt"

Ich freu mich, daß am Himmel Wolken ziehen
Und daß es regnet, hagelt, friert und schneit.
Ich freu mich auch zur grünen Jahreszeit,
Wenn Heckenrosen und Holunder blühen.
Daß Amseln flöten und daß Immen summen,
Daß Mücken stechen und daß Brummer brummen.
Daß rote Luftballons ins Blaue steigen.
Daß Spatzen schwatzen. Und daß Fische schweigen.

Ich freu mich, daß der Mond am Himmel steht
Und daß die Sonne täglich neu aufgeht.
Daß Herbst dem Sommer folgt und Lenz dem Winter,
Gefällt mir wohl. Da steckt ein Sinn dahinter,
Wenn auch die Neunmalklugen ihn nicht sehn.
Man kann nicht alles mit dem Kopf verstehn!
Ich freue mich. Das ist des Lebens Sinn.
Ich freue mich vor allem, daß ich bin.

Mascha Kaléko

Mascha Kaléko hat als Frau und deutsch-jüdische Exilantin es wahrlich schwer gehabt in ihrem Leben. Doch dieses Gedicht hat sie nie widerrufen. Denn es bleibt wahr, es bleibt eine Möglichkeit, und sei es noch so schwer:

Ich freu mich, dass ich mich an das Schöne und an das Wunder niemals ganz gewöhne.

Für die Wunder, die uns alltäglich begegnen, offen zu sein, das ist wahre Lebenskunst. Das gehört zum neuen, ersehnten Lebensstil. Männer öffnen sich für das Wunder des Lebens oft besonders intensiv, wenn sie das Neugeborene bestaunen. Frauen tragen die Offenheit für das Geschenk des Lebens eher ständig nahe an ihrem Herzen. Mit Mascha Kaléko ist es eine Frau, die in wunderbarer Leichtigkeit ausdrückt, welche Sprengkraft von wahrer Lebensfreude ausgeht:

In mir ist alles aufgeräumt und heiter:
Die Diele blitzt: Das Feuer ist geschürt.
An solchem Tag erklettert man die Leiter,
Die von der Erde in den Himmel führt.
Da kann der Mensch, wie es ihm vorgeschrieben,
Weil er sich selber liebt – den Nächsten lieben.
Ich freue mich, daß ich mich an das Schöne
Und an das Wunder niemals ganz gewöhne.
Daß alles so erstaunlich bleibt, und neu!
Ich freu mich, daß ich ... Daß ich mich freu.

Wenn in uns alles Wesentliche aufgeräumt ist, dann finden wir den Zugang zu dem, was in, hinter und über allen Dingen ist, zum Himmel.

Da kann der Mensch, wie es ihm vorgeschrieben, weil er sich selber liebt, den Nächsten lieben.

Die von Jesus in der Bergpredigt empfohlenen Haltungen entwickeln sich vor allem aus der Freude: die Selbst-Liebe, die Nächstenliebe und die Gottes-Liebe. Wenn wir zu einer von ihnen hinfinden, finden wir alle drei.

In diesem Sinne wünsche ich Ihnen für heute möglichst viel Freude und alles Gute!

D. Ulrich Kusche

Mascha Kaléko: In meinen Träumen läutet es Sturm.
Daraus: „Sozusagen grundlos vergnügt", S. 70.
© 1977 Deutscher Taschenbuch Verlag, München

Am Mittag

Mittagsgebet (2-sprachig)

3 Gongschläge [Klangschale]	Bell/Gong/Singing bowl (3 times)
Eine Kerze wird angezündet.	A Candle is lit.

Lied/Kanon

Song or canon

Gebet

Prayer

L: Lasst uns beten.

L: Let us pray:

Alle:
  Gott, in der Mitte des Tages
  sammeln wir unsere Gedanken.
  Wir denken an dich.

All:
  God, in the middle of this day
  we centre ourselves.
  We meditate on you.

Frauen:
  Wenn wir Hunger bekommen
  auf halbem Weg, bist du da
  und stärkst uns.

Women:
  At midday we are hungry.
  Feed us
  with your strength.

Männer:
  Wenn wir arbeiten (wandern),
  kommt der Durst.
  Dann erfrischst du uns
  mit deiner Gegenwart.

Men:
  As we work (move around)
  we are thirsty.
  Refresh us
  with your presence.

Frauen:
  Du gibst uns unsere Zeit, Gott.
  Und du füllst unsere Zeit
  mit Leben.

Women:
  You're giving us our time –
  you're filling our time with life.

Männer:
  Sei mit uns heute. Sei mit uns,
  wenn wir durch diesen Tag
  gehen –
  und leite uns
  durch deinen Geist.

Men:
  Be with us today. Be with us
  through this day –
  and lead our thoughts
  with your spirit.

Stille

Silence

L: Wir schauen auf dich, Gott.
  Du gibst uns unsere Speise
  zu unserer Zeit.

L: Our eyes look to you,
  and you give us our food
  in due season.

Alle: Du öffnest deine Hand und sättigst alles, was lebt, mit Wohlgefallen. L: Komm, Christus, setz dich zu uns an den Tisch und brich uns das Brot. Alle: Erfülle uns mit Dankbarkeit für Speis und Trank, für Gemeinschaft und die Begegnungen. Amen.	All: You open your hand, satisfying the desire of every living thing. L: Come, Christ, sit at our table, break bread with us. All: Fill us with thankfulness for food and drink, community and conversation. Amen.
Lied/Kanon (derselbe wie am Anfang) **3 Gongschläge [Klangschale]** **Die Kerze wird gelöscht.**	**Song** (the same as above) **Bell/Gong/Singing bowl** (3 times) **The Candle is extinguished.**

Weitere Sprachen (französisch/spanisch/italienisch) finden Sie in dem Buch „Laudate omnes gentes" – Was uns eint: Gemeinsam beten und singen in der Ökumene, Gütersloh 2010.

1. Mit - ten am Tag ein In - ne -
hal - ten, mit - ten am Tag ein klei - nes
Glück: Ich fin - de Zeit, tief durch - zu -
at - men, Zeit für ein Wort und für Mu -
sik, Zeit für ein Wort und für Mu - sik.

2.   Mitten am Tag jetzt still zu sitzen,
mitten am Tag, der nicht verfliegt.
Ich freue mich an schon Erlebtem
und auf das, was noch vor mir liegt,
und auf das, was noch vor mir liegt.

3.   Mitten am Tag sich Zeit zu nehmen
für ein Gebet, für Speis und Trank,
mitten am Tag ein Innehalten
mit Gotteslob und ganz viel Dank,
mit Gotteslob und ganz viel Dank.

Text: Eugen Eckert 2008. Melodie: Fritz Baltruweit 2008.
© Text: Strube Verlag, München. © Musik: tvd-Verlag, Düsseldorf

Texte mitten am Tag

Zeit für neun Dinge

1 Nimm dir Zeit zum Arbeiten.
   Das ist der Preis für den Erfolg.

2 Nimm dir Zeit zum Nachdenken.
   Das ist die Quelle der Kraft.

3 Nimm dir Zeit zum Spielen.
   Das ist das Geheimnis der Jugend.

4 Nimm dir Zeit zum Lesen.
   Das ist das Fundament des Wissens.

5 Nimm dir Zeit für die Andacht.
   Das wäscht den irdischen Staub von deinen Augen.

6 Nimm dir Zeit für deine Freunde.
   Das ist die Quelle des Glücks.

7 Nimm dir Zeit zum Lieben.
   Das ist das einzige Sakrament des Lebens.

8 Nimm dir Zeit zum Träumen.
   Das zieht die Seele zu den Sternen.

9 Nimm dir Zeit zum Lachen.
   Das ist die Erleichterung, die die Bürde des Lebens tragen hilft.

Nach einem irischen Segenswunsch – aus: Schenk dir Zeit, Ev. Presseverband Baden

Ich wünsche dir...

Ich wünsche dir nicht alle möglichen Gaben.
Ich wünsche dir nur, was die meisten nicht haben:
Ich wünsche dir Zeit, dich zu freun und zu lachen,
und wenn du sie nützt, kannst du etwas draus machen.

Ich wünsche dir Zeit für dein Tun und dein Denken,
nicht nur für dich selbst, sondern auch zum Verschenken.
Ich wünsche dir Zeit, nicht zum Hasten und Rennen,
sondern die Zeit zum Zufriedenseinkönnen.

Ich wünsche dir Zeit, nicht nur so zum Vertreiben.
Ich wünsche, sie möge dir übrigbleiben
als Zeit für das Staunen und Zeit für Vertraun,
anstatt nach der Zeit auf der Uhr nur zu schaun.

Ich wünsche dir Zeit, nach den Sternen zu greifen,
und Zeit, um zu wachsen, das heißt, um zu reifen.
Ich wünsche dir Zeit, neu zu hoffen, zu lieben.
Es hat keinen Sinn, diese Zeit zu verschieben.

Ich wünsche dir Zeit, zu dir selber zu finden,
jeden Tag, jede Stunde als Glück zu empfinden.
Ich wünsche dir Zeit, auch um Schuld zu vergeben.
Ich wünsche dir: Zeit zu haben zum Leben.

aus: Elli Michler, „Dir zugedacht", Wunschgedichte
© Don Bosco Verlag, München 2010, 20. Auflage

Manchmal am Tag...

Manchmal am Tag
schließe ich [mitten im Trubel]
die Augen;
dann will ich Abstand gewinnen
und das Ziel wieder vor Augen sehen,
das ich mir gesetzt habe.

Manchmal am Tag
schließ ich einfach die Tür.
Dann will ich versuchen,
mich selbst zu finden.

Manchmal am Tag
schließ ich einfach
meine Ohren.
Dann möchte ich hören,
was man von mir will,
nicht lauschen,
was Wichtiges passiert.
Dann will ich mich selbst
hören.

Manchmal am Tag
schließe ich meinen Mund
und stelle mich stumm.
Dann will ich warten,
bevor ich antworte.
Dann will ich schweigen,
bevor ich widerspreche.

Dann will ich bedenken,
was mich beunruhigt.
Dann will ich bedenken,
was zu tun ist.
Dann will ich bedenken,
wozu ich da bin.

Martin Affolderbach

Lied: Lieber Gott, ich danke dir

2.   Dass ich mit dir sprechen kann,
und du hörst mir zu,
lieber Gott, ich freue mich,
danke, danke du.

3.   Lieber Gott, ich danke dir,
dass du bei mir bist,
dass du alle Menschen liebst
und mich nicht vergisst.

Text: Marianne Schmidt. Musik: Fritz Baltruweit; aus: Meine Liedertüte, 1993.
Alle Rechte im tvd-Verlag, Düsseldorf

Halleluja... (EG 182, 2+3+6)
Suchet zuerst Gottes Reich in dieser Welt – *niederländisch/italienisch*

Zoekt eerst het koninkrijk van God
en zijn gerechtigheid,
en dit alles krijgt u bovendien.
Hallelu, halleluja.

Cercate in terra il regno del Signor,
lasua giustizia e pace;
E tutto il resto vi sarà dato in più.
Alleluja, alleluja.

Bidt en u zal gegeven zijn,
zoekt en gij zult het zien,
klopt en de deur zal voor u
opengaan.
Hallelu, halleluja.

Quando pregate, v'ascolta, il
Signor.
Cercate e troverete.
Bussate: per voi la porta s'aprirà.
Alleluja, alleluja.

Men kan niet leven van brood
alleen,
maar van ieder woord
dat door de Heer gesproken wordt.
Hallelu, halleluja.

Come i chicchi di gran del mondo-
inter
fanno un unico pane,
Quelli che ama, riunisce il Signor.
Alleluja, alleluja.

niederländisch: Bärbel Büssow

italienisch: Anna Belli

Großer Gott, wir loben dich
(EG 331 V. 1+11+2) – *englisch/niederländisch*

Holy God, we praise your name;
Lord of all, we bow before you.
All on earth your power proclaim,
all in heav'n above adore you.
Infinite your vast domain,
everlasting is your reign.

Grote God wij loven U
Heer, o sterkste aller sterken
Heel de wereld buigt voor U
en bewondert uwe werken
die Gij waart te allen tijd
blijft Gij ook in eeuwigheid

In you, Lord, our hope we place;
let your mercy on us lighten;
hide not from us now your face,
but love our pathway brighten.
Let not those who in you trust
be confounded at the last.

Heer ontferm U over ons,
open uwe vader armen
Stort uw zegen over ons,
neem ons op in uw erbarmen
eeuwig blijf uw trouw bestaan
laat ons niet verloren gaan.

Hark! The glad celestial hymn
angel choirs above are raising;
cherubim and seraphim
in uncasing chorus praising,
fill the heav'ns with one accord:
Holy, holy, holy Lord!

englisch: Clarence A.Walworth/Alan Luff

Alles wat U prijzen kan,
U, de Eeuw'ge, Ongeziene,
looft uw liefd' en zingt ervan.
Alle eng'len, die U dienen,
roepen U nooit lovensmoe:
Heilig, heilig, heilig toe!

niederländisch: Bärbel Büssow

Begegnung

Gott mit seinem
Sinn für Details
legte heute
einen Tautropfen
in ein Lupinenblatt.

Im Sonnenlicht
zwinkerte er mir zu.

Tina Willms

Sommer

Sommer – die Erlaubnis,
sich leicht zu fühlen.
Am Morgen schon einstimmen ins
Lied der Amsel.
Den Tau unter den Füßen spüren,
als könne man auf seinem Glitzern
gehen,
Rosenduft durch Nase und Seele
wehen lassen.
Staunen über das Rot des
Klatschmohns.
Die Sorgen an den Himmel werfen
und mit den Wolken weiterziehen
lassen.

Im Sommer fließt Gottes Liebe über.
Er verschwendet sich an uns.
Den Blumen gibt er Farben und Duft.
Dem Sonnenlicht schenkt er Wärme
und Kraft.
Im Rauschen des Bachs klingt ein
leises Lied
und die Wipfel der Bäume
wiegen sich sanft im Wind.
Der Sommer erzählt uns von Gottes
Liebe: großzügig, verschwenderisch,
leise und sanft:
so verschenkt er sich an uns.

Tina Willms

Am Abend

Gute-Nacht-Geschichte für Kinder/Familien

1. Kinder und Erwachsene treffen sich im Kreis um die gestaltete Mitte (geschlossener Leseschatzkoffer auf blauem Tuch mit Sternen) und unter dem Gute-Nacht-Geschichten-Mond. Der Mond hängt über der gestalteten Mitte.

2. Eine Teamer/in begrüßt die Teilnehmenden.

   In der Begrüßung wird dann die Handpuppe Benny vermisst. Alle rufen sie, denn ohne Benny kann es ja nicht losgehn. Benny lässt sich herbeirufen. Sagt: Warum habt ihr denn nicht eher Bescheid gesagt? Er musste sich noch die Zähne putzen. Denn er ist gerade aufgestanden. Er schläft nämlich tagsüber und nachts ist er aktiv, spukt in Träumen herum etc. Frage der Moderation an die Kinder: Habt ihr was geträumt? – Kinder reagieren. Benny auch: Ich komm zu euch heute nacht.

3. Die Handpuppe Benny (eine Kumquats-Puppe), der weltbeste Gute-Nacht-Geschichten-Liebhaber, kommt dazu und unterhält sich mit den Kindern über den Tag und seine nächtlichen Besuchsaktionen.

4. Gemeinsam wird aus den bereits vorher verteilten Liederbüchern ein Wunschlied bzw. ein thematisch passendes Lied gesungen.

5. Benny unterhält sich mit dem Vorlesenden und den Kindern darüber, was es mit dem Leseschatz auf sich hat (für jede Geschichte kommt ein Symbol in den Koffer. Das funktioniert aber nur, wenn sich die Kinder an das „Symbol" vom letzten Tag erinnern o.ä.)

   Mod.: Wer macht den Koffer auf? – Benny will unbedingt. Aber welches Kind hilft ihm dabei...
6. Ein Kind öffnet (zusammen mit Benny) den Koffer und zeigt das Symbol der letzten Geschichte.
7. Gemeinsam wiederholen alle den Inhalt der letzten Geschichte und wichtige Vorinformationen.
8. Während Benny gespannt zuhört, liest der Leser/die Leserin die neue Geschichte vor.
   Gerade kleinere Kinder haben den „Kontakt zur Geschichte" über Benny...
9. Gemeinsam sprechen alle über den Inhalt der Geschichte und ihre Bedeutung.
10. Die Kinder und Benny (macht verrückte Vorschläge, z.B. „der Unsichtbare") überlegen, welches Symbol zur heutigen Geschichte passt, und legen es zum Leseschatz hinzu.
11. Ein Kind würfelt mit dem Gebetswürfel das Abendgebet und liest es vor.
12. Ein Kind schließt den Leseschatz wieder.
13. Benny verteilt an „kleine und große Kinder" ein Betthupferl (Gummibärchen).
14. Gemeinsam wird im Stehen das Lied „Weißt du, wie viel Sternlein stehen" (EG 511) gesungen.
15. Benny und das Team verabschieden sich, wünschen eine gute Nacht und weisen auf den nächsten Programmpunkt für Kinder hin.

Was gebraucht wird:
• Himmelblaue Decke/Sterne u.ä. (draufgelegt)/Großer Halbmond (aufgehängt im Zelt)
• Figuren, die erzählen (Tier-Puppen)/Symbole

Bücher
• (Geschichten, die vorgelesen werden):
• Christiane Schein/Frank Fischer: Nebu und die Palastlöwen, 25 Geschichten zur Guten Nacht – tierisch biblisch – Aussaat-Verlag 2008, www.nvg-medien.de

- Kirsten Boie: Wir Kinder aus dem Möwenweg – Verlag Friedrich Oetinger, Hamburg 2000
- Klaus-Peter Wolf, Jens-Peter und der Unsichtbare, Gerstenberg Verlag, Hildesheim 1997
- Klaus-Peter Wolf, Jens-Peter und der Unsichtbare – die besten Geschichten, Gerstenberg Verlag, Hildesheim 2000
- Gudrun Mebs: Oma, schreit der Frieder, Carlsen Verlag, Hamburg 2009

Die Gebete vom Gebetswürfel:

Lieber Gott, ich danke dir.
Bleib auch diese Nacht bei mir.
Amen.

Was schön heut war,
es kam von dir.
Was unrecht war, vergib es mir.
Lass mich bei dir geborgen sein.
In deinem Namen schlaf ich ein.
Amen.

Lieber Gott,
ich schlaf gleich ein,
doch ich bin dann nicht allein.
Deine Engel halten Wacht,
sind bei mir
die ganze Nacht.
Amen.

Lieber Gott im Himmel du,
meine Augen fallen zu.
Bleib bei mir die ganze Nacht,
bis die Sonne wieder lacht.
Amen.

Herr,
der Tag ist nun zu Ende.
Dankend falte ich die Hände.
Du allein kannst alles geben.
Schütze diese Nacht mein Leben.
Amen.

So ein schöner Tag war heute.
Lieber Gott, und so viel Freude
hat er wieder mir gebracht.
Dankbar sag ich: Gute Nacht.
Amen.

Ein großer Gebetswürfel wurde für die Veranstaltungsreihe selbst hergestellt. Gesehen bei der KIRCHE UNTERWEGS im weißen Zelt am Sahlenburger Strand – entwickelt von Tanja Schwabe und Melanie Voß.

Meditation zu Beginn einer Abendandacht

(langsam-meditierend vortragen)

Ein Tag liegt hinter uns,
eine Woche geht zu Ende.
Wir halten inne,
werden uns der verrinnenden Zeit bewusst. –
Jede Stunde ist ein Schritt,
mit dem wir uns vom Anfang entfernen
und aufs Ende zugehen. –

Aber eine Stunde gleicht nicht der andern:
Es gibt Stunden der Hetze
und Stunden der Ruhe.
Stunden der Traurigkeit
und Stunden der Freude.
Leere Stunden, durchlitten oder vertan,
oder Stunden,
die prall gefüllt waren mit Leben.
Stunden der Sehnsucht und der Erfüllung,
Stunden der Gemeinschaft
und der Einsamkeit,
Stunden, die uns reich machten,
und Stunden, in denen wir nichts hatten
als unsere leeren Hände.

Wir bedenken,
was von all dem uns
die Stunden dieses Tages bedeutet haben
und breiten sie in Gedanken vor Gott aus:
den Morgen –
den Mittag –
den Nachmittag –

Unsere Gedanken gehen zurück
in die Woche, die zu Ende geht:
Was hat uns weiter gebracht
und was zurückgeworfen?

Was haben wir genossen
und worunter haben wir gelitten?
Was ist uns gelungen
und woran sind wir gescheitert?
Wofür möchten wir heute danken
und was können wir immer noch nicht verstehen?

Gott, hilf uns, alles,
was unsere Gedanken bewegt und belastet,
in deine Hände zu legen
und dadurch Herz und Hände frei zu machen
für deine Gaben.
Amen.

oder:

Ein Tag wie jeder andere,
dieser (z.B. Mittwoch, der...)?
Oder ein Tag, wie er im Buche steht?
Ein erfüllter Tag?
Ein leerer Tag?
Ein schwerer Tag? –
Möchten wir ihn festhalten?
Oder möchten wir ihn möglichst rasch loswerden? –

Wie gehen wir mit den Erfahrungen dieses Tages um,
(dieser kurzen Auszeit eines Urlaubs)?
Den ungelösten Fragen,
den schönen Erlebnissen,
den bösen Nachrichten? –

Müssen wir sie für uns behalten?
Können wir sie teilen?
Mit einem Menschen teilen?
Gott mit-teilen
und seiner Teilnahme gewiss werden?

Gott, du weißt, was uns jetzt auf der Seele liegt,
was uns erfüllt oder blockiert.
Hilf uns, es heute abend wenigstens um soviel anzuheben,
dass wir tief durchatmen können
und dabei den befreienden Geist
deines Zuspruchs
und deines Anspruchs
in uns aufnehmen.
Amen

Klaus von Mering

Liedersingen am späten Abend/Kerzenandacht

Sonnenuntergang am Meer/am See – oder in den Dünen (oder?...)
mit Kerzen

Liedzettel und Kerzen werden verteilt. In der Mitte:
Eine große Kerze im Glas, die nicht ausgehen kann.

2-3 Abendlieder singen

...endet mit:

Kehrvers/Kanon: Herr, bleibe bei uns

Herr, blei - be bei uns; denn
Ab - ide with us, dear Lord, for
Seig - neur, reste a - vec nous; dé -
O Heer, blijf bij ons; de

es will A - bend wer - den, und der
eve - ning is des - cen - ding and the
jà le jour dé - cli - ne et la
a - vond is ge - ko - men en de

Tag hat sich ge - nei - get.
day sinks to its en - ding.
nuit est tou - te pro - che.
dag is haast ten ein - de.

Text: Lk 24,29. Melodie: Albert Thate.
© *by Bärenreiter-Verlag, Kassel*

Klangschale
Eröffnung

Liturgin: Dunkel wird es (ist es geworden), Gott.
Wo bist du? Wir sind hier.
Senke den Himmel über uns herab,
sanft wie eine Decke.
So komme zu uns in der Nacht:

Alle: Sende deine Engel
strahlend und licht.
Amen.

Lied und Meditation „Jeder Mensch braucht einen Engel"

Kehrvers: Jeder Mensch braucht einen Engel + Strophe 1 (siehe S. 31)

Nach Strophe 1:
Was habt ihr heute erlebt – Schwieriges, Schweres?
Was drückt euch nieder?
Ich sehe vor mir ... (je einen Eindruck des Tages)
Kehrvers: Jeder Mensch braucht einen Engel + Strophe 2

Nach Strophe 2:
Was habt ihr heute erlebt – Leichtes, Lichtes?
Was lässt euch schweben?
Ich sehe vor mir ... (je einen Eindruck des Tages)
Kehrvers: Jeder Mensch braucht einen Engel + Strophe 3

Nach Strophe 3:
Habt ihr Himmlisches entdeckt?
Habt ihr Gott gespürt, einen Engel berührt?
Ich sehe vor mir ... (je einen Eindruck des Tages)
Kehrvers: Jeder Mensch braucht einen Engel

Gute-Nacht-Geschichte – siehe S. 92 – oder:

Haben Sie schon einmal einen Engel gesehen?
Also, ich kenne einen.
Er lebt unscheinbar am Ende meiner Straße.
Jeder kennt ihn und hat seine
besonderen Erfahrungen mit ihm gemacht.
Was er eigentlich tut, wovon er lebt – niemand hat eine Ahnung.
Aber alle wissen: Wenn es schwierig wird, ist er da.
Michael steht vor der Tür und bittet um Einlass.
Er weiß: Die alte Oma hatte eine schlimme Nacht.
Er hält eine Blume in der Hand.
„Ich will Sie besuchen", sagt er
und hält die Hand der Alten lange in seinen Händen –
und geht weiter.

Zu Anfang fragten alle verwundert:
„Woher weiß er, was mit uns los ist?"
Inzwischen haben sie sich daran gewöhnt.
Manchmal, wenn die Menschen es besonders nötig haben,
wünschen sie sich ihn herbei.

Und dann steht er da – wie vom Himmel gefallen.
Dann zieht er einen Zettel aus der Tasche:
„Halte durch!" oder „Sei gut behütet!" steht darauf
oder einfach nur „Fürchte dich nicht!". Mehr nicht.
Es trifft die Menschen in der Straße mitten ins Herz.
Wohltuend, versteht sich.
„Du bist wirklich ein Engel", sagen sie ihm ab und zu.

Manchmal sehen sie ihn lange Zeit nicht,
auch wenn sie sich nach ihm sehnen.
Gefragt, wo er denn gewesen sei, antwortet er:
„Es gibt noch mehr Straßen als die unsere."
Sie verstehen nicht, was er damit meint.
Es wird wohl sein Geheimnis bleiben.

Aus/nach: Blum/Seidel, Das kleine Engelbuch, tvd-Verlag Düsseldorf, 1996

Gesungenes Gebet: „Dein Licht leuchte uns"

Text und Musik: Fritz Baltruweit. Alle Rechte im tvd-Verlag, Düsseldorf

Alle singen den Kehrvers „Dein Licht leuchte uns"
*(Die folgenden Bitten/der Dank können in Auswahl zum gesummten
Kehrvers gesungen, aber auch zwischen den gesungenen Kehrversen
gesprochen werden (in Auswahl):*
1. Ich dank dir, du mein Gott, du hast mich heut behütet.
   Ob ich schlafe oder wache, gib du auf mich Acht.
2. Wach du über meine Zeiten, über die, die mir am Herzen liegen,
   und über alle Menschen. Zeig du uns dein wärmendes Licht.
3. Wir bitten dich für alle, die traurig sind oder einsam.
   Schick du uns als Engel. Gib Frieden, du unser Heiland.

4. ...für die, denen Unrecht widerfährt, dass ihnen Gerechtigkeit auf-
    leuchtet und sie das Leben sehn durch dein Friedenslicht.
5. Auf dein Licht wollen wir schauen, in der Nacht und am Tag,
    und uns hineinträumen in deine Welt.

Lied: Dein Licht leuchte uns

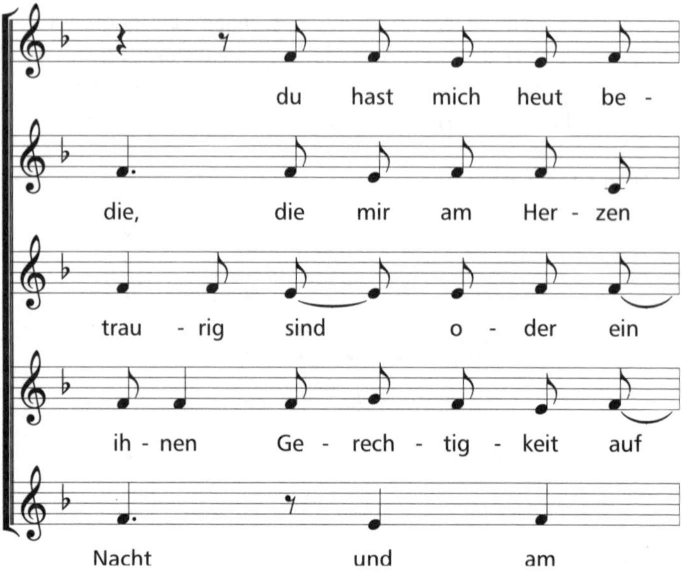

du hast mich heut be -
die, die mir am Her - zen
trau - rig sind o - der ein
ih - nen Ge - rech - tig - keit auf
Nacht und am

hü - tet. Ob ich schla-fe o - der
lie - gen, und ü-ber al - le
- sam. Schick du uns als
- leuch-tet und sie das
Tag und uns hin -

Text: Fritz Baltruweit und Mechthild Werner. Musik: Fritz Baltruweit
© tvd-Verlag, Düsseldorf

oder:

Diesen Tag, Gott,
legen wir zurück in deine Hand.
Du gabst ihn uns.
Du gabst uns Zeit füreinander,
geschenkte Zeit,
Lebenszeit.
Wir danken dir.
Wir danken dir für alles,
was uns gelang.
Wir danken dir,
dass du uns behütet hast.
Und wir bitten dich
um Vergebung für das,
was wir versäumten,
was wir schuldig
geblieben sind.

oder:

O Gott, unser Herr,
du bist voller Güte
und liebst die Menschen –
so vergib mir alle meine Sünden,
die ich heute getan habe
in Gedanken, Worten und Werken.
Schenke mir einen friedlichen
und ungestörten Schlaf.
Dein heiliger Engel sei mit mir,
er schütze mich vor allem Bösen.
Sei du unser Schutz,
für unseren Leib und unsere Seele.
Zu dir steige unser Lob auf:
zum Vater, zum Sohn
und zum Heiligen Geist,
jetzt und allezeit bis in Ewigkeit.

(St.Makarios – 4. Jahrhundert)

Stille

Vater unser

Abschluss

Liturg/in: Bleibe bei uns, Gott.
Alle: Dein Engel umhülle uns.
Liturg/in: Bleibe bei uns, Christus.
Alle: Dein Engel umsorge uns.
Liturg/in: Bleibe bei uns, Heiliger Geist.
Alle: Dein Engel umleuchte uns.
Liturg/in: So wollen wir in diese Nacht gehen,
umhüllt, umsorgt und umleuchtet.
Gott segne euch und behüte euch.
Gott lasse das Angesicht leuchten über euch
und sei euch gnädig.
Gott erhebe das Angesicht auf euch
und schenke euch Frieden. Amen.

Schlusslied
Breit aus, die Flügel beide (EG 477,8)
oder/und
Der Mond ist aufgegangen (EG 482)

Fritz Baltruweit/Mechthild Werner

Geschichten (nicht nur) zur Nacht

Der Mann mit den Bäumen

Ein wunderbarer Spaziergang. Der Wind streicht durch die Bäume, die Blätter rascheln. Ein gewundener Weg, ein Flusslauf. Sonne, sommerliche Farben, grün und schon ein wenig gelb, rot, braun.

Wenn ich Bäume wie diese sehe, dann denke ich oft an jenen „Mann mit den Bäumen", Elzéard Bouffier. In vielen Büchern wird von ihm erzählt. Er lebte in Frankreich, in der ersten Hälfte des letzten Jahrhunderts. Als sein Sohn und seine Frau sterben, verlässt er seinen Hof in einer fruchtbaren Ebene, will vergessen. Er zieht in eine einsame Gegend, fast eine Wüstenlandschaft, die Cevennen. Verlassene Dörfer, ödes Land, kaum Wasser: Genau hier findet Bouffier eine neue Lebensaufgabe. Er pflanzt Bäume. Mühsam sammelt er Eicheln, sucht die besten aus. Legt sie ins Wasser, damit sie sich voll saugen. Er wandert umher und bohrt mit Hilfe einer Eisenstange kleine Löcher in die Erde. Tag für Tag setzt er hundert Eicheln in den Boden. In drei Jahren hat er einhunderttausend Eicheln gesetzt. Und auch als zwei Weltkriege Europa erschüttern, pflanzt Elzéard Bouffier weiter. Und verändert die Landschaft. Als er 1947 stirbt, 89 Jahre alt, da summt und raschelt es in der Luft, Brunnen spenden Wasser, Menschen sind in die Dörfer zurückgekehrt. Drei riesige Wälder waren entstanden. Was für ein Lebenswerk!

„Der Mann mit den Bäumen" – wenn ich in diesen Tagen durch den Wald gehe, dann denke ich an ihn und seine Geschichte. Er hat verstanden, dass der Mensch nur *mit* der Natur und nicht ohne oder gar gegen sie leben kann. Und er hat eine Lebensaufgabe gefunden, die sinnvoll ist, hat nach dem biblischen Schöpfungsauftrag gelebt: Du sollst die Erde bebauen und bewahren.

Ein Weg durch einen Wald – das Blatt auf dem Weg, die Wolke am Himmel, der Stein vor den Füßen und das Wasser der Quelle – sie alle erzählen von der Verantwortung des Menschen und von Gott, dem Schöpfer, der uns diese Welt anvertraut hat. Wenn die Bäume sich in prächtige Gewänder kleiden, will ich mich daran besonders erinnern – und vielleicht auch danken für diese Welt mit den Worten aus Psalm 104: *„Herr, wie sind deine Werke so groß und viel. Du hast sie alle weise geordnet, und die Erde ist voll Deiner Güter".*

Jan von Lingen

aus: Der Mann mit den Bäumen, nach J.Giono, Zürich, 1972

Das Märchen vom Kreuzdornzweig

Einmal erscheint eine Fee einem armen Schäfer, so erzählt ein altes Märchen. Die Fee hält etwas in der Hand und sagt: Dies ist dein Schlüssel zum Glück, verlier ihn nicht. Und sie gibt dem Schäfer einen Zweig, es ist ein Kreuzdorn. Dann führt die Fee den Mann zu einer geheimnisvollen Tür im Wald. Eine Berührung mit dem Zweig und die Tür öffnet sich – und der Schäfer betritt eine Schatzkammer.

Die Fee geht mit ihm hinein und mahnt angesichts der vielen Schätze: Vergiss das Beste nicht! Und der Schäfer steckt sich wertvolle Schätze in die Tasche, Gold und Silber – und wieder und wieder mahnt die Fee: „Vergiss das Beste nicht." Der Mann meint schließlich, alles – auch das Beste – mitgenommen zu haben und verlässt die Schatzkammer – da schlägt die Tür hinter ihm zu. Und – seine Schätze sind verschwunden. Seine Taschen sind leer. Da fällt ihm ein: Er hat den Kreuzdorn in der Kammer liegen lassen, den Zweig, mit dem er die Schatzkammer zuvor geöffnet hatte! Der Zweig war das Beste, so wie die Fee es ihm immer gesagt hatte...

Wie wohl diese alte Geschichte zu verstehen ist? Vielleicht so: Alle Schätze dieser Welt sind wertlos, wenn wir nicht den richtigen Schlüssel für sie haben. Auf den Schlüssel kommt es an. Der Schlüssel ist wichtig – der Schlüssel zum Glück, zum Leben, zum Reichtum des Lebens. Und ich denke, jeder und jede von uns wird diesen so lebenswichtigen Schlüssel ähnlich benennen: Vielleicht ist es die Liebe, die Gesundheit, das Zuhause, die Familie, der Beruf, das Hobby – diese Schlüssel sind wichtig. Die richtigen Schlüssel zum Glück machen das Leben erst wertvoll. Sie sind wichtiger als alle Schätze der Welt.

In dem Märchen ist der Schlüssel zum Glück ein Kreuzdornzweig. Das hat eine besondere Bedeutung. Denn früher galt dieser Zweig als ein Symbol für Jesus Christus, der ja in der Passionsgeschichte eine Dornenkrone trug. Jesus Christus öffnet die Schatzkammern des Lebens, so erzählt dieses Märchen vom Schäfer und der Fee – vielleicht weil Jesus Christus von der Liebe Gottes etwas zu erzählen wusste und diese Liebe lebte und für sie starb. Ja, weil er den Menschen so den Himmel aufschloss...

Das Märchen – vielleicht sagt es uns: Nicht in Gold und Silber, sondern in Glaube, Hoffnung und Liebe erschließen sich die wahren und unvergänglichen Schätze des Lebens. Auf den richtigen Schlüssel kommt es eben an.

Jan von Lingen

„Der mutige Sprung über den Höllenschlund"

Als sie geboren wurde, war sogar der Himmel in Bewegung. Ein Blitz schlug in die Mathisburg ein, und sie zerbarst in zwei Hälften. Das Kind, das in einer so spektakulären Nacht und an einem so ungewöhnlichen Ort zur Welt kam, ist ein besonderes Kind: Sie ist eine Räubertochter und heißt Ronja. Astrid Lindgren erzählt von ihr in einem ihrer großen Kinderbücher. Ronja Räubertochter wächst in der einen Hälfte der gespaltenen Burg auf, zusammen mit einer Horde wildgewordener Räuber...

Eines Tages begegnet sie einem fremden Jungen. Er hat mit seinen Leuten die andere Hälfte der Burg besetzt. Zwei verfeindete Räuberbanden in einer Burg – das kann nicht gut gehen. Eine lange Geschichte beginnt. Die Kinder treffen sich erstmals an der großen Felsspalte, die die beiden Hälften der Burg trennt. Eiskalter Wind bläst aus diesem sogenannten Höllenschlund hinauf an die Kante, an der sich die beiden Kinder gegenüberstehen. Und dann kommt sie – die Mutprobe. Die Kinder springen über den Felsspalt auf die andere Seite – wieder und wieder, bis der Junge abstürzt. Mit letzter Kraft kann er sich an einem Felsvorsprung festhalten, und Ronja rettet ihn – mit dem Seil, das sie stets als Gürtel bei sich trägt. Wer diese Geschichte liest und hört, ahnt, dass diese beiden wagemutigen Kinder eines Tages die besten Freunde werden...

Ronja Räubertochter springt über den Höllenschlund – mir fallen viele Dinge dazu ein. Der tiefe Graben, der manche Menschen voneinander trennt – Mann und Frau, Eltern und Kinder. Ich denke an den vielfach zitierten Riss, der durch unsere Gesellschaft und durch unsere Welt geht, und sie zerteilt in Arme und Reiche, Gewinner und Verlierer. Risse, Spalten Trennungen sind Realitäten – aber gut, wenn der eine oder die andere den Mut hat, hinüberzuspringen auf die andere Seite. Wo ich mich einlasse auf den anderen und seine Sichtweise sehe, da kann Verstehen wachsen. Und nur wenn du hinüberspringst, findest du vielleicht einen Freund, das erzähl die Geschichte von Ronja Räubertochter in bildhaften Worten. Es ist wie mit der christlichen Nächstenliebe: Liebe deinen Nächsten wie dich selbst, heißt es. Oder mit anderen Worten: Spring hinüber auf die Seite des anderen, auch wenn euch manchmal ein tiefer Graben trennt.

Ronja und ihr neuer Freund haben übrigens den Krieg zwischen ihren beiden Räuberbanden beendet, so erzählt das Buch „Ronja Räubertochter" von Astrid Lindgren. Wie alles begann? Mit dem Sprung über den Höllenschlund. Ein bisschen Wagemut gehört eben dazu, wenn etwas Neues beginnen soll...

Jan von Lingen (nach Astrid Lindgren)

„Liebe durchbricht den Panzer"

Das kleine Nashorn hat wirklich schlechte Erfahrungen im Leben gemacht. So erzählt ein Bilderbuch des Autors Helme Heine. Ein Schmetter-
ling setzt sich auf sein Horn – es ist so weich, dass es umknickt. Ein Helm
muss her. Seine Fußsohlen sind so dünn, dass sie weh tun, wenn es auf
eine Ameise tritt. Darum besorgt es sich Soldatenstiefel. Bald verschwindet das kleine Nashorn nach und nach hinter einer Art Ritterrüstung.
Nun kann ihm nichts mehr passieren. Es ist gut geschützt. Alles prallt ab.
Das Nashorn ist unbesiegbar geworden.

Kinder, die diese Geschichte hören, sind sicher einerseits fasziniert,
wie sich das kleine Nashorn gegen alle Angriffe von außen schützen
kann. Andrerseits spüren die Kinder, dass da etwas nicht stimmt: Denn
nach und nach verschwindet das Nashorn hinter dicken Blechen. Da ist
bald kein Gesicht mehr zu sehen, keine Haut. Ob es Kindern manchmal
genauso geht? Ein Kind, das geschlagen wird, das schlechte Erfahrungen
macht – es sucht sich seinen Panzer, verschwindet hinter einer seelischen
Ritterrüstung. Ein guter Schutz. Erwachsene kennen das auch: Wer ständig angegriffen wird, im Beruf, in der Familie, wird dafür sorgen, dass
möglichst viel abprallt. So schützt man sich, klar, aber: Man verliert ja
irgendwo auch sein Gesicht, einen Teil seiner Persönlichkeit.

Jesus war einer, der ziemlich genau erkannte, ob sich jemand hinter
einer seelischen Rüstung verschanzte, so erzählt das Neue Testament.
Er trifft eine Frau am Brunnen, spricht sie an, und nach anfänglichem
Zögern schüttet sie ihm das Herz aus. Die Frau ist danach wie erlöst.
Dann, ein Mann namens Zachäus, äußerlich ist er reich und zugleich
innerlich verarmt, weil ohne Liebe: Jesus sieht seinen Panzer und weiß,
wie er diesen überwinden kann. Er besucht das Haus des Zöllners, isst
und spricht mit ihm. Und nach und nach legt Zachäus die seelische
Ritterrüstung ab, die ihn umgibt.

Ganz ähnlich geht es übrigens auch weiter in dem Kinderbuch. Das
Nashorn in der Ritterrüstung begegnet eines Tages einer Prinzessin. Als
sie ihn küssen will, da muss das Nashorn den Helm abnehmen. Und als
sie mit ihm baden gehen will, zieht es die Rüstung aus. Nach und nach
kommen also das Gesicht, die Augen, die Haut wieder zum Vorschein.
Liebe durchbricht manchen Panzer. Das ist in der Bibel ebenso wie in
dem Kinderbuch. Und hoffentlich auch im wirklichen Leben.

Jan von Lingen

(Das Kinderbuch heißt „Der Boxer und die Prinzessin" von Helme Heine)

Der nächtliche Sternenhimmel

In Afrika fragt ein Kind seinen Vater. Sie stehen unter einem dunklen Himmel, übersät von unendlich vielen leuchtenden Sternen.

„Was sind die Sterne?", fragt das Kind. Der Vater schweigt, dann sagt er: „Löcher sind die Sterne, hineingestoßen in den Himmel, damit wir etwas vom Licht aus der Wohnung des Höchsten sehen können."
Kindlich ist die Antwort und doch auch für Erwachsene schön und wahr.

In diesen langen warmen Sommernächten können wir auf unseren Terrassen, Balkonen und Spaziergängen öfter als im übrigen Jahr die Sterne über uns leuchten sehen. Und besonders eindrucksvoll kann der Sternenhimmel auch bei uns noch sein, wenn wir auf stadtfernen Wegen zu ihm aufschauen.

Im September 2008 hat ein Artikel im Spiegel-Magazin auf den niederländischen Maler Vincent van Gogh als großen „Maler der Nacht" aufmerksam gemacht. Anlass war die Ausstellung in der Albertina in Wien. Dort wurden die großformatigen Nachtbilder des Malers aus dem Besitz der Museen in Paris, New York und Amsterdam erstmalig als Gruppe in einem Raum gezeigt. Axel Rüger, der Direktor des Amsterdamer Van Gogh Museums, der die Ausstellung inzwischen übernommen hat, äußerte sich zu den Nachtbildern so: „Nachts schien für den Maler sich alles zu verdichten, das Alltägliche ebenso wie das Mysteriöse und Verrückte. Er hielt die Stunden zwischen Abenddämmerung und Morgengrauen für farbiger als den Tag."

An seinen Bruder Theo schreibt der Maler, der in der Heilanstalt St. Remy lange an quälender Schlaflosigkeit leidet: „Siehe, man hat angenommen, die Erde sei flach. Das war richtig. Sie ist es noch heute – zwischen Paris und Asnières zum Beispiel. Aber das hindert die Wissenschaft nicht, zu beweisen, dass die Erde nun einmal rund ist, was heutzutage kein Mensch mehr bestreitet. Trotzdem meint fast jeder noch, das Leben sei flach und reiche nur von der Geburt bis zum Tode. Aber auch das Leben ist wahrscheinlich rund und viel bedeutender an Ausdehnung und Fähigkeiten als die Halbkugel, die uns zur Zeit bekannt ist."

Der Maler wollte mitunter die Sterne geradezu „fühlen" und „das Unendliche dort oben". Die Antwort des afrikanischen Vaters hätte ihm gefallen: „Löcher sind die Sterne, hineingestoßen in den Himmel, damit wir etwas von dem Licht aus der Wohnung des Höchsten sehen können."

Friedrich und Sigrid Lunde

Abendpsalm

wenn der Tag ins Dunkel fällt
Der Himmel sich krönt mit Sternen
treiben Träume dich weiter
füllen die Nacht mit Leben

wenn der Tag ins Dunkel fällt
trägt ein Gebet
dich fort in die Ferne
über Horizonte ins Licht

Annemarie Schnitt

Lied: Der Tag geht hin

Refrain: Der Tag geht hin, es wird Nacht. Bei mir kommt al-les zur Ruh. Mein Gebet steigt zu Gott em-por.

Ich den-ke nach und ich seh, was heut so al-les ge-schah. Ich geb Gott die-sen Tag zu-rück.

1. Du schenkst mir Kraft für die Ar-beit und mein Tun. Du trägst mit viel Er-bar-men auch mich.

Kehr mir in Se-gen, was äng-stet und be-schwert. Lass un-ter dei-nem Schutz stets mich sein.

2.   Wie auf dem Feld alles wächst, alles gedeiht
bei Wolken und bei Sonne und Wind,
so mach auch mich für den großen Tag bereit,
wenn du zu deiner Ernte erscheinst.

3.   Sei denen nah, die ich liebe, die ich mag
und auch, die mich beschwern Tag um Tag.
Dein Licht erhellt auch das Dunkel dieser Zeit.
Dein Engel sei bei mir Tag und Nacht.

Text: Christian Hählke 2004. Melodie: Norwegisches Lied.
© Rechte beim Autor

Luthers Abendsegen

Ich danke dir,
mein himmlischer Vater,
durch Jesus Christus,
deinen lieben Sohn,
dass du mich diesen Tag
gnädiglich behütet hast;
und bitte dich,
du wollest mir vergeben
alle meine Sünde,
wo ich unrecht getan habe,
und mich diese Nacht
auch gnädiglich behüten.
Denn ich befehle mich,
meinen Leib und Seele
und alles in deine Hände.
Dein heiliger Engel sei mit mir,
dass der böse Feind
keine Macht an mir finde.
Amen.

(niederländisch)
Ik dank U, mijn hemelse Vader,
door Jezus Christus, uw lieve Zoon,
dat U mij deze dag genadig
bewaard hebt,
en ik bid U:
wil mij al mijn zonden vergeven,
alles waarin ik onrecht gedaan
heb,
en wil mij deze nacht genadig
bewaren.
Want in uw handen beveel ik mij,
mijn lichaam en ziel en alles;
laat uw heilige engel bij mij zijn,
zodat de boze vijand geen macht
over mij krijgt.
Amen.

(englisch)
I thank You, my heavenly Father,
through Jesus Christ,
Your dear Son,
that You have graciously
kept me this day;
and I pray
that You would forgive me
all my sins where
I have done wrong,
and graciously keep me this night.
For into Your hands,
I commend myself,
my body and soul, and all things.
Let Your holy angel be with me,
that the evil foe may have no
power over me.
Amen.

(spanisch)
Te damos gracias, Padre celestial,
por medio de Jesucristo, tu amado
Hijo,
porque nos has protegido con tu
gracia en este día,
y te rogamos que nos perdones
todos los pecados que hayamos
cometido,
y que por tu gran misericordia nos
guardes de todos los peligros de
esta noche.
En tus manos encomendamos
el cuerpo, el alma y todo lo que es
nuestro.
Tu santo ángel nos acompañe
para que el maligno no tenga
ningún poder sobre nosotros.
Amén.

(Italienisch)

Ti ringrazio, mio Padre celeste,
per Gesù Cristo, tuo diletto Figlio,
perché mi hai misericordiosamente
protetto in questo giorno,
e ti prego di voler perdonare
ogni mio peccato
ed ogni ingiustizia da me com-
messa,
e di proteggermi
questa notte secondo la tua grazia;
poiché io rimetto il mio corpo e
l'anima
e ogni cosa nelle tue mani.
Il tuo santo angelo sia con me,
anché il maligno
non abbia alcun potere su di me.
Amen.

(dänisch)

Jeg takker dig, min himmelske Fader
Ved Jesus Kristus, din elskede søn,
fordi du på denne dag så nådigt
har beskyttet mig.
Og beder dig: At du vil tilgive mig
alle mine synder,
hvor jeg har gjort uret
Og at du også i denne nat vil vil
beskytte
mig med din nåde.
I dine hænder befaler jeg min krop
og sjæl og alt.
Lad din hellige engel være med mig,
så den onde fjende
ikke kan få magten over mig.
Amen.

Weitere Sprachen finden Sie in dem Buch „Laudate omnes gentes" – Was uns eint:
Gemeinsam beten und singen in der Ökumene, Gütersloh 2010.

Nachtsegen

3 Gongschläge [Klangschale]

Eröffnung

L1: Ich will ein Licht anzünden
     im Namen Gottes,
     der die Welt erleuchtet
     und mir den Atem des Lebens
     gibt.

Eine Kerze wird angezündet.

L2: Ich will ein Licht anzünden
     im Namen des Sohnes,
     der die Welt rettet
     und mir seine Hand reicht.

Eine weitere Kerze wird angezündet.

Gong/Singing bowl (3 times)

Opening

L1: I will light a light
    in the name of the Maker
    who lit the world and breathed
    the breath of life for me.

A candle is lit.

L2: I will light a light
    in the name of the Son
    who saved the world
    and stretched out his hand to
    me.

A candle is lit.

L3: Ich will ein Licht anzünden
im Namen des Heiligen Geistes,
der die Welt umfasst
und meine Seele
im Gleichgewicht hält.

Eine dritte Kerze wird angezündet.

Alle: Wir haben Lichter angezündet
für den dreieinigen Gott der
Liebe:
Gott über uns,
Gott um uns,
Gott in uns
vom Anfang bis ans Ende,
bis in Ewigkeit.

Lied

Biblische Lesung

Stille

Gebet zur Nacht
[z.B. Luthers Abendsegen (S. 113)]
[Vater unser]

Lied

Litanei zur Nacht
L1: Die Nacht ist die Decke
deines Friedens, Gott,
Alle: der Rhythmus deiner Ruhe
für alle Menschen.
L2: Die Nacht ist der Mantel
deiner Freundlichkeit, Gott,
Alle: die Wärme deiner schützenden
Hand rings um die Erde.
L3: In ihrer Dunkelheit liegen die
Zeichen der Ewigkeit verborgen,
Alle: die andauernde Lebendigkeit
deiner Liebe.

L3: I will light a light
in the name of the Spirit
who encompasses the world
and blesses my soul
with yearning.

A candle is lit.

All: We have lit three lights
for the trinity of love:

God above us,
God beside us,
God beneath us:
the beginning, the end,
the everlasting one.

Song

Bible Reading

Silence

Prayer at Night
[for example: Luthers Evening-
Prayer (see page 113)]
[Lord's Prayer]

Song

Litany for the Night
L1: The night is the cover
of your peace, O God,
All: the rhythm of your rest
for all your people.
L2: The darkness is the cloak
of your gentleness, O God,
All: the warmth of your hand
around the earth.
L3: In its blackness is
the sign of your eternity,
All: the never-ending living
of your love.

L1: Voller Vertrauen auf dich
gehen wir schlafen
und legen diesen Tag zurück
in deine Hand.

Alle: Im Vertrauen auf dich legen
wir die Sorgen dieses Tages
beiseite.

L2: In unserem Schlaf
sei du unser Begleiter.

Alle: In unserem Erwachen sei du
das Geschenk des neuen
Tages.

L3: Geht in Frieden.
Gott gehe mit dir.
Jesus Christus
nehme dich an die Hand
und der Heilige Geist
umhülle dich wie eine Decke .

Alle: Amen.

3 Gongschläge [Klangschale]

Die Kerzen werden gelöscht.

L1: In faith
we go to sleep
and leave our life
to you.

All: In child-like trust we end
our efforts of this day.

L2: In our sleeping
be our company.

All: In our waking
be the gift of our new day.

L3: Go in peace,
and may God go with you.
Christ Jesus
take you by the hand,
and the Spirit
be a cloud of grace around
you.

All: Amen.

Gong/Singing bowl (3 times)

Candles are extinguished.

(Anfang- und Schlusslitanei: IONA-Community, Schottland)
Weitere Sprachen (französisch/spanisch/italienisch) finden Sie in dem Buch
„Laudate omnes gentes" – Was uns eint: Gemeinsam beten und singen in der
Ökumene, Gütersloh 2010.

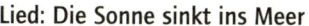

Lied: Die Sonne sinkt ins Meer

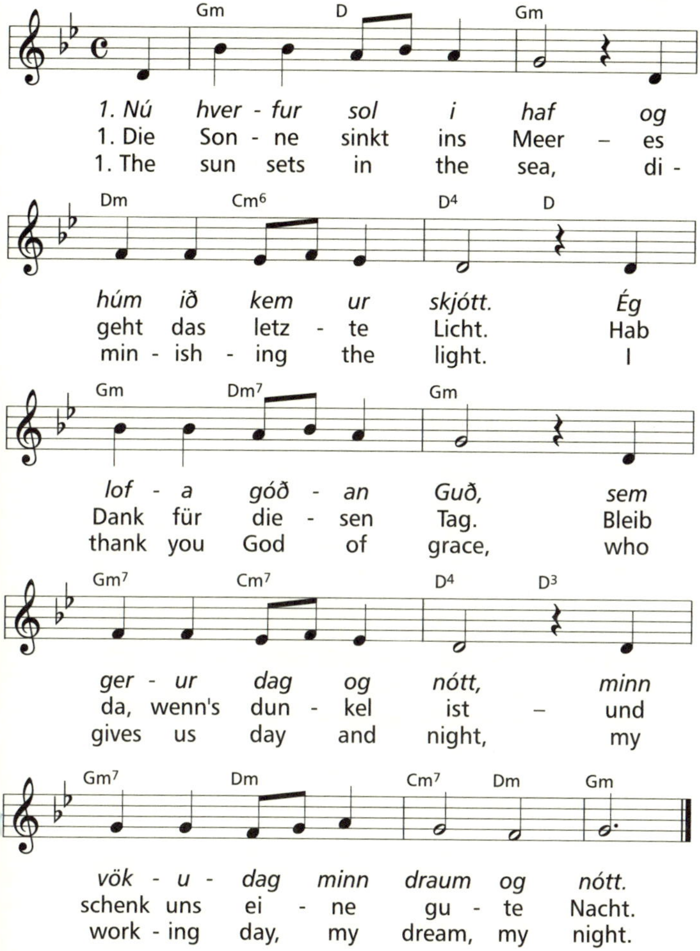
Gm D Gm
1. Nú hver - fur sol i haf og
1. Die Son - ne sinkt ins Meer – es
1. The sun sets in the sea, di -
Dm Cm6 D4 D
húm ið kem ur skjótt. Ég
geht das letz - te Licht. Hab
min - ish - ing the light. I
Gm Dm7 Gm
lof - a góð - an Guð, sem
Dank für die - sen Tag. Bleib
thank you God of grace, who
Gm7 Cm7 D4 D3
ger - ur dag og nótt, minn
da, wenn's dun - kel ist – und
gives us day and night, my
Gm7 Dm Cm7 Dm Gm
vök - u - dag minn draum og nótt.
schenk uns ei - ne gu - te Nacht.
work - ing day, my dream, my night.

2. Gott, du bleibst wach und nah,
wärmst liebevoll die Welt.
In weitem Erdenrund
lass leuchten dein Gesicht –
und schenk uns eine gute Nacht.

3.   Am Tages Ende: Nacht.
        Und wo ich dich vergaß,
        wo Hass und Kummer schrei'n,
        pflanz deine Hoffnung ein –
        und schenk uns eine gute Nacht.

4.   Komm Nacht, komm auf uns zu,
        schenk Ruhe, neue Kraft
        und heile, was zerbrach.
        Gib Frieden, lieber Gott.
        Und schenk uns eine gute Nacht.

2.   You are awake, o God,
        protecting life that's weak
        In all the whole wide world.
        The star of hope we seek,
        the star of hope of heaven we seek.

3.   As night is falling down,
        let hope and life break through
        Where hate and sorrow reign,
        where we're forgetting you,
        on earth where we're forgetting you.

4.   Come, night, with grace and peace,
        be near us, God of Love,
        Come with your healing power
        to all the pain of Life,
        to all the human pain of life.

Text: Sigurbjörn Einarsson. Musik: Þorkel Sigurbjörnssen
Übersetzung: Fritz Baltruweit; aus: Dein Licht leuchte uns, 2007
Textrechte: beim Autor; Musikrechte: beim Autor
Rechte für die Übersetzung: tvd-Verlag Düsseldorf

Auf dem Weg

Da sein – an besonderen Orten, zu besonderen Zeiten

Gottesdienst am Strand – in den Dünen – oder im Maisfeld ...

An Strand und Dünen

Am Strand von Rømø, der Insel Röm: Unter blauem Himmel erstreckt sich die Strand- und Dünenlandschaft. Fünf Kilometer ist der Strand breit. Lange zu laufen, wenn man auf das Auto verzichtet. Die Brutgebiete der Vögel sind gesperrt. Doch anders als auf den meisten deutschen Nordseeinseln kann man fast ungehindert durch die meisten Dünen toben. Ob sich das ändern wird mit der Ausweisung auch des dänischen Wattenmeeres als Nationalpark?

Dünen wachsen aus herangewehtem Sand heran, der durch tiefwurzelnde und -sprossende Pflanzen zusammengehalten wird. Sie wachsen meterhoch, Wasser und Winterstürme fegen sie wieder hinfort. Erst durch die langen Wurzeln und Sprosse der Dünengräser kann sich aus losem Sand eine Düne bilden. Strandhafer, Strandroggen, Stranddistel leben hier (und nur hier!). Brandgänse und Möwen brüten bevorzugt in den Dünen. Neben ihrer ökologischen Bedeutung sind Dünen lebensnotwendig für die Inseln und ihre Bewohner: Solange sie von dichtem Pflanzenbewuchs festgehalten werden, bieten sie als natürliche Wellenbrecher Schutz vor Überflutungen.

Als Lebensraum sind die Dünen durch die Nationalparkgesetze geschützt. Diese besagen: Sie dürfen auf den zugelassenen, markierten Wegen durch die Dünen wandern. Querfeldeinlaufen ist verboten. Rasten, lagern oder zelten Sie bitte nicht in den Dünen. Meiden Sie auch am Strand die Bereiche, in denen Gräser versuchen, Wurzeln zu fassen.[3]

Auf den deutschen Inseln gibt es befestigte Wege durch die Dünen, mit Aussichtsdünen und Aussichtsplattformen. Vielleicht eignet sich eine Aussichtsdüne für eine Andacht oder einen Gottesdienst.

Auch wenn es auf Röm derzeit noch möglich wäre, sich zum Gottesdienst in den Dünen niederzulassen, gleichsam in einem natürlichen Amphitheater aus Sand, wird in der Regel ein Ort am Strand in der Nähe der Dünen vorzuziehen sein für einen Gottesdienst: zwischen dem Meer

---

[3] Lebensraum Düne.

und den Dünen unter blauem Himmel und strahlender Sonne. Oder bei anderer Wetterlage an der rauen See, neben tosenden Wellen, dem Wind ausgesetzt womöglich gar dem Regen. Hier fühlt man sich Gott und seiner Schöpfung nah, so oder so.

An anderen Orten feiert die Gemeinde ihren Gottesdienst vielleicht an der Strandpromenade, neben Strandkörben. Manchmal steht die Kirche selber direkt am Strand: wie die Strandkirche in Scharbeutz bei Lübeck.

Ich liebe den Strand auch deshalb, weil man hier so vieles finden kann: Muscheln ganz unterschiedlicher Art, Schalen von Krebsen, bunte Steine, Holzstücke, Treibgut und Hinterlassenschaften der menschlichen Zivilisation: All das, was das Meer anschwemmt.

Ebbe und Flut gestalten den Strand, hinterlassen ihre unterschiedlichen Spuren, die den Sand manchmal formen wie Wellen. An einigen Stellen ist der Strand fein, an anderen prägen ihn Kiesel oder Steine. Mal ist er fest, mal feinster Sand.

Und wir finden Spuren: Spuren der Vögel. Spuren von Tieren und Spuren von Menschen.

Am Strand wird gestaltet: Sandburgen zum Schutz vor dem Wind, von Kinder gebaute Kleckerburgen und Kanäle. Auch für den Gottesdienst können wir den Strand einfach gestalten, beispielsweise mit Symbolen wie einem Labyrinth aus Sand, Steinen, Muscheln, Treibgut.

Nicht in jedem Urlaubsland sind Open-Air-Gottesdienste so selbstverständlich wie mittlerweile bereits in Deutschland. In Dänemark sind sie eher selten. Freiluftgottesdienste, die den Hauptgottesdienst am Sonntag ersetzen und auch zusätzliche Gottesdienste zu anderen Zeiten dürfen nicht ohne besondere bischöfliche Genehmigung außerhalb von Kirchen gefeiert werden. Die dänischen Bischöfe sehen es als ihre Pflicht, darauf zu achten, dass bei diesen Gottesdiensten nichts geschieht, was der Lehre oder der Tradition der Kirche widerspricht. Trauungen und Taufen außerhalb von Kirchen werden in der Regel nicht gestattet.

Zugleich berichten die dänischen Zeitungen regelmäßig von Sekten aus Deutschland, die mit ihren Wohnmobilen dänische Strände aufsuchen, um dort zu später Stunde merkwürdige Gottesdienste zu halten, was häufig auch einen Polizeieinsatz zur Folge hat.

Ein deutscher Urlaubergottesdienst am Stand kann daher Aufmerksamkeit erregen. Ich empfehle über solch ein Vorhaben rechzeitig mit dem örtlichen Kollegen, der Polizei, der Kommunalverwaltung und der örtlichen Presse ins Gespräch zu kommen. Da andererseits für den Gebrauch

der Kirchengebäude der dänischen Folkekirke für deutsche Urlauber-
gottesdienste vielerorts nicht unerhebliche Mieten gezahlt werden müssen,
bietet es sich auch finanziell an, den einen oder anderen Gottesdienst
an den Strand zu verlegen.

Logistik und Akustik sind die größten Herausforderungen für einen
Gottesdienst am Strand.

Beim dänisch-deutschen Strandgottesdienst der dänischen Folkekirke
am Pfingstmontag in Apenrade wird nicht gekleckert, sondern geklotzt:
Er wird am Südstrand gefeiert, wo Betonstufen bis zu 800 Teilnehmenden Platz bieten. Eine überdachte Bühne wird aufgebaut, auf der die
Band spielt, Chor, Jugendchor, Gospelchor und ein Saxophonist auftreten. Für die Beschallung sorgt eine akustische Anlage mit vier großen
Lautsprechern. Die drei Kirchendiener der Gemeinde bauen das Kreuz
am Strand auf und verteilen die 800 Liederzettel. Vier Pastorinnen und
Pastoren teilen sich die Liturgie. Drei von ihnen halten die Predigt zu
Symbolen, die Pfingsten mit Trinitatis verbinden: Ein Topf verweist auf
die Ursuppe des Schöpfergottes und die Zerstörung, die Gottes Schöpfung von uns Menschen droht, ein Fisch verweist auf den Auferstande-
nen, Wein auf den Geist. Am Ende steigen wohlorchestriert hunderte mit
Helium gefüllte Luftballons gleichzeitig in die Luft. Musik, Kirchentags-
stimmung und Zweisprachigkeit machen Pfingsten in dieser Gemeinde
mit ihrem dänischen und ihrem deutschen Gemeindeteil zu einem Event,
dem auch das regnerische Wetter nichts mehr anhaben kann.

Ein Urlaubergottesdienst im Ausland wird in der Regel ohne eine solch
aufwendige Logistik auskommen. So lautet die erste Frage: Wie können
wir uns verständigen trotz Wind und Wellenschlag, den Geräuschen der
anderen Badegäste, der Kinder? Wenige Worte. Dafür Symbole. Lieber
Singen als Reden. Worte und Musik mit der Windrichtung. Meer und
Wind selber reden lassen und ihnen zuhören. Sich im kleinen Kreis mit
seinen Nachbarn austauschen. Das Wichtigste mit aufs Liedblatt. So
könnte man der Herausforderung entsprechen.

Sitzen können Gottesdienstbesucher einfach im Sand oder auf
Handtüchern, ggf. mitgebrachten Klapphockern. Beim Singen stehen.
Und sich bewegen.

Im Maisfeld

Nicht weit entfernt von der Naturlandschaft von Strand, Dünen und Heide beginnt die Kulturlandschaft: Viehwirtschaft und Ackerbau prägen das Land: Weiden, Getreide-, Raps- und Maisfelder begleiten uns am Wegesrand, wenn wir zu Fuß, mit dem Fahrrad oder Auto das Land erkunden.

Mais ist als Kulturpflanze vor über viertausend Jahren in Zentralmexiko kultiviert worden. Der Mais nimmt unter den Kulturpflanzen eine Sonderstellung ein. In freier Natur kann er sich nicht reproduzieren. Mais ist auf die Vermehrung durch Menschenhand angewiesen und somit eine ausgesprochene Kulturpflanze.[4] Die Geschichte des Anbaus von Mais in Europa ist Teil der Geschichte des europäischen Kolonialismus. Die indianischen Kulturleistungen eigenen sich die Europäer nur teilweise an, teilweise ignorieren sie sie, mit Fehlernährung und Krankheit als Folge.

In den Ländern des Südens wird der Mais heute überwiegend für die menschliche Ernährung eingesetzt, in Europa wird ein großer Teil des Mais als Viehfutter (Silage) und in jüngerer Zeit als Energierohstoff (Bioethanol, Biogas) verwendet.[5]

Der Landwirtschaftliche Hauptverein für Nordschleswig (LHN) gestaltet seit dem Jahr 2006 ein Maisfeld mit einem Symbol als Labyrinth. Im Jahr 2008 war es eine Kuh. Im Jahr 2009 eine Weltkugel mit den Ländern Europas und Nordafrikas und im Jahr 2010 die Kleine Meerjungfrau. Die Nordschleswigsche Gemeinde, die Kirche der deutschen Minderheit hier ganz im Süden Dänemarks, feiert jedes Jahr in diesem Maisfeldlabyrinth einen Gottesdienst.

---

[4] Prof. Martina Kaller-Dietrich: Mais – Ernährung und Kolonialismus in Lateinamerika.
     http://www.lateinamerikastudien.at/content/geschichtepolitik/mais/mais-71.html
[5] wikipedia.de:Mais

Ein Gottesdienst zwischen Strand und Dünen

Ein sonniger Tag am Strand. Schon in den letzten beiden Urlaubergottes-
diensten in der Kirche sind die Lieder gesungen worden, die wir heute
singen werden.

Ein Kreuz aus angetriebenen Holzbalken markiert den Ort, wo wir
Gottesdienst feiern. Linien im Sand markieren den Sitzbereich. Die Sonne
steht hoch, so dass sie weder Pastor noch Gemeinde blendet. Als „Kanzel"

dient nicht mehr als eine feste Kiste. Der Pastor spricht mit dem Wind, so dass mindestens Wortfetzen die Gemeinde erreichen.

Das Gottesdienstblatt umfasst Lieder, Texte und Anweisungen für den Gottesdienst, so dass alle dabei sind, auch wenn sie von vorne nicht alles erreicht. Es wird bereits am Eingang zum Strand bzw. am Parkplatz verteilt und enthält eine Bitte: Seht Euch um auf Eurem Weg am Strand. Seht das Schöne. Das meiste schauen wir an und behalten es im Herzen. Anderes dürfen wir mitnehmen: Eine Muschel, einen Stein. Für den Gottesdienst bitten wir Euch auf dem Wege zwei kleine schöne Dinge einzusammeln und ein drittes, das ihr nur im Herzen mitbringt.

Es gibt auch Dinge am Wegesrand, die uns nicht gefallen: eine Blechdose, Plastik, ein totes Tier. Auch diesen Eindruck bringt mit in den Gottesdienst.

Zum Beginn des Gottesdienstes erklingt eine **Klangschale**.
Alle werden eingeladen, als Präludium eine Minute still zu werden und auf das Rauschen der Wellen und das Singen des Windes zu hören.

Lied: Sieh, da hebt die Sonne sich übers Meer
(EG Nordelbien 629, nach dem dänischen Lied „Se, nu stiger solen af havets skød")
Alternative: Du Licht des Morgens, Halleluja (lieder zwischen himmel und erde[6]... 37)

Eröffnung
Wir feiern Gottesdienst
im Namen Gottes des Schöpfers, der Himmel und Erde, Wolken, Wind und Meer erschaffen hat,
im Namen Jesu, in dem Gottes Liebe für uns so sichtbar wurde wie das Licht der Sonne,
im Namen des Heiligens Geistes, der unsere Herzen und Hände bewegt wie der Wind die Wellen.
Wir begrüßen unsere Nachbarn, geben einander die Hand, sagen, wie wir heißen und woher wir kommen.

Choral: Himmel, Erde, Luft und Meer. (EG 504)

---

[6] Peter Böhlemann, Christoph Lehmann, Uwe Seidel, Thomas Quast (Redaktion). Das Liederbuch, Lieder zwischen Himmel und Erde. 461 Lieder und mehr. Düsseldorf. tvd-Verlag 2007, S. 448

Eine Geschichte aus Röm

Zwischen Sylt und Röm ist vor langer Zeit ein Schoner gesunken. Der hatte einen Schatz an Bord. Einige Leute fanden die Untergangsstelle und versuchten, den Schatz zu heben. Ohne Erfolg. Wie lange er dort liegt, weiß man nicht genau. Etliche behaupten, zweihundert Jahre und darüber. Silberbeschlagene Mahagonisäulen vom Schoner sollen an den Strand gespült worden sein.[7]

Eine Geschichte aus der Bibel – Der versteckte Schatz (Matthäus 13,44)

Die neue Welt Gottes ist mit einem Schatz zu vergleichen, der in einem Acker vergraben war: Ein Mensch fand ihn und deckte ihn schnell wieder zu. In seiner Freude verkaufte er alles, was er hatte, und kaufte dafür den Acker mit dem Schatz.

Auch wir haben am Strand Schätze gefunden. Vielleicht sogar ein Stück aus jenem gesunkenen Schiff? Oder ganz andere Schätze? Wir finden uns in kleinen Gruppen zusammen, etwa zu fünft oder sechst. Wir zeigen einander, was wir Schönes Gefunden haben, erzählen von unseren schönen Eindrücken auf dem Wege. Nach etwa vier Minuten ruft uns die Klangschale zurück.

Wenn wir etwas Schönes sehen, dann berührt uns das Heilige. Dann berührt uns Gott.

Wir singen gemeinsam den **Liedvers**: Heilig bist Du (lieder zwischen himmel ... 62)

Wir haben je zwei schöne Dinge mitgebracht. Eines davon bitten wir Euch zur Verfügung zu stellen, damit die Kinder vorne daraus ein Bild im Sand gestalten können. Alle geben den Kindern ein schönes Fundstück mit. Die Kinder kommen nach vorne und gestalten aus den Fundstücken auf einer Sandfläche unter dem Kreuz das Bild einer Insel im Wasser.

Gemeinsam singen wir mit den Kindern das Lied „Du hast uns deine Welt geschenkt" (lieder zwischen himmel ... 355)

Nachdem die Kinder zurück sind, tauschen wir in den Gruppen aus, was wir an weniger schönen Eindrücken mitgebracht haben. (2-3 Minuten)

---

[7] Sagen und Geschichten aus Nordschleswig, S. 96

Wir beten:

Eine/r: Wir brauchen Visionen und Fantasie,
damit wir die Schönheit der Erde
in ihrer Ganzheit erkennen,
damit wir uns der unauflöslichen Verbundenheit
und der heiligen Würde aller Teile der
Schöpfung bewusst werden;
damit wir die Vielfalt feiern
und die Einheit achten.

Alle: Gott aller Liebe und aller Wahrheit,
öffne unsere Augen und unsere Herzen.

Eine/r: Wir brauchen Ehrfurcht und Staunen,
damit wir die Ewigkeit in einem Sandkorn sehen können;
damit sich uns das Universum erschließt,
wenn ein Sperling zur Erde fällt;
damit wir die Bedeutung von zwei Pfennigen
auf einem Teller sehen;
Leben in einem Samenkorn,
das zu sterben scheint;
Vertrauen in den ausgestreckten Händen
eines Säuglings;
damit wir sehen, wie Christus,
der Herr der Welt,
uns aus dem Unscheinbaren entgegenlächelt.

Alle: Gott aller Liebe und aller Wahrheit,
öffne unsere Augen und unsere Herzen.

Eine/r: Wir brauchen Feuer und Kraft,
damit wir zornig werden
über kurzsichtige Politik,
über eiskaltes Wirtschaften und unfairen Handel;
damit wir aufstehen gegen Habgier
und den Missbrauch der Ressourcen dieser Erde;
damit wir dürsten nach Gerechtigkeit
und alle unsere Kenntnisse, Fähigkeiten und Gaben einsetzen,
um das Leben in seiner Vielfalt zu bewahren
und zu umarmen.

Alle: Gott aller Liebe und aller Wahrheit,
öffne unsere Augen und unsere Herzen.[8]

Joy Mead: We have need of vision and imagination. In: em tua graça S. 307 f.

Lied: welle [9]

große wogen wüten heftig
schlagen gegen holz und stein
reißen fort was klein
was mächtig
prägen so ihr zeichen ein

Refrain:
welle sein für das leben
welle sein trotz gegenwind
welle sein und bewegen
weil wellen lebenszeichen sind

kleine wellen spielen wendig
laufen leise auf den strand
wirken langsam doch beständig
und verwandeln so ganz sanft
Refrain: welle sein ...

strände voller bitterkeit
felsen von besitz und macht
klippen der alltäglichkeit
treffen wir bei tag und nacht
Refrain: welle sein...

sind wir wellen laut und leise
auch in dieser harten zeit
zieht die liebe gottes kreise
mitten in die Wirklichkeit
Refrain: welle sein ...

Alternative: Weit wie das Meer ist Gottes große Liebe
(EG Nordelbien 622)

---

[9] CD Wasser. Text: Sabine Freitag. M. Andy Callin

Biblische Lesung: Genesis 1,28.31
   Nachdem Gott den Himmel und die Erde, Wasser, Sonne,
   Pflanzen, Tiere und die Menschen geschaffen hatte,
   da segnete Gott die Menschen
   und sagte zu ihnen:
   »Seid fruchtbar und vermehrt euch!
   Füllt die ganze Erde und nehmt sie in Besitz!
   Ich setze euch über die Fische im Meer,
   die Vögel in der Luft
   und alle Tiere, die auf der Erde leben,
   und vertraue sie eurer Fürsorge an.«
   Und Gott sah alles an, was er geschaffen hatte,
   und sah: Es war alles sehr gut.
   Es wurde Abend und wieder Morgen:
   der sechste Tag.

Wir tauschen uns aus in den Gruppen:
   Was mache ich jetzt im Urlaub?
   Was mache ich später zu Hause, um die Schönheit der Schöpfung zu
   bewahren? (3 Minuten)

Lied: EG 432 Gott gab uns Atem, damit wir leben

Biblisches Votum für den vor uns liegenden Weg:
   Gott sprach zu Abram: Geh aus deinem Vaterland
   und von deiner Verwandtschaft
   und aus deines Vaters Hause in ein Land, das ich dir zeigen will.
   Und ich will dich zum großen Volk machen
   und will dich segnen
   und dir einen großen Namen machen,
   und du sollst ein Segen sein.
   Ich will segnen, die dich segnen,
   und verfluchen, die dich verfluchen;
   und in dir sollen gesegnet werden alle Geschlechter auf Erden.
   (1. Mose 12,1-3)

Lied: Vertraut den neuen Wegen (EG 395)
   oder „Bewahre uns, Gott" (EG 171)

Wir halten inne und betrachten unseren Schatz.
Wir dürfen ihn behalten. Wir dürfen in auch verschenken.
Wir verabschieden uns von unseren Nachbarn.
Wir geben ihnen einen Segenswunsch mit –
und wenn wir gerne möchten – verbinden wir es mit einem Geschenk.

Wir stellen uns gemeinsam unter den Aaronitischen Segen,
singen das **Abschlusslied: Mögen sich die Wege** (Lieder zwischen
Himmel … 88)
und gehen gesegnet in unseren weiteren Urlaub.

Achim Strehlke, Anke Krauskopf

Eine Predigt zum Gottesdienst im Maisfeldlabyrinth:
Kirstin Kristoffersen, Seniorin der Nordschleswigschen Gemeinde und
Pastorin in Tingleff, hielt im August 2010 die Ansprache im Maisfeldlabyrinth mit dem Symbol „Die kleine Meerjungfrau" (im August 2010).
   Der Landwirtschaftliche Hauptverein für Nordschleswig, liebe Gemeinde, hatte in diesem Jahr meines Erachtens die geniale Idee für das Motiv
des Maisfeldlabyrinths: die kleine Meerjungfrau. Wenn sie denn schon
nicht mehr in Dänemark ist, sondern noch bis Oktober weit entfernt im
dänischen Pavillon auf der Expo in Shanghai ausgestellt wird: Diese
kleine Meerjungfrau ist in Uk zu Besuch auf einem Maisfeld.

Die kleine Meerjungfrau, „Den lille Havfrue" ist eine weltbekannte Figur aus dem gleichnamigen Märchen des Dichters Hans Christian Andersen. Der Kopenhagener Bildhauer Edvard Eriksen schuf die Skulptur, die 1913 aufgestellt und zum Wahrzeichen Kopenhagens wurde. Den Kopf gestaltete er nach dem Vorbild einer Balletttänzerin, die damals in Kopenhagen sehr beliebt war, und den Körper schuf er nach dem seiner Ehefrau Eline. Der Grund war, dass die Tänzerin sich weigerte, nackt dem Künstler Modell zu sitzen. So musste seine Frau einspringen.

Dass es tatsächlich die berühmte Meerjungfrau ist, sieht man, wenn man von oben drauf schaut. Also vom Flugzeug aus. Wenn man jedoch auf der Erde ist und durch das Labyrinth läuft, dann kann es eben passieren, dass man sich nichts ahnend auf den Knien der Meerjungfrau befindet, sich auf der Nasenspitze überlegt, sich umzudrehen, dass man vielleicht den Popo entlang wandert oder sich sogar am Busen verirrt.

Ich glaube, dass wir uns hier im Moment auf dem relativ unverfänglichen Platz befinden, nämlich auf der Sonne, die die Meerjungfrau bescheint.

Wir laufen also in diesem Jahr ständig hier im Labyrinth auf einem weiblichen Körper herum. Eine merkwürdige Vorstellung. Aber doch auch durchaus angenehm: Der Körper dieser schönen Frau steht im Mittelpunkt.

Körper, unser Körper

Bin ich eigentlich zufrieden mit meinem Körper, so wie er nun mal ist? Es gibt viele, viele Menschen, die nicht mit ihrem Körper zufrieden sind. Ich glaube, es sind mehrheitlich Mädchen oder Frauen, die nicht zufrieden sind:

Und es sind vor allem jüngere, die unzufrieden sind: Das zeigen die unzähligen Diätvorschläge, die es gibt und der enorme Anstieg von sogenannten Schönheitsoperationen.

Das Verhältnis von Christentum und Körper sowie Körperlichkeit ist ein ganz schwieriges: Auf der einen Seite kam es in der Kirchengeschichte schnell zu einer machtvollen Denkart, die man als sehr körperfeindlich bezeichnen könnte, z.B.

- Sinn der Sexualität lag nicht in der Lust, sondern allein in der Fortpflanzung
- Zugang zu priesterlichen Aufgaben bekamen Frauen deshalb nicht, weil ihre Körper als unrein galten, bis hin zu der Tatsache, dass Frauen vom Allerheiligsten fernbleiben müssen, wie in der römisch-katholischen Kirche, wo nur Männer Priester werden dürfen.
- Körperverachtung war stets mit Frauenverachtung gekoppelt, bis hin zum Hass, der z.B. in der Hexenverfolgung im Mittelalter zu erkennen ist.

Dabei können wir ein ganz anderes Bild in der Bibel erkennen: Der Köper als gute Schöpfung Gottes, als Ort der Gottesbeziehung und der Heiligung: Der Körper als Tempel Gottes, wie es der Apostel Paulus schreibt, wertet den Körper auf, aber damit ist nie und nimmer der Körper eines Topmodels gemeint, sondern der Körper, so wie er ist: auch wenn er mehr Pfunde hat als andere, auch wenn er mit Behinderungen ausgestattet ist, auch wenn er angeblich nicht schön ist. – Doch wer entscheidet, was schön ist?

Wenn Gott also auch in meinem Körper wohnt, dann muss ich gut damit umgehen. Ich muss aufpassen, denn alles gehört ja doch zusammen: die Psyche, die Seele und die einzelnen Körperteile untereinander. Das hat man auch medizinisch inzwischen erkannt: Wenn ich traurig bin oder überlastet, wenn ich geärgert werde, wenn ich keinen Sinn mehr sehe, dann kann es gut passieren, dass ich beispielsweise Bauchschmerzen oder Rückenschmerzen bekomme.

Genauso wie ich auf meinen eigenen Körper aufpassen muss, so darf ich auch nicht zulassen, dass andere Körper verletzt werden: geschlagen oder vergewaltigt, ausgehungert oder zerstört werden. Denn jeder Körper, ob der eines Kleinkindes oder eines Konfirmanden, der einer Frau oder der eines Mannes, ob in Dänemark oder in Pakistan, ist Tempel Gottes.

Jesus ist ja Gott als Mensch, also Gott in einem menschlichen Körper. Jesus war das klar. Er hat sich während seiner Zeit auf der Erde auch deshalb auffällig oft und intensiv Frauen zugewandt.

Da war eine Frau, sie war in die Synagoge gekommen, um ihn zu hören. Sie war seit 18 Jahren an einer Krankheit erkrankt, die sie hat immer krummer werden lassen; unansehnlich. Keiner wollte mit ihr etwas zu tun haben, denn sie war hässlich. Als Jesus sie in der Synagoge sah, rief er sie zu sich und sprach mit ihr. Dann legte er ihr seine Hände auf und sie konnte wieder gerade gehen. Sie lobte Gott dafür.

Wenn wir in diesem Jahr durch das Maislabyrinth wandern, von einem Körperteil zum anderen der wunderschönen kleinen Meerjungfrau, dann können wir doch mal daran denken, dass Gott uns allen auch einen faszinierenden Körper geschenkt hat und uns heil macht.
Amen.

Lieder in diesem Gottesdienst:
- Hallelu, Hallelu, Hallelu, Halleluja, preiset den Herrn. (Das Liederbuch 39.)
- Nun danket alle Gott, EG 321
- Möge die Straße uns zusammen führen. (Das Liederbuch 89.)

Kirstin Kristoffersen

Meerespsalm

Ein Lied vom Werden und Vergehen

Meereswellen kommen und gehen.
Ihre Melodie singt das Lied vom Werden und Vergehen.
Was grad neu geworden,
ist im nächsten Augenblick vergangen.
Gott, Du Schöpfer allen Lebens, bei Dir ist die Zeit und die Ewigkeit.
Lehre uns bedenken, dass wir sterben müssen, auf dass wir klug werden.
(Psalm 90,12)

Meereswellen kommen und gehen,
formen immer wieder neue Muster in den Sand.
Stetes Neuwerden, unbegrenzte Möglichkeiten Leben zu gestalten.
Leben unterliegt ständiger Veränderung,
wunderbares und auch gefährdetes Leben.
Gott, Du Schöpfer allen Lebens, bei Dir ist die Zeit und die Ewigkeit.
Lehre uns bedenken, dass wir sterben müssen, auf dass wir klug werden.

Das Meer ruht.
Der ständige Wechsel von Kommen und Gehen ist unterbrochen.
Stille breitet sich aus. Und der Augenblick wird zur Ewigkeit.
Meereswellen kommen und gehen.
Sie haben die Weite der Ewigkeit berührt.

Von ihrer Kraft berauscht fühlt der Mensch
die Begrenztheit seines Seins.
Gott, Du Schöpfer allen Lebens, bei Dir ist die Zeit und die Ewigkeit.
Lehre uns bedenken, dass wir sterben müssen, auf dass wir klug werden.

Meereswellen kommen und gehen.
Sie tragen Sand, Steine und Muscheln ans Land,
aber auch die Sünden unserer Art zu leben: Öl, Plastik, verendete Tiere.
Gott, Du Schöpfer allen Lebens, bei Dir ist die Zeit und die Ewigkeit.
Lehre uns bedenken, dass wir sterben müssen, auf dass wir klug werden.

Die Wellen im Meer sind groß und brausen mächtig.
Sie singen das Lied vom Werden und Vergehen.
Du aber, Gott, bist der Schöpfer und Herr über Zeit und Ewigkeit.
Wir preisen Deinen Namen.

Michael Schneider

untermalt vom Wellenrauschen :
Wasseraufnahme am Strand (Günter Raschen)

Lied: Gott gab uns Atem

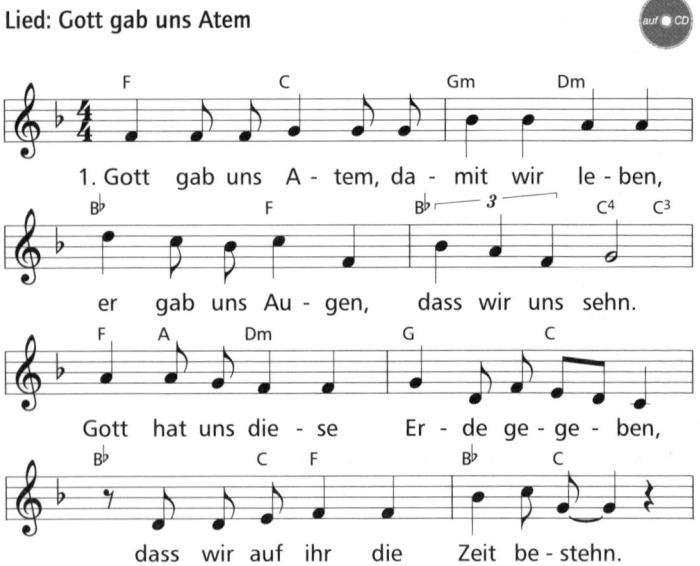

Gott hat uns die - se Er - de ge - ge - ben,

dass wir auf ihr die Zeit be - stehn.

2. Gott gab uns Ohren, damit wir hören.
    Er gab uns Worte, dass wir verstehn.
    Gott will nicht diese Erde zerstören.
    Er schuf sie gut, er schuf sie schön.

3. Gott gab uns Hände, damit wir handeln.
    Er gab uns Füße, dass wir fest stehn.
    Gott will mit uns die Erde verwandeln.
    Wir können neu ins Leben gehn.

Text: Eckart Bücken. Musik: Fritz Baltruweit; aus: Es sind doch deine Kinder, 1983
Textrechte: Strube Verlag, München. Musikrechte: tvd-Verlag, Düsseldorf

(spanisch)
1. Dios nos dió el aliento, para que vivamos, él nos dió ojos (la vista)
para hacernos ver.
||: Dios nos ha dado esta Tierra (Mundo), para que podamos existir. :||

2. Dios nos dió orejas (el oído), para que oigamos (escuchemos).
Él nos dió palabras, para que comprendamos (entendamos).
||: Dios no quiere destruir esta Tierra (Mundo). Él la creó buena, él la
creó hermosa. :||

3. Dios nos dió manos, para que actuemos. Él nos dió pies, para que
andemos firmemente.
||: Dios quiere convertir esta Tierra (este Mundo) con nosotros, Así
podemos meternos de nuevo a la vida. :||

(italienisch)
1. Dio ci dà l'aria perché viviamo; occhi pergli altri Egli cidà.
Dio ci ha donato questa sua Terra per viverci in ogni età.
Dio ci ha donato questa sua Terra per viverci in ogni età.

2. Dio ci dà orecchie, perché sentiamo, ci dà parole per ragionar.
Questa sua Terra, che buona e bella creò, non la distruggerà.
Questa sua Terra, che buona e bella creò, non la distruggerà.

3. Dio ci dà mani, perché operiamo; piedi, ci dà, per saldi restar.
Vuole con noi cambiare la Terra: con lui possiam ricominciar.
Vuole con noi cambiare la Terra: con lui possiam ricominciar.

Übersetzung: Anna Belli

Wir sind ganz von Wind umgeben
Abendandacht in den Dünen

Die nachfolgenden Andachten habe ich im Sommer in den Dünen von Dueodde im Süden der dänischen Insel Bornholm gehalten. Sie nehmen die klassische Situation eines Urlaubes an Nord- oder Ostsee auf: Meer, Strand, Wind, Sonne, Dünen. Dabei wird die besondere Abendstimmung am Meer aufgegriffen. Die Naturelemente werden als Anstoß zur Besinnung genutzt. In den hier aufgeführten Andachten werden Sand, Wind und Meer thematisiert. Licht, Schiff, Himmel und Sonne sind als weitere Themen denkbar.

Die Entwürfe sind nicht ausformuliert. Ein „Ablesen" oder „Vortragen" würde sich nicht mit der Kommunikationssituation einer Dünenandacht vertragen. Ich habe daher versucht, mit Stichworten die Gedankengänge so aufzuarbeiten, dass sie schnell erfasst und mit der eigenen Sprache des Durchführenden authentisch gehalten werden können. Gerade in den biblischen Teilen leben die Andachten vom Erzählen der jeweiligen Textsituation.

Einige Gestaltungselemente wiederholen sich in jeder Andacht. Dies dient nicht nur der Arbeitserleichterung in der Vorbereitung, sondern auch der Wiedererkennbarkeit und der Verdeutlichung des thematischen Bogens.

Vorbereitung
Abholen am Treffpunkt, gemeinsamer Gang in die Dünen

Votum/Begrüßung
- Kurze Einleitung der Situation
- Urlaub: freie Zeit, keine Termine, Entspannung
> Zeit zur Besinnung
- Düne: natürliche Landschaft, „Natur pur"
> Schöpfung Gottes
- Elemente: Sand, Wind, Meer
> heute: Wind
- Abschluß mit Trinitarischem Votum

Lied Kanon: Vom Aufgang der Sonne (EG 456)

Psalmgebet nach Psalm 104 (Peter Spangenberg)
Du begeisterst mich bis in den letzten Winkel meines Herzens,
lieber Gott;
dein Name strahlt wie helles Licht, das ich bestaune.
Du umgibst dich mit schönstem Schmuck:
Mit deiner wunderbaren Schöpfung,
als hättest du dich in Sonnenstrahlen gekleidet.
Dein Himmel spannt sich über die Erde wie ein großes Gemälde,
das deine Wohnung einrahmt.
Die Wolken wirken auf mich wie Fahrzeuge,
windgetrieben und immer in Bewegung.
Die Elemente gehorchen den Gesetzen, die du ihnen gegeben hast.
Die Erde dreht sich in ihrer Bahn,
und ihre Pflanzen liegen wie ein bunter Gürtel zwischen den Meeren.
Der Regen netzt die trockene Krume, und alles wird grün.
Berg und Tal wechseln sich ab wie die Gezeiten.
Alles hat seinen Raum, und nichts setzt sich darüber hinweg.
Die Erde bringt Nahrung hervor für Tier und Mensch,
und Brot und Wein gibt es für uns, damit Leib und Seele sich stärken.
Die Vögel hoch in den Bäumen, das Wild in den Felsen,
die Tiere auf dem Felde von den Größten bis zu den Kleinsten:
Sie alle leben ihr Leben, wie du es bestimmt hast.
Mond und Sonne bewirken Tag und Nacht.
In deiner Schöpfung tun wir unseren Dienst.
Lieber Gott, was hast du alles geschaffen, unvorstellbar.
Du hast allem einen tiefen Sinn gegeben,

und unsere Erde ist reich an Ertrag.
Wenn ich den Schiffen auf dem Meer nachträume:
Fische gibt es im Wasser zum Spiel mit den Wellen.
Alle Lebewesen warten auf deine gute Hand,
die Nahrung spendet und Leben für alle.
Wo du ausatmest, da können wir Luft holen,
und das Leben beginnt immer wieder neu.
Du begeisterst mich, lieber Gott. Wunderbar!

Besinnung
- Wind spüren
- auf unserer Haut, in den Haaren
- wir sind ganz vom Wind umgeben

- Wind ist ein Thema an vielen Stellen der Bibel
- dabei unterschiedliche Aspekte
- einige Beispiele:

- Wind als etwas Bedrohliches:
- Gleichnis vom Hausbau (Matthäus 7,27)
- Sturmstillung (Matthäus 8,26)
- Sinkender Petrus (Matthäus 14,30)

- Wind als etwas Positives:
- Ende der Sintflut (1.Mose 8,1)
- „Gott lässt seinen Wind wehen, da taut es" (Psalm 147,18)

- Wind als Vergleich für Nichtiges:
- „Alles ist eitel und Haschen nach Wind" (mehrfach in Prediger Salomos)
- „Wer Wind sät, wird Sturm ernten" (Hosea 8,7)

- Wind als Beschreibung/Vergleich für den Geist Gottes:
- „Weht, wo er will" (Johannes 3,8)
- „Brausen wie ein gewaltiger Wind" (Apostelgeschichte 2,2)
- Gott haucht den Menschen seinen Odem ein (1.Mose 2,7-2. Schöpfungsbericht)

- im Alten Testament: Begriff „Ruach":
- verschiedene Bedeutungen, die miteinander zusammenhängen
- Hauch, Wind, Atem, Geist
> liegt im Hebräischen alles nah beieinander.

Lesung 1. Kön 19,8-13: Elia am Horeb

Auslegung
- Gott ist Herr über Sturm, Erdbeben und Blitze
- also über die Naturgewalten

- aber: Das wahre Wesen Gottes zeigt sich in seinem sanften Sausen
- in seinem Odem
- in seinem Atem
- in seinem Wort!

- Dort wird die Heiligkeit Gottes für Elia erfahrbar!
- Und dort wird sie auch für uns erfahrbar!

Lied: Wir strecken uns nach dir (RWL EG 664)
Alternativ: Atme in uns, Heiliger Geist (Taizé)

Gebet

Vaterunser

Segen

Lied: Abend ward, bald kommt die Nacht (EG 487)

Gemeinsamer Rückweg

Christoph Ruffer

Gottesdienst am Hafen: „Wenn Gott die Segel füllt"

Ein Gottesdienst – (nicht nur) für Hafen und Meer

Vorbemerkung

Dieser Gottesdienst wurde in etwas anderer Form im historischen Hafen von Neuharlingersiel gefeiert („Open air mit Blick auf's Meer"). Er kann sowohl in einem Hafen wie auch in einem Kirchenzelt auf einem Campingplatz am Meer gestaltet werden. Auch als Themengottesdienst in einer ganz normalen städtischen oder ländlichen Kirchengemeinde im Sommer ist er gut möglich, wenn die Texte durch Bilder (per Beamer) unterstützt werden (Hafen, Netz, Kompass, Meer, Segelboot, Meer, Tau). Alternativ können auch Netz, Kompass, ein Stück Segeltuch und ein Tau als Symbole in die Hand genommen und gezeigt werden. Perfektionisten könnten Meeresgeräusche (Wellen, Wind, Hafen-Atmosphäre) von einer Geräusche-CD einspielen oder diese aus dem Internet holen. Ein paar Muscheln und etwas Sand könnten den Altarraum gestalten. Als Lied eignet sich z.B. das „klassische" neue Kirchenlied: „Ein Schiff, das sich Gemeinde nennt". Die angegeben Strophen in diesem Ablauf können aber auch durch Instrumentalmusik ersetzt werden. Dann entwickelt sich daraus eine Wort-Bild-Meditation. Es empfiehlt sich, die Texte zu zweit zu sprechen: Sprecher 1: Prediger(in), Sprecher 2: Jugendliche(r) oder Erzähler(in).

Lieder

Aus dem Anhang des Gesangbuchs für Niedersachsen und Bremen sind z.B. folgende Lieder geeignet:
EG 572 Ein Schiff, das sich Gemeinde nennt
EG 592 Wie mit grimmgem Unverstand... (ein leider unbekanntes, aber sehr ausdrucksstarkes Lied, das sich auch mit Gitarre gut singen und einüben lässt)
EG 639 Herr, wenn das Wasser uns bedroht

Eröffnung

Eröffnet wird der Gottesdienst mit einer freien Begrüßung z.B. mit diesem Satz: Herzlich willkommen! Wir wollen heute auf große Fahrt gehen... – von Hafen, Wind und vom Meer hören, den Wellen lauschen und die Segel setzen...

Lied: EG 572 Ein Schiff, das sich Gemeinde nennt, Strophe 1: ... fährt durch das Meer der Zeit

Der Hafen

(dabei ggf. Bild vom Hafen oder als Symbol ein kleines Schiff zeigen)

Spr.1: Es gibt Tage, da kann ich mich nicht satt sehen an diesem Hafen. Fischkutter liegen hier, aus Holz oder Stahl, in bunten Farben. Wenn sich das Wasser leicht bewegt, wenn die Sonne scheint und die Möwen über den Schiffen kreisen und wenn man dann im Hintergrund noch das Meer sieht, dann ist dieser Ort wie verzaubert. Viele Menschen lieben dieses Bild und sitzen stundenlang am Hafen – Einheimische und Urlauber. Der Hafen, ein Ort für die Seele.

Was mag der Grund sein, dass Menschen davon so fasziniert sind? Vielleicht liegt es daran, dass dieser Hafen so ein außergewöhnlicher Ort ist. Der Hafen ist wie eine Brücke zwischen den Elementen, zwischen Erde und Wasser, und er verbindet das Land mit dem Meer. Zugleich weckt ein Hafen eine Sehnsucht. Er führt in die Weite des Meeres hinaus und ist zugleich ein Ort der Heimkehr. Und es ist ein schönes Gefühl, einen Hafen zu verlassen, auf große oder kleine Fahrt zu gehen. Und ebenso schön ist es, wieder heimzukehren und festen Boden unter den Füßen zu haben.

Spr. 2: Und wer dann an der Küste oder auf den Inseln eine Kirche betritt, entdeckt sie dort auch: Schiffe! Es sind sogenannte „Votivschiffe". Das sind große Modellschiffe, die an Seilen von den Decken hängen. Diese Votivschiffe in den Kirchen zeigen: Auch die Kirche ist so etwas ähnliches wie ein Hafen. Auch dieser Ort verbindet etwas: nämlich die Erde und den Himmel. Die Kirche verbindet die Welt mit Gott – so wie ein Hafen eben das Land mit dem Meer.

Wer genau hinschaut, entdeckt Unterschiede: Manche Votivschiffe in Küsten- oder Inselkirchen haben die Segel eingeholt. Für sie ist die Kirche ein Ort der Ruhe, ein sicherer Hafen. Andere Votivschiffe haben alle Segel gesetzt. Für sie ist die Kirche das Meer, auf dem sie unterwegs sind. Und das Eigenartige ist: Von Zeit zu Zeit bewegen sich diese Votivschiffe in den Kirchen – durch einen Luftzug im Sommer, durch die Heizung im Winter. Dann schaukeln sie, so wie die richtigen Schiffe auf dem Meer – als wollten sie sagen: Wenn du etwas von deinem Glauben erfahren willst, dann musst du dich schon auf den Weg machen und den sicheren Hafen verlassen. Erkunde Gott und die Welt und mach dich auf zu neuen Ufern!

Lied: EG 572 Ein Schiff, das sich Gemeinde nennt, Strophe 2: … liegt oft im Hafen fest.

Das Netz
(dabei ggf. Bild von einem Netz oder Netz als Symbol zeigen)

Spr. 2: Sie haben die ganze Nacht die Netze ausgeworfen, die Fischer auf dem See Genezareth. Aber sie hatten kein Glück: Nicht einen einzigen Fisch zogen sie an Land. Nun schmerzen die Knochen, die Männer sind müde, am Ende der Kräfte. Als nun die Sonne aufgeht, geben sie auf. Sie rudern ans Ufer, ziehen das Boot an Land und waschen die Netze.

Da steht einer. Er redet, viele hören ihm zu. Petrus staunt: Wer bringt so viele Menschen auf die Beine? Was sagt er? Man kann ihn kaum verstehen. Da kommt der Mann auf Petrus zu und spricht ihn an: Nimmst Du mich ein Stück weit mit auf den See hinaus? Petrus lässt ihn einsteigen, stößt das Boot vom Ufer ab, und nun kann Jesus zu den vielen Menschen reden, die dort am Ufer stehen. Doch Petrus hört nur mit dem halben Herzen zu. Denn vor ihm im Boot liegen die Netze, gewaschen und leer. Es war eine vergebliche Mühe in dieser Nacht.

Bald verlassen die Menschen das Ufer und gehen zurück in ihre Häuser, zu ihren Familien, an ihre Arbeit. Zurück bleibt Jesus und wendet sich an Petrus: „Fahr noch einmal hinaus und wirf das Netz aus." „Herr, wir haben die ganze Nacht gefischt und nichts gefangen", wendet Petrus ein: „Aber gut, auf dein Wort hin will ich es tun", sagte er und fährt hinaus und fängt so viele Fische, dass fast die Netze reißen...

Spr.1: Die Netze zum Bersten voll! Was für ein Fang. Wenn ich mein Leben anschaue, dann finde ich mich eher bei dem wieder, was Petrus zuerst erlebte. Wie oft war es bei mir so, dass eine Arbeit keinen Ertrag brachte, dass eine Mühe umsonst war, dass ich tun konnte, was ich wollte, aber nichts gelang. Meine Lebensnetze blieben sozusagen leer... – oft genug, an manchem Arbeitstag, in manchem Jahr. Das ist oft frustrierend und traurig.

Gib nicht auf! Wirf noch einmal die Netze aus, auch wenn du selbst schon gar nicht mehr an den Erfolg glaubst. Oft genug habe ich erlebt, dass meine Lebensnetze nach vielen Jahren plötzlich gefüllt waren... – gefüllt wie von himmlischen Händen! Mit Lebenssinn, Liebe, Zeit, mit guten Gedanken, mit Lebensfreude und auch mit Erfolg. Manchmal fügt sich eines zum anderen, fast ohne unser Zutun. Oft sind es andere, die mir dabei geholfen haben. Freunde, Familie, Menschen in der Gemeinde –

und als Mannschaft ziehen wir staunend und voller Dankbarkeit so manche gefüllten Netze in unser Lebensboot...

Lied: EG 572 Ein Schiff, das sich Gemeinde nennt, Strophe 3: ... muss eine Mannschaft sein.

Der Kompass
(dabei Bild von einem Kompass oder Kompass als Symbol zeigen)

Spr. 2: Kommen Sie! Wir fahren nun weit hinaus. Wir verlassen das sichere Gewässer vor der Küste. Und stellen Sie sich vor: Sie sind auf einem Schiff weit draußen auf dem Meer. Der Boden unter den Füßen schwankt, und Sie stehen an der Reling. Wohin das Auge auch blickt – nur Wasser, Wasser, Wasser. Nirgendwo ein Anhaltspunkt. Wo bin ich? Wo ist mein Ziel? Welchen Kurs muss mein Schiff nehmen, damit es den Hafen erreicht?

Mich fasziniert das – genau zu wissen, wo man mit dem Schiff ist, auch wenn da äußerlich kein Hinweis ist, sondern nur der weite Horizont und das Meer. Für die Menschen, die das Meer befahren, ist das lebensnotwendig, sich so zu orientieren. Nur so finden sie ihren Zielhafen. Heute lässt sich mit Satellitennavigationssystemen leicht die Position und der Kurs bestimmen. Doch früher lernten die Menschen umzugehen mit Kompass, Seekarte und Sextant. Früher orientierten sich die Fischer und Seefahrer am Stand der Sonne und an der Ordnung der Sterne. Was für eine Beobachtungsgabe und was für ein Wissen waren dafür erforderlich!

Spr.1: Den Kurs bestimmen – das ist auch im richtigen Leben nicht leicht. Doch jeder braucht auf seiner Lebensreise eine Richtung und eine Orientierung. Unsere Kinder, die heranwachsen: Wofür sollen sie lernen? Was soll ihnen wichtig werden im Leben? Mann und Frau in der Partnerschaft und in der Ehe brauchen gemeinsame Übereinstimmungen und Ziele. Nur dann sind Lebenspartner wirklich gemeinsam unterwegs. Und natürlich braucht die Gesellschaft Richtungsweisungen, wie z.B. Frieden, Gerechtigkeit und die Bewahrung der Schöpfung...

Spr. 2: Jesus sprach offen von seinen Zielen und seiner Orientierung. Er sprach von Nächstenliebe, von Vergebung und einem gnädigen Gott.

Nicht alle waren mit seinen Worten einverstanden und einmal – so wird erzählt – verließen ihn viele seiner Anhänger. „Wollt auch ihr mich verlassen?", fragt Jesus da seine Jünger. Sie antworten: „Herr, wohin sollten wir gehen? Nur du hast Worte des ewigen Lebens."

Jesus war ein Kompass im Leben der Jünger. Mit ihm steuern auch wir Glaube, Hoffung und Liebe an. Und dieser Kurs ... – stimmt!

Lied: EG 572 Im Schiff, das sich Gemeinde nennt, Strophe 4: ... fragt man sich hin und her, wie finden wir den rechten Kurs?

Der Wind
(dabei ggf. Bild vom Meer oder Segeltuch als Symbol zeigen)

Spr. 2: Da stehen wir auf unserem Boot. Ein Moment Windstille. Dann ein kurzes Flattern und die Segel füllen sich, das Boot nimmt Fahrt auf. Und plötzlich spüren wir die Kraft, die von der Natur ausgeht. Der Wind ist unsichtbar und ist doch in der Lage, große Schiffe zu bewegen.

Spr. 1: Mit dem Wind ist das schon eine ganz besondere Sache. Das weiß auch die Bibel. In der hebräischen Sprache, der Ursprache des Alten Testaments, gibt es für den Wind ein eigenartiges Wort. Es lautet: „Ruach". Und dieses Wort hat zwei Bedeutungen. Es bedeutet nicht nur „Wind", sondern zugleich auch „Geist" – der Geist Gottes.

Spr. 2: Wind und Geist – sie sind also seit Urzeiten sprachlich miteinander verwandt. Den Wind kann man nicht sehen, und doch hat er große Kraft. Auch den Geist Gottes kann man nicht sehen – aber doch ist er unter uns, da wo Menschen sich von ihm bewegen lassen. Der richtige Wind auf dem Meer treibt die Segelboote voran, und der Geist Gottes füllt sozusagen die Lebenssegel – vielleicht ein erstes Mal in der Taufe eines Kindes. Oder da, wo wir Danke sagen lernen – Danke, Gott, für meine Gesundheit, meine Familie, mein Leben. Oder wenn wir klagen: Herr, hilf – ich weiß nicht mehr weiter. Ich spanne meine Lebenssegel auf und hoffe, dass Gott sie füllt mit seinem Geist und seiner Liebe – und oft genug machen Menschen dann die Erfahrung: Gott trägt mich durch das Leiden – und schenkt mir in guten Zeiten ein fröhliches Lachen.

Spr.1: „Welche der Geist Gottes treibt, die sind Gottes Kinder" – so hat der Apostel Paulus diese Erfahrung beschrieben. Und auch er war so einer, der seine Segel weit aufspannte. Auch seine Lebenssegel waren gefüllt vom Geist Gottes. Er ist durch die halbe, damals bekannte Welt gereist, zu Fuß, auf Reittieren, vor allem aber per Segelschiff. Er hat sich dabei treiben lassen vom Wind und vom Geist Gottes, hat gepredigt, erzählt von Jesus Christus. Vom Geist Gottes getragen, erreichte er sein großes Ziel. Er legte den Grundstein für die weltweite Kirche.

So will der Geist Gottes jeden Menschen auf seine Art und Weise voranbringen: Wo Menschen ihre Lebenssegel ausspannen, da werden sie gefüllt vom Geist Gottes. So können wir sicher über das Meer der Zeit reisen – auch bis hin zu jenem letzten Horizont, der uns noch verborgen ist. Eines Tages werden wir in Gottes ewigen Hafen einlaufen – so hoffen und glauben wir.

Lied: 572 Im Schiff, das sich Gemeinde nennt, Strophe 5: ... fährt durch das Meer der Zeit (Ewigkeit)

Das Tau
(dabei ggf. Bild von einem Tau am Poller zeigen oder Tau/Seil als Symbol zeigen)

Spr. 1: Liebe Gemeinde, kehren wir zurück von unserer Fahrt übers Meer: Da ist Land in Sicht!

Spr. 2: „Land in Sicht" – wie oft wurde in früheren Zeiten dieser Ruf begeistert gerufen, gehört, aufgenommen und weitergerufen: „Land in Sicht" – endlich wieder Land. Und dann standen – manchmal nach Wochen und sogar Monaten auf dem Meer – die Matrosen an Deck und starrten fasziniert auf das Festland. Am Horizont zeichnete sich dieses Land ab, vielleicht nur ganz verschwommen, fast wie ein Trugbild, und doch es war da. Bald kamen die ersten Möwen, und näher und näher kam das Festland. „Land in Sicht", was für eine Verheißung – fester Boden unter den Füßen, Sicherheit, zur Ruhe kommen, vielleicht die Heimkehr zu den Familien – was für ein Moment, wenn das Schiff anlegt, wenn das Tau sich um den Poller im Hafen legt.

Spr. 1: „Land in Sicht" – manchmal kann man diesen Satz auch im ganz normalen Leben sagen. Lange Zeit ging es vielleicht drunter und drüber, da war eine schwierige Aufgabe zu meistern, da war ein Mensch krank oder in einer schwierigen Notlage. „Ich hab´ damals kein Land gesehen", sagen wir dann manchmal rückblickend. Dann aber endlich: „Land in

Sicht". Ich komme näher ans Ziel. Ein Bild der Hoffnung. Bald wird es besser. Ich werde es schaffen. Ich werde bald wieder festen Boden unter den Füßen haben...

Spr. 2: Wo ist für mich „Land in Sicht"? Woran werde ich festmachen? Glaube ich an den Erfolg, an das Geld, vertraue ich allein auf meine eigene Kraft? Wer ein wenig Lebenserfahrung gesammelt hat, weiß, dass es mit der eigenen Kraft oft gar nicht so weit her ist. Aus mir selbst heraus kann ich nicht immer genug Kraft zum Leben gewinnen. Wenn der Boden wankt, kann ich mich nicht an mir selbst festhalten. Das kann niemand.

Spr. 1: Wer oder was also hält mich? Der christliche Glaube versucht, darauf eine Antwort zu geben. Du kannst dich festgemachen am Kreuz, an Jesus Christus. An Glaube, Hoffnung, Liebe – hier dürfen wir zur Ruhe kommen und Heimat finden.

Spr. 2: In Wilhelmshaven hat das eine Künstlerin einmal in einem Kunstwerk dargestellt. Sie hat gleich eine ganze Kirche „festgemacht": Ein langes Tau reichte von der Erde hinauf zum Kirchturm der Christus- und Garnisonkirche. Dieses rund 60 Meter lange Tau, das zum Kirchturm führte, deute ich so: Der christliche Glaube kann ein Ort zum Festhalten sein. Das Tau zwischen Himmel und Erde könnte sagen: Da ist Halt für die ganze Welt und für jeden einzelnen Menschen. Das ist das große Angebot Gottes. Bei ihm kannst du festmachen – so sicher wie ein Schiff im Hafen.

Amen.

Lied: Entweder 572 Im Schiff, das sich Gemeinde nennt, noch einmal Strophe 1: ... fährt durch das Meer der Zeit oder ein anderes „Vertrauens"-Lied, es folgen Gebet, Vaterunser und Segen.

Jan von Lingen

Lied: Wir sind gemeinsam auf schwankender Fahrt

1. Wir sind ge-mein-sam auf schwan-ken - der Fahrt,
manch - mal sehr mu - tig und manch-mal ver - zagt,
manch - mal in Zwei - fel, gä - be es nicht ei - ne
An - kunft: den Ha - fen der Zu - ver-sicht,
ei - ne An-kunft: den Ha - fen der Zu-ver-sicht.

2. Wir sind zusammen in Wetter und Wind,
manchmal beladen und manchmal geschwind,
manchmal am Boden,
gäbe es nicht eine Ankunft: den Hafen der Zuversicht,
eine Ankunft: den Hafen der Zuversicht.

3. Wir sind getragen von einem Boot,
manchmal voll Freude und manchmal voll Not,
manchmal am Ende,
gäbe es nicht eine Ankunft: den Hafen der Zuversicht,
eine Ankunft: den Hafen der Zuversicht.

4. Melodie summen

5. Strophe 1 wiederholen

Text und Musik: Okko Herlyn.
© tvd-Verlag, Düsseldorf

Lied: Du bist da

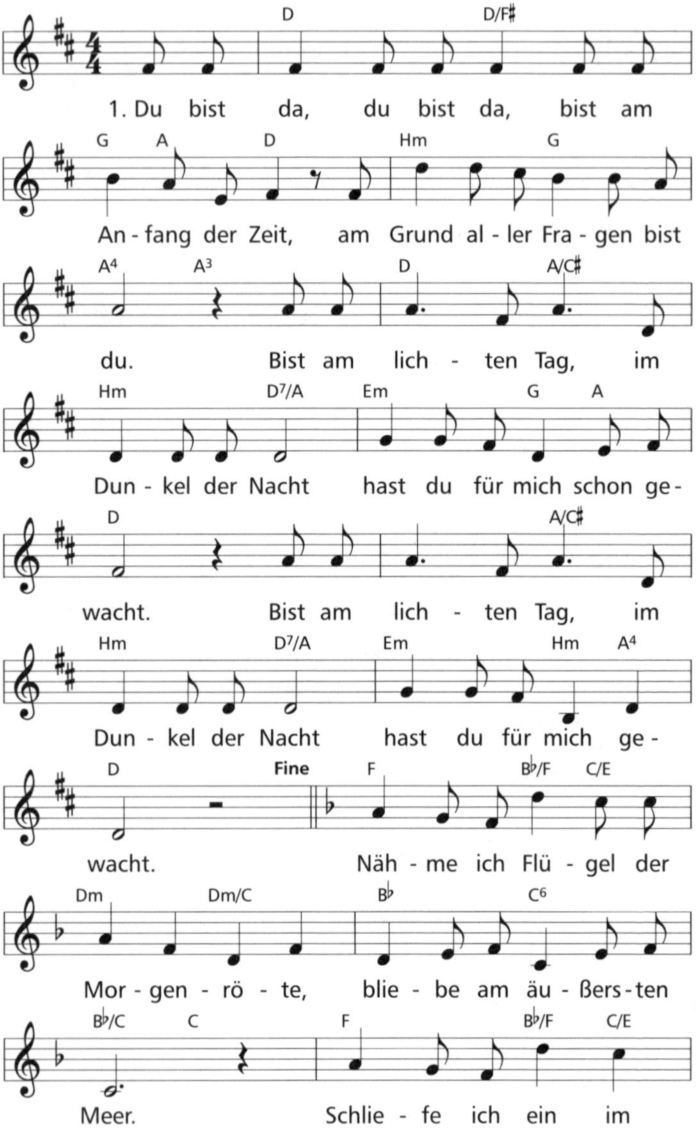
D D/F#
1. Du bist da, du bist da, bist am
G A D Hm G
An - fang der Zeit, am Grund al - ler Fra - gen bist
A4 A3 D A/C#
du. Bist am lich - ten Tag, im
Hm D7/A Em G A
Dun - kel der Nacht hast du für mich schon ge -
D A/C#
wacht. Bist am lich - ten Tag, im
Hm D7/A Em Hm A4
Dun - kel der Nacht hast du für mich ge -
D Fine F B♭/F C/E
wacht. Näh - me ich Flü - gel der
Dm Dm/C B♭ C6
Mor - gen - rö - te, blie - be am äu - ßers - ten
B♭/C C F B♭/F C/E
Meer. Schlie - fe ich ein im

Reich der To - ten, wür - de statt Nacht
Licht um mich sein.

2. Du bist da, du bist da, bist am Anfang der Zeit,
im Arm einer Mutter bist du.
Bist am lichten Tag, im Dunkel der Nacht
hast du für mich schon gewacht.
Bist am lichten Tag, im Dunkel der Nacht
hast du für mich gewacht.
Sitze ich da oder leg mich nieder,
mache mich auf und ist steh.
Meine Gedanken kennst du von Ferne,
weißt ganz genau, wohin ich geh.

3. Du bist da, du bist da, bist am Anfang der Zeit,
das Rätsel im Leben bist du.
Bist am lichten Tag, im Dunkel der Nacht
hast du für mich schon gewacht.
Bist am lichten Tag, im Dunkel der Nacht
hast du für mich gewacht.
Stehe ich staunend am Strand und träume,
zähle die Körner im Sand.
Lote ich aus die Meerestiefe,
sehe hinaus ins Sternenhaus.

4. Du bist da, du bist da, bist am Anfang der Zeit,
auch jenseits der Sterne bist du.
Bist am lichten Tag, im Dunkel der Nacht
hast du für mich schon gewacht.
Bist am lichten Tag, im Dunkel der Nacht
hast du für mich gewacht.

Text: Jan von Lingen. Musik: Gerd-Peter Münden; aus: Leben aus erster Hand, 2004
Textrechte: tvd-Verlag, Düsseldorf, Musikrechte: Strube Verlag, München – Berlin

Barfuß beten

Wattgottesdienst

Der Wattgottesdienst der Evangelischen Urlauberseelsorge in Cuxhaven richtet sich nach den Gezeiten von Ebbe und Flut. Es gibt dafür also sonntags keinen fixen Termin, sondern die Ebbe bestimmt den Termin für die Durchführung, d. h. entweder später Vormittag oder später Nachmittag.

Dieses gottesdienstliche Angebot hat in Cuxhaven schon eine Tradition, da es seit vielen Jahren angeboten wird, aber bis vor einem Jahr als ein besonderer Höhepunkt vier Mal in der Sommersaison. Aufgrund der Nachfrage der Gäste und Urlauber wurde das Angebot in diesem Jahr so ausgeweitet, dass fast an jedem Sonntag ein Wattgottesdienst gefeiert werden konnte.

Treffpunkt ist ein markanter Ort am Strand in Duhnen – die Rettungsstation. Dort findet die Begrüßung statt und die Gottesdienstbesucher erhalten alle notwendigen Informationen: Dauer der Veranstaltung, Ablauf, Schuhablage, Sicherheit im Wattbereich und kurze Information über das Wattenmeer als Weltnaturerbe. Danach begeben wir uns gemeinsam auf den Weg ins Watt, wobei Gelegenheit besteht, dass die Gottesdienstbesucher sich gegenseitig kennenlernen, Kontakte knüpfen und die „Weggemeinschaft" genießen.

Ziel ist eine Markierung im Watt, ein gelbes Andreaskreuz, das die Begrenzung zum Nationalpark Wattenmeer kennzeichnet. Dieses gelbe Kreuz auf einem drei Meter hohen Stock ist der optische Mittelpunkt des christlichen Gottesdienstes unter freiem Himmel mit Blick in die Weite und mit Blick auf den Horizont, wo Himmel und Erde sich berühren.

In einem großen Kreis – je nach Anzahl der Teilnehmenden von 30 bis 90 Personen – stellen sich die Menschen mehr oder weniger dicht gedrängt auf. (Das Wetter, besonders der Wind, spielt dabei eine große Rolle – Reden bzw. Singen gegen den Wind ist mühseliges Tun… .)

Mit je drei Schlag einer Schiffsglocke wird der Gottesdienst eröffnet und beendet. Nach Begrüßung durch die Pastorin/den Pastor lädt sie/er die Gemeinde ein, sich mit Handschlag nach rechts und links, nach vorn und hinten zu begrüßen. Der Ablauf ist im Wesentlichen traditionell gestaltet mit Eingangslied, (Wechsel)psalm, Gebet, Lesung, Credo, Lied, Ansprache oder Meditation, Lied, Abkündigungen, Fürbitten und Segen. Vor dem Segen geben sich alle die Hand, bilden erst einen großen Kreis, gehen dann nach innen hin zur Mitte, bis alle ganz eng beieinander stehen und sich alle wahrnehmen können. Auf den Talar wird bewusst verzichtet, Alternativen sind Stola oder andere symbolische Accessoires wie Tücher oder Kreuze.

Musikalisch wird der Gottesdienst mal mit einem kleinen Chor, mal mit einem Posaunenchor oder instrumentell begleitet, soweit das bei Nordseeklima möglich ist. Bei den Gemeindeliedern zeigt die Erfahrung, dass Lieder, die man auswendig mitsingen kann, besonders beliebt sind.

Die Feier des Gottesdienstes zieht auch viele WattspaziergängerInnen an, die zufällig aufmerksam werden, stehen bleiben und mitfeiern.

Nach dem Segen geht der größte Teil der beteiligten Personen noch mit zurück zum Ausgangspunkt. Viele nutzen aber auch die Gelegenheit, von dort aus gleich weiter ins Watt zu gehen.

Eröffnung: Drei Schlag mit der Schiffsglocke

Begrüßung mit Einladung, einander mit Handschlag zu begrüßen.

Meditation: „Wind und Wellen"

Es ist Sonntag.
Du kannst den Alltag hinter dir lassen
und einfach losgehen.
Eine Welt von Sonne,
Sand,
Wasser,
Wind
und Freude
will dich aus deinem Alltag entführen.

Sonnenstrahlen berühren deine Haut.
Du spürst die Wärme in dir
und siehst ihr Leuchten.
Die Strahlen der Sonne spiegeln sich in dir
wie in der Landschaft.
Die Zeit vergessen.
Sie einfach still stehen lassen.
Die kleinen Dinge wichtig nehmen:
Muscheln, Schnecken, Krebse und vieles mehr.

Neue Lust
am Leben entdecken,
Lebens-Lust.
Du siehst die Farbigkeit des Lebens,
riechst die Natur
und schmeckst das Leben.
Du spürst deine Lebendigkeit.

Dankbar stimmst du ein in die alten Worte der Bibel:
„Von allen Seiten umgibst du mich, o Herr,
und hältst deine Hand über mir".

(Alternative): „Den Tag beginnen"

Jeder neue Morgen ist ein neuer Anfang unseres Lebens.
Jeder Tag ist lang genug, um Gott zu finden oder zu verlieren,

um Glauben zu halten oder in Schande zu fallen.
Darum schuf Gott den Tag und die Nacht,
damit wir nicht im Grenzenlosen wandern,
sondern am Morgen schon das Ziel des Abends sehen können.
Wie die alte Sonne täglich neu aufgeht,
so ist auch die ewige Barmherzigkeit Gottes alle Morgen neu.
Dies nehme ich zu Herzen, darum hoffe ich noch:
„Die Güte des Herrn ist's, dass wir noch nicht gar aus sind,
seine Barmherzigkeit hat noch kein Ende,
sondern sie ist alle Morgen neu, und deine Treue ist groß, Gott.
Der Herr ist mein Teil, spricht meine Seele; darum will ich auf ihn hoffen.
Denn der Herr ist freundlich dem, der auf ihn hofft, und dem Menschen,
der nach ihm fragt.
Es ist ein köstlich Ding, geduldig sein und auf die Hilfe des Herrn zu
hoffen."

Lied z.B.: „Der Himmel geht über allen auf"

Psalm (besonders 36, 31, 89 in Auszügen)
oder:

Eingangsgebet

Barmherziger Gott, du Schöpfer des Himmels und der Erde,
danke für diesen Tag,
danke für die Wunder deiner Schöpfung,
die uns den Alltag vergessen lassen;
danke für dieses Stückchen Erde,
das uns Erholung und neue Kräfte schenkt.

Wecke unsere Sinne und Gedanken,
gib uns Phantasie und Klarheit für dein lebensspendendes Wort.
Segne unser Tun und Lassen.

Und bewahre und beschütze uns in deiner unermesslichen Liebe.
Amen.

oder:

Gütiger Gott, Vater und Bruder,
wir danken dir für unsere Gemeinschaft unter deinem Wort.

Jesus Christus, du bist das Licht der Welt.
Du bist der Weg, den wir heute gehen.
Du bist die Wahrheit, die uns heute leitet.
Du bist das Leben, das wir heute finden.
Wir bitten dich:
Gib uns deine Liebe,
dass wir dich wiederfinden in den Menschen um uns herum.
Gib uns Gelassenheit,
dass wir alle Zeit in deine Hände legen
und begleite uns mit deiner Barmherzigkeit,
die aus Fremden Freunde macht.
Amen.

Ansprache

über:

– Du stellst meine Füße auf weiten Raum (Fußspuren im Sand etc.)
– Himmel, Luft, Wolken und Weite, Sturm und Wind
– Tun und Lassen
– Regenbogen
– Meergeschichten
– Zeit, Gezeiten, Ebbe und Flut
– Sand, Sonne, Licht

Schlussgebet (Beispiel:)

Du schaffst alles Leben, Gott.
Wir danken dir für diesen Ort, an dem Himmel und Erde sich berühren.
Wir danken dir für unsere Gemeinschaft und für alle Menschen auf
der Welt.
Wir bitten dich um Segen und Gedeihen für Mutter Erde und für
jedes Geschöpf.

Du bewahrst Himmel und Erde, Gott.
Wir danken dir für die gute Luft hier, für Sonne und Wolken, Regen
und Wind.
Wir danken dir für unser tägliches Brot.
Wir bitten dich um gerechte Verteilung der Güter unter allen
Menschen.

Du schenkst uns Zeit zum Leben, Gott.
Wir danken dir für den Urlaub, die Ferien, die Zeit zur Erholung.
Wir danken dir, dass unsere Zeit in deinen Händen liegt.
Wir bitten dich für alle, die mit ihrer Zeit nicht umgehen können, dass
ihnen bewusst wird, welch kostbares Geschenk sie
da von dir erhalten haben.

Du erneuerst Geist und Herz, Gott.
Wir danken dir, dass wir hier den Alltag hinter uns lassen können.
Wir danken dir für unsere Freude und unsere Hoffnung.
Wir bitten dich, erhalte uns diese Freude und Hoffnung und steh den
Suchenden, den Müden und den Hoffnungslosen bei.

Du befreist die Welt mit deiner Liebe, Gott.
Wir danken dir für liebevolle und segensreiche Begegnungen im Urlaub.
Wir danken dir für deine Liebe und Nähe zu uns.
Wir bitten dich, lass uns deine Liebe weitergeben an andere,
damit die ganze Welt angesteckt wird vom Licht
deiner göttlichen Liebe.
Amen.

Segen

Gott segne die Erde, auf der ihr jetzt steht.
Gott segne den Himmel, der euch schützt.
Gott segne den Weg, den ihr jetzt geht.
Es segne und behüte euch Gott, der Allmächtige und Barmherzige,
Gott, der Vater, der Sohn und der Heilige Geist.
Amen.

oder:

Gott segne euch mit Liebe und Freude.
Gott segne euch mit offenem Herzen und Sorglosigkeit.
Gott schenke euch Kraft und Zuversicht –
heute und in Ewigkeit.
Amen.

oder:

Eure Zeit in Gottes Händen.
Euer Leben in Gottes weitem Raum.
Eure Hoffnung in Gottes Treue.
Geht euren Weg mit Gott.
Geht hin im Frieden.
Amen.

Hella Mahler

Strandgang mit nackten Füßen

Im Urlaub ist vieles erlaubt, wofür sonst keine Gelegenheit ist.
Wir dürfen loslassen, lange zurückgestellte Wünsche verwirklichen.
Mancher freilich spürt jetzt auch:
Es ist gar nicht so leicht, den gewohnten Alltag loszulassen
und sich auf eine andere Lebensart einzustellen.
Wie können wir das lernen?

Eine einfache Übung, die uns gerade am Strand immer wieder gut tut:
Strümpfe und Schuhe ausziehen und barfuß gehen!
Am Strand ist das viel praktischer, als wenn man die Schuhe anhat,
in denen sich Sand und Steinchen ansammeln können.
Mit bloßen Füßen über den Sand oder durchs Wasser laufen – was für
eine Befreiung!
Es erfrischt und belebt den ganzen Körper.
Da spüren wir den Boden, das Harte und das Weiche, das Trockene und
das Nasse.
Manchmal piekst uns eine Muschel oder es drückt ein harter Stein.
Dann werden wir daran erinnert, dass wir uns vorsehen müssen auf
unseren Wegen.
Besonders gern laufen wir dort barfuß,
wo die Wellen des Meeres schon um die Knöchel spülen.
Wir wagen uns ein wenig hinein in das nasse Element und probieren aus,
wie weit man gehen kann, ohne die Hose gegen die Badehose eintau-
schen zu müssen. Strandgänger sind Grenzgänger.

„Du stellst meine Füße auf weiten Raum", sagt der Psalmbeter zu Gott
(Psalm 31,9 b).
Wo spüren unsere Füße besser den „weiten Raum" als am Strand eines
grenzenlosen Meeres?
Mit den nackten Füßen im Sand können oben im Kopf sehr tiefsinnige
Fragen entstehen:
Was für Wege gehe ich eigentlich? Woher komme ich, und was ist mein
Ziel? Sind es nur die Füße, die die Last meines Lebens tragen?
Mit nackten Füßen kommen wir langsamer vorwärts als mit festen
Schuhen.
Wir werden wehrloser, verletzlicher.

Jeden Schritt müssen wir mit unseren Augen überwachen,
damit wir nicht etwa in eine Glasscherbe hineintreten.
Flüchtiges Herumrennen können wir uns so nicht mehr leisten.
Aber könnte nicht die Entdeckung der Langsamkeit der Gewinn eines
bewussteren Lebens sein? Auch im Urlaub gerät man leicht in
Versuchung, die Hetze des Alltags fortzusetzen,
indem man sich von Sehenswürdigkeit zu Sehenswürdigkeit,
von einer Freizeitaktivität zur nächsten jagen lässt.
Die nackten Füße schlagen uns ein anderes Ferienprogramm vor.
Sie sagen uns: Nimm dir Zeit, komm zur Ruhe,
suche den Grund, auf dem du gehen und stehen kannst.
Manchmal bringen schon die kleinsten Veränderungen unserer
Gewohnheiten Erstaunliches in Gang.
Im Urlaub darf vieles anders sein – Gott sei Dank!
Ein „Stiefel, der mit Gedröhn dahergeht" (Jesaja 9,4),
hat im Urlaub nichts verloren.
Unsere Füße dürfen leichter werden.
Vielleicht wird darin auch vieles andere leichter, was uns sonst so
schwerfällt.

Rainer Staege

Lied: Heute mal wieder schwere See

Akkordeonversion als Musikunterlegung zu Andacht am Meer

kalt, so ein grau-er Tag – trifft mich schon je-der Wel-len-schlag? Komm, lich-te den An-ker! Es leuch-tet ein Turm, ge-trost set-ze Se-gel, Gott hält dich im Sturm. Komm, lich-te den An-ker! Es leuch-tet ein Turm, ge-trost set-ze Se-gel, Gott hält dich im Sturm.

2.   Da kommt die nächste Wolkenwand,
               Traum bleibt das Spiel im Dünensand,
               käme doch endlich mal Land in Sicht!
               Macht nur die Gischt mein Salzgesicht?
               ||: Dann raus in die Weite!
               Es trägt dich ein Boot,
               getrost setze Segel,
               Gott hält dich in Not. :||

3.   Seh' nur der Sonne Untergang,
               laufe mich fest in Watt und Tang.
               Hebt sich der Blick nun auch himmelwärts,
               was treibt die Sehnsucht in mein Herz?
               ||: Du ahnst ja den Hafen!
               Es winkt dir ein Land,
               getrost setze Segel,
               Gott hält deine Hand. :||

Text: Jan Janssen 2008. Musik: Andreas Lettau 2008. © bei den Urhebern

Jede Muschel ist ein Kunstwerk

Aus einem ganzen Haufen habe ich sie ausgewählt: klein und unscheinbar. Doch beim näheren Betrachten sehe ich die feinen dunklen Linien und das zarte blaue Muster. Die Muschel liegt aufgeklappt in meiner Hand. Milliarden schwemmt das Meer davon an. Jede ist einzigartig – so wie jeder Mensch dieser Erde.

Diese Muschel ist etwas Besonderes, ein kleines Kunstwerk. Keine Muschel gleicht ihr. Ich betrachte die kleine Schale nachdenklich und wünsche mir, dass wir doch allesamt auf der Welt wieder mehr staunen könnten angesichts des Lebens. Doch stattdessen nimmt die Verschmutzung der Meere zu und die sinnlose Gewalt, wie die Anschläge vor wenigen Tagen in London auf den öffentlichen Nahverkehr. Dabei ist das Leben doch so kostbar.

Ich sehe die Muschel in meiner Hand. Sie hat zwei Schalenhälften, um das Innere zu schützen, das Leben.

So erstaunt es nicht, dass die Muschel zum Zeichen für die Auferstehung Christi und zu einem Pilgerzeichen geworden ist. Die geschlossene Muschel sieht aus wie ein lebloser Gegenstand, scheinbar tot und doch ist Leben darin. Die Jakobsmuschel wurde zum Pilgerabzeichen der Wallfahrt nach Santiago und Buddhisten kennen die Muschel als ein Symbol für ein gutes Geschick. In China steht sie für eine glückliche Reise.

Meist sehe ich Muscheln, wenn ich Ferien oder einen freien Tag habe. Dann möchte ich einfach offen sein für dieses Wunder der Schöpfung, für die Sonne, das Wasser und das Licht, für die Menschen in meiner Umgebung. Dann habe ich einen Vorrat an „Sonnenstrahlen" und „Begegnungen", von denen ich im Alltag zehren kann. Gerade in dieser Welt brauchen wir einen solchen Vorrat an Lebensmut und Hoffnung und an Gewissheit, dass Gott unsere Erde für uns doch schön geschaffen hat und dass es sich lohnt, ihre einzigartigen Geschöpfe zu achten und zu schützen.

Herr, wie sind deine Werke so groß und viel!
Du hast sie alle weise geordnet,
und die Erde ist voll deiner Güter.
Da ist das Meer,
das so groß und weit ist,
da wimmelt's ohne Zahl,
große und kleine Tiere.
Dort ziehen Schiffe dahin;
Da sind große Fische, die du gemacht hast, damit zu spielen.
(Psalm 104,24-26)

Und plötzlich habe ich Lust, eine Burg zu bauen mit vielen Muscheln als Verzierung. Und meine Muschel? – Die kommt natürlich oben drauf. Sie hat mir doch so viel gesagt.

Bärbel Büssow

Edle Steine

Am Strand lagen sie.
Herangespült.
Von Wasser und Sand
schön geschliffen.
Oft fühlen wir uns wie
ein Stein: klein und schwer.
Von Wind und Wellen
hin- und hergezogen und
geworfen.

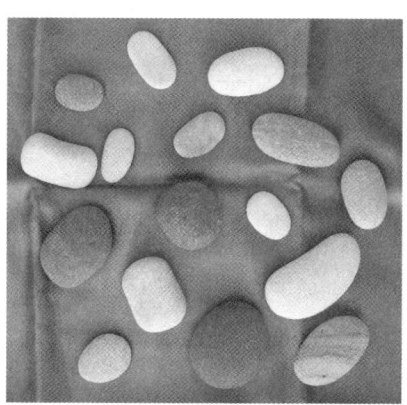

Immer in irgendeinem Sog,
von schmerzlich reibendem Sand gestört.
Das, was größer und stärker ist als wir, verändert uns.
Vielleicht fühlt sich mancher so auf seinem Lebensweg mit Gott.
Vielleicht entsteht so ein schöner Stein.
Vorher gab es manchen Schmerz und manche Orientierungslosigkeit.
Nachher findet jemand den Stein und wundert sich:
so schön, so berührbar, so zum Festhalten, so zart. Ein edler Stein.

Heike Peters

Skizze

Die Sonne ins Meer tunken
hinter den dunklen Strich
und mit leichten Händen
die Wellen verwischen
ihr Rauschen untermischen
und den Wind, der rau
übers Haar streicht, ein Vater.

Den lachenden Drachen einfangen
und die Funken über den Feuern
in denen die Blicke
dunkel werden.

Dann schließen mit einem Pinselstrich
wolkiger Signatur
unter dem Sommermond.

Wer es könnte...

Den Himmel in Farben fassen.
Sein Leuchten bewahren,
bevor er im Sandflug verweht.

Tina Willms

Am Strand

Die Muster im Sand
an diesem Abend:
Als habe das Meer Flechten geübt.

Hier und da
hat es eine Muschel
zwischen die Wasserfäden gelegt.
Einen Seestern,
einen Streifen hellgrünen Tang.

Und schließlich hat es das Licht eingefangen
den Himmel gespiegelt und sonnenrot
auf den Strand gestrichen.

Ich staune und flechte den Abend
in meine Erinnerung.
Warme Hülle für die Tage, die kommen.

Tina Willms

Nichts und auf einmal alles geschenkt

Gottesdienst auf dem Berg

Einen Berggottesdienst vergisst man nicht.

Da mag der Hinweg gemütlich gewesen sein oder mühsam, die Teilnehmerzahl groß oder ganz klein, da kann das Wetter strahlend gewesen sein oder eher drohend, die Aussicht überwältigend oder nur nett: Die Erinnerung an gerade diesen Gottesdienst haben alle Teilnehmenden mitgenommen. Und vielleicht auch noch den einen oder anderen Gedanken aus Predigt, Lesung oder Gebet.

Wie viele hunderte Gottesdienste habe ich schon erlebt – unter den wenigen, die mir bis heute auf Anhieb präsent sind, sind vor allem die Berggottesdienste. Ich gehöre ja nicht zu den Leuten, die meinen, auf Berggipfeln sei man Gott näher. Aber dass ein Berggottesdienst etwas ganz Besonderes ist und die Teilnehmerinnen und Teilnehmer noch in anderen Dimensionen anspricht als ein „normaler" Gottesdienst in der Kirche, das habe ich immer wieder gehört und selbst erlebt.

Fragen Sie mich nicht, woran das liegt. Sicher spielt das Ungewohnte eine Rolle, der mehr oder weniger anstrengende und gemeinsame Anmarsch wird ebenso ein Aspekt sein wie die Weite des Blicks. Aber weshalb bei Berggottesdiensten oft so ein besonderes Gemeinschaftsgefühl entsteht und die Eindrücke tiefer sind als unten im Tal – ich weiß es nicht, ich bin nur dankbar dafür.

Jeder ist anders.

Es gibt sehr verschiedene Gottesdienste auf Bergen im Freien. Populär sind die „Gipfelmessen" mit Blasmusik und anschließendem Berghütten-Kirchtag: eine ursprünglich katholische Erfindung, von der es inzwischen schon etliche evangelische Spielarten gibt. Manche Berggottesdienste werden in der Nähe von Seilbahnstationen oder leicht erreichbaren Hütten gefeiert, zu manchen muss man stundenlang aufsteigen. Entsprechend unterschiedlich ist die Teilnehmerzahl, von buchstäblich zwei oder drei bis zu mehr als hundert. Und auch wenn ein Berggottesdienst schon traditionell geworden ist, jedes Jahr zur gleichen Zeit am selben Ort gefeiert wird – es ist doch jeder anders, schon weil Wetter und Teilnehmer wechseln – und hoffentlich auch der Inhalt.

Wer kommt?

Beim Berggottesdienst handelt es sich um eine sogenannte „Zielgruppen-Veranstaltung". Ich muss mir also überlegen, wer zu diesem Gottesdienst kommen soll: Wenn auch Bergungewohnte und leicht Gehbehinderte teilnehmen sollen, muss der Zugang entsprechend kurz und unproblematisch sein. Zu einem solchen Gottesdienst werden dann geübte Bergwanderer eher nicht kommen; für die hat ein Gottesdienst nach längerem, anstrengenderem Aufstieg einen größeren Reiz. Stellt eine nicht alpinistisch geprägte Gruppe (Gemeindegremium, Verein, Frauenkreis …) den festen Teilnehmerkern, muss ich den Weg, den Ort, die Zeit und den Gottesdienst selbst darauf abstimmen. „Auf die Gefahr hin", dass dann noch ganz andere Leute dazukommen. In jedem Fall benötigt jeder Berggottesdienst noch vor der konkreten Vorbereitung gründliche Vorüberlegungen. Dabei will dieser Beitrag helfen.

Wege und Orte

Am Anfang steht ja meist ein Vorschlag: Bei dem und dem Gipfelkreuz, an der bestimmten Stelle könnten wir doch den Gottesdienst feiern. Ich habe mir angewöhnt, diese Orte dann erst einmal unter diesem Aspekt selbst zu erwandern, auch wenn ich Weg und Ort schon kenne: Eine leicht exponierte Passage beim Aufstieg kann mir ja bisher gar nicht aufgefallen sein, aber dann kann sich da jemand leicht verletzen. Und die Akustik kann zwanzig Meter weiter deutlich besser sein.

Beim Ort des Gottesdienstes ist vorrangig: Er muss einigermaßen ruhig sein, und die Leiter müssen deutlich sichtbar und hörbar sein. Von daher finde ich Gipfel selten ideal, weil da die Akustik immer problematisch ist, die Teilnehmer hinaufschauen müssen und öfters Unbeteiligte stören oder gestört werden. Auch der Wind ist oben besonders unberechenbar. Bewährt haben sich etwas abgelegene Hänge und Mulden, wobei die Teilnehmer auf die Liturgen hinunterschauen. Das verbessert die Akustik (denken Sie an die römischen Theater!), erleichtert die Konzentration und schafft Gemeinschaftsgefühl. Und die Aussicht spielt natürlich auch eine Rolle! Eine ganz besondere Atmosphäre kann entstehen, wenn sich hinter dem Liturgen, der Liturgin ein Bergsee erstreckt – jetzt wird's schon fast kitschig, aber so empfinden wir die Berge halt manchmal. Und – Hand aufs Herz – das tut wohl und bleibt unvergesslich.

Einladung

„... wenn ich das gewusst hätte ...": Jeder außergewöhnliche Gottesdienst muss bekannt gemacht werden. Das sind wir den Menschen schuldig, für die wir diesen Gottesdienst anbieten. Über die allgemeinen Bekanntmachungen in Gemeinde-Gottesdiensten und kirchlichen und säkularen Medien hinaus wird sich die Publizierung an die speziellen Medien der jeweiligen Zielgruppen richten: Vom Fremdenverkehrsverband und seinen Informationstafeln bis zum Alpenverein, der Seilbahn, den umliegenden Berghütten – meist wird man offene Türen einrennen, wenn man um Werbung für diesen Gottesdienst bittet. Ein eigenes Plakat (A4 oder A3) ist da hilfreich. Es soll auch schon im Schaukasten der katholischen Pfarrkirche ein Hinweis auf einen evangelischen Berggottesdienst gesehen worden sein.

Hören und sehen

Bei jedem Gottesdienst ist es wichtig, dass die Akteure von den Teilnehmenden gut zu hören und zu sehen sind. Bei Gottesdiensten im Freien verdient dieser Aspekt besondere Aufmerksamkeit, weil da die Lautstärke mit dem Quadrat der Entfernung abnimmt. Wenn die Entfernung zwischen Sprechenden und Hörenden also mehr als zehn Meter beträgt, sind bei Windstille eine außergewöhnlich laute Stimme oder technische

Hilfsmittel nötig. Schon ein leichter Wind beeinträchtigt die Verständlichkeit erheblich. Die Sichtbarkeit kann durch die Beachtung des Hintergrundes verbessert werden.

Ablauf und Bestandteile
Natürlich kann man einen ganz „normalen" Gottesdienst auf den Berg verpflanzen – aber damit wäre eine große Chance vergeben, finde ich. Denn die Menschen, die zu einem solchen Gottesdienst kommen, erwarten etwas Besonderes. Und im Normalfall ist der Mehrzahl der Teilnehmerinnen und Teilnehmer die Sonntagsliturgie nicht geläufig. Sie sollen sich aber im Gottesdienst zu Hause fühlen. Das wird erleichtert, wenn der Ablauf einfach und klar strukturiert ist, und, wenn nötig, ganz kurz in die Teile eingeführt wird. Überhaupt habe ich immer darauf geachtet, dass der Gottesdienst nicht zu lang wird und habe eine halbe Stunde als (selten erreichtes) Ziel anvisiert.

Die biblischen Texte sollen nicht lang sein, die Übersetzung muss auch für Kirchenfremde verständlich sein. Dasselbe gilt für die Gebete und die Predigt. Die Lieder sollten möglichst bekannt und gut singbar sein; im Zweifelsfall hilft es, sie vor Beginn mit der Gemeinde anzusingen. Gute Erfahrungen habe ich damit gemacht, zu Beginn oder auch im Verlauf des Gottesdienstes dazu einzuladen, bewusst die Umgebung und die Aussicht als Wunder Gottes einige Zeit auf sich wirken zu lassen.

Geeignete Musikinstrumente sind eine große Hilfe. Nicht immer wird man einen Posaunenchor bekommen; auch eine Flöte oder Gitarre unterstreicht den Festcharakter und unterstützt den Gesang. Ein Chor ist natürlich ein Glücksfall.

Vom Heiligen Abendmahl habe ich bei Berggottesdiensten Abstand genommen – nicht nur aus technischen Gründen, sondern vor allem, weil niemand zwangsbeglückt werden sollte.

Beim Berggottesdienst trage ich keinen Talar – aber das ist Geschmackssache.

Hilfsmittel
Von den Teilnehmern an einem Berggottesdienst kann man nicht erwarten, dass sie irgendwelche Texte auswendig können. (Bei einer „geschlossenen Gesellschaft" kann das natürlich anders sein.) Die Teilnehmenden brauchen also Gesangbücher oder Liedblätter. Ein aktuelles Liedblatt hat den Vorteil, dass es leicht ist und auch gleich den Gottesdienstablauf

angeben kann. Soll die Gemeinde das Glaubensbekenntnis sprechen, sollte auch dieser Text schriftlich vorliegen.

Wenn mit mehr als 30 Teilnehmern zu rechnen ist, ist die Verwendung einer Verstärkeranlage anzuraten, um die Verständlichkeit zu gewährleisten.[10]

Aus meinem Erste-Hilfe-Täschchen habe ich bisher nur hie und da ein Pflaster gebraucht, Gott sei Dank.

Störungen

Im Kirchenraum sind Störungen im Gottesdienst die Ausnahme – im Freien gehören sie dazu. Ob nun eine Wandergruppe laut redend vorbeimarschiert, zwei Hunde zu raufen beginnen oder ein Windstoß das Manuskript verweht – mit ein wenig Humor und eventuell einer kleinen Unterbrechung kann fast alles in den Gottesdienst integriert werden und bewusst machen, dass es hier menschlich zugeht. Wind oder gar ein plötzlich aufziehendes Unwetter werden freilich radikale Kürzungen notwendig machen.

Rechtliches

Wenn der Gottesdienst nicht im Bereich der eigenen Gemeinde stattfindet, ist das zuständige evangelische Pfarramt zu verständigen.[11]

Beim Gottesdienst im Freien auf fremdem Grund und Boden handelt es sich (zumindest in Österreich) um eine meldepflichtige Veranstaltung. Ich habe daher die Gottesdienste der für den jeweiligen Platz zuständigen politischen Gemeinde (die war nicht immer leicht zu eruieren) und der Polizei mitgeteilt und auch das katholische Pfarramt informiert – möglichst früh, damit es nicht zu Kollisionen mit anderen Veranstaltungen kommt. Bei einem Gottesdienst in der Nähe einer Hütte wird man natürlich vorher das Einvernehmen mit dem Hüttenwirt herstellen, entsprechendes gilt für andere Gebäude und Seilbahnen. Sonst ist die Zustimmung des Eigentümers nicht erforderlich, da in den Bergen Wegefreiheit herrscht.

---

[10] Es gibt verhältnismäßig unauffällige, gut transportable Geräte; jedenfalls muss die Verwendung vorher erprobt werden. Ein Beispiel: Samson XP40i. An das Gerät können Sie neben Mikrofon und Gitarre (oder Keyboard, CD-Player etc.) auch direkt einen i-pod anschließen.

[11] Als österreichischer Gemeindepfarrer habe ich des öfteren gestaunt, mit welcher Selbstverständlichkeit Kollegen aus Deutschland hier Kasualien und Gottesdienste gehalten haben, ohne irgendwen zu fragen – ob sie das daheim auch so halten?

Unfälle sind, Gott sei Dank, bisher nicht vorgekommen. Ich denke, dass in einem solchen Fall die Eigenverantwortung des Bergsteigers gelten würde.

Der Rückweg

Ich bemühe mich, dann abzusteigen, wenn sich die meisten in Bewegung setzen. Denn auf dem Rückweg ergeben sich immer wieder interessante Gespräche. Der Gottesdienst hat ein Gemeinschaftsgefühl entstehen lassen und kann beim einen oder anderen den Eindruck erwecken: „Mit dem kann man reden." Dazu kommt die besondere Situation: Auf dem schmalen Weg können höchstens zwei nebeneinander gehen, mein langsames Geh-Tempo ermöglicht Diskretion – und dann ist auf einmal nicht nur von Bergerfahrungen die Rede, sondern auch von anderen bewegenden Erlebnissen und Problemen.

Auf manchen Berggottesdienst bin ich schon Jahre später angesprochen worden. Denn einen Berggottesdienst vergisst man nicht.

Gottesdienst am Bergkreuz

Am Maurerkogel bei Zell am See (Land Salzburg)

Der Maurerkogel ist ein ruhiger Gipfel mit herrlicher Aussicht, von der Bergstation der Schmittenhöhen-Seilbahn auf teilweise schmalem Pfad in einer guten Stunde zu erreichen. Einige Meter unter dem Gipfelkreuz bietet eine leicht nach Südost abfallende Mulde Raum für den Gottesdienst mit 15 Teilnehmern (Gemeindeglieder und Touristen). Wind zwingt zu Kürze. – Liederheft: Schöner freier Tag. Leider kein Musikinstrument.

Begrüßung – Eröffnung – Angabe des Themas

Bitte rücken Sie noch etwas näher zusammen, damit wir einander besser hören und sehen können. – Danke.

Herzlich willkommen bei unserem evangelischen Berggottesdienst – beinahe zu Füßen des Kreuzes.

Wir feiern ihn im Namen Gottes des Vaters, des Sohnes und des Heiligen Geistes.

Über das Kreuz möchte ich mit Ihnen heute nachdenken –
aber wir wollen uns auch an der Aussicht freuen und Gott dafür loben.

Lied „Lobe den Herren, den mächtigen König der Ehren"

Psalm

Gemeinsam beten wir den 8. Psalm.

Gebet

Lasst uns beten:
Herr, unser Gott, wir danken dir, dass du uns ansprichst auf ganz
verschiedene Art, und bitten dich:
Öffne uns für dein Wort, dass wir dir deine Liebe glauben.
Durch Jesus Christus, deinen Sohn, unsern Bruder und Herrn.
Amen.

Lesung

Das Evangelium ist wie Feuer – unglaublich, was sich alles ändert,
wenn wir darauf hören!
Ich lese, was Jesus über die Lebenseinstellung sagt, die Zukunft hat –
aus dem sechsten Kapitel des Lukasevangeliums in der Übersetzung der
„Gute Nachricht Bibel": Markus 12,28-34 (Gute Nachricht)

Glaubensbekenntnis

Gemeinsam bekennen wir unseren christlichen Glauben.

Lied „Jesus Christus herrscht als König", V. 1+2

Predigt

Der Apostel Paulus schreibt an die Christen in Korinth (1. Korinther
1,18, Lutherübersetzung):
Das Wort vom Kreuz ist eine Torheit denen, die verloren werden; uns
aber, die wir selig werden (wörtlich übersetzt: die wir gerettet werden),
ist's eine Gotteskraft.

1. Berge

Wir alle kennen so manches Gipfelkreuz – es gibt ja genug davon in
unseren Bergen. Das eine oder andere ist mir besonders deutlich in Erinnerung: Auf dieser und jener Tour habe ich tiefer gefühlt, klarer erkannt:
Die Steine, diese geologischen Formen, diese Pflanzen und Tiere sind
mehr als Produkte des Zufalls; da steht etwas, da steht einer dahinter,
der mich damit anspricht.

Wer da dahintersteht, das sagen die Berge mit all ihrer Majestät und
ihren Wundern nicht. So erleben die einen Geister, Götter und Dämonen
in den Bergen, die anderen sehen hier die namenlose Macht der Natur
am Werk.

2. Kreuz

Wer spricht nun wirklich durch die Natur zu uns? Die Kreuze auf den Gipfeln sollen es uns sagen. Denn sie erinnern an das eine Kreuz, an dem Jesus von Nazareth qualvoll umgebracht worden ist von Römern und Juden, Ariern und Semiten in seltener Einigkeit. So ist das Kreuz zunächst ein Zeichen für die Gleichgültigkeit, die Bosheit, den Hass, zu dem wir fähig sind gegen einander.

Das Kreuz zeigt: Wer liebt, zieht den kürzeren.

Aber wir nennen uns Christen, weil es nicht dabei geblieben ist: Die Liebe Gottes hat Sünde und Tod besiegt. Christus ist auferstanden, und seit jenem Ostermorgen gibt es das Wort vom Kreuz, die Botschaft: Gottes Liebe ist stärker. Er richtet, aber er richtet auch auf. So ist das Kreuz das unübersehbare Zeichen dafür: Die Liebe siegt – trotz allem.

3. Skandalon

Der Apostel Paulus sagt: An diesem Wort vom Kreuz scheiden sich die Geister. Diese Feststellung trifft heute ebenso zu wie damals: Ja, es ist wichtig, anständig und gesund zu leben; ja, es lohnt, Bildung und Erfahrung zu sammeln; ja, wir müssen unseren Mann und unsere Frau stehen, müssen etwas leisten im Leben. Aber wer sich nur darauf verläßt, wer meint, er oder sie könne damit in letzter Instanz bestehen, der belügt sich selbst und die Umwelt. Wer nur auf sich und seine Leistung baut, der ist in Wahrheit verloren – und er merkt es auch früher oder später, das erlebe ich an manchem Krankenbett. Aber auch das andere kann man da erleben: Versöhnung, Neuanfang, Hoffnung auch angesichts des Todes – eben: dass die Liebe siegt. Darum steht ja auch auf den meisten Gräbern ein Kreuz.

4. Bergkreuz

Und daran will dieses und jedes Bergkreuz erinnern: Dem lebenden, dem wirklichen Gott, der durch die Berge, durch die Schöpfung zu uns spricht, ihm verdanken wir alles, was wir sind und haben. Vor ihm können wir uns auf seine Liebe berufen, die in Jesus zu uns kommt. Sie ist das Fundament, das trägt: Der Liebe Gottes können wir vertrauen im Leben und im Tod. Gott sei Dank. Amen.

Lied „Jesus Christus herrscht als König", V. 4+5

Gebet

Eine: Lieber Vater im Himmel,
       wir haben so viele Gründe, dir zu danken:
       Für die Wunder und die Schönheit deiner Schöpfung –
Alle: danken wir dir.
Eine: Für diesen ganz besonderen Ort
Alle: danken wir dir.
Eine: Dafür, dass wir bekommen, was wir zum Leben brauchen,
Alle: danken wir dir.
Eine: Für die Menschen, die uns schützen und helfen,
Alle: danken wir dir.
Eine: Was wir sonst noch auf dem Herzen haben, bringen wir in der
       Stille vor Gott.

Stille

Bitte erheben Sie sich zum **Vaterunser**.

Segen

Keinen Tag soll es geben, an dem du sagen musst:
Niemand ist da, der mich schützt.
Keinen Tag soll es geben, an dem du sagen musst:
Niemand ist da, der mir hilft.
Keinen Tag soll es geben, an dem du sagen musst:
Niemand ist da, der mich liebt.

Der Herr segne dich und behüte dich.
Der Herr lasse sein Angesicht leuchten über dir und sei dir gnädig.
Der Herr hebe sein Angersicht auf dich und gebe dir + seinen Frieden.
Amen.

Lied „Großer Gott, wir loben dich"

Bernd Hof

Das Kreuz

Verbindung zwischen zwei Geraden
Es kreuzen sich Wege
Symbol des christlichen Glaubens
Des Lebens und des Sterbens:
Sein Kreuz tragen
Das Kreuz auf sich nehmen
Den Kreuzweg gehen
Zu Kreuze kriechen
Den eigenen Willen unter das Kreuz stellen
Wie kann ich das Kreuz Christi verstehen?
Was hat es mit meinem Kreuz des Lebens zu tun?

Brigitte Baur-Siebeneicher

Drachenflieger
Predigt

Liebe christliche Gemeinde – hier oben auf den Berg!
Liebe Freunde der Berge!

Schauen können – sagte ich vorhin – ist ein Glück. Schauen ist ja auch viel mehr als nur sehen. Wir verstehen das sofort, wenn ich uns daran erinnere, wie Jesus seinen Zeitgenossen das Schauen beigebracht hat, indem er in Gleichnissen redete; ihnen Gleichnisse erzählte. Gleichnisse muss man anschauen. Wie man eben auch die Lilien auf dem Feld anschauen muss, von denen Jesus sagte, dass sie schöner gekleidet sind als der König Salomo in all seiner Pracht. So redet Jesus auch vom Acker, von den Weinbergen von den Vögeln unter dem Himmel, um dann von einer ganz anderen Sache zu reden, die darin anschaubar wird.

Ich möchte heute auch ein Gleichnis aufgreifen, das Sie vielleicht behalten werden, weil Sie es immer wieder sehen. Vielleicht schauen Sie nach dem Gottesdienst dabei mehr als Sie nur sehen.

Ich denke an die Drachenflieger, wie sie vom Unternberg, aber auch vom Rauschberg gegenüber immer wieder losfliegen. Für mich ist es jedes Mal erneut faszinierend, sie zu beobachten. Wie sie sich dem Wind, unsichtbar, spürbar zwar, anvertrauen und davongetragen werden. Wie sie sich dann „höher schrauben" – immer höher oder in weiten Schleifen zur Landung ansetzen. Sie können uns ein Bild, ein Gleichnis werden dafür, wie es sich mit unserem Glauben verhält.

Vier Beobachtungen gehe ich nun entlang und deute sie: vom Absprung bis zur Landung.

Ich behaupte, weiß es eigentlich vom Hörensagen, dass es jedes Mal neue Überwindung kostet, loszulaufen und ins scheinbare Leere zu springen. Dass es fast einer Selbstpreisgabe gleichkommt, überhaupt dieses Wagnis einzugehen, sich tragen zu lassen. Davon kann man hören, wenn die Luft den Drachenflieger davonträgt und er einen Schrei, einen Jauchzer ausstößt, in dem sich das Glück und das herrliche Gefühl ausdrücken, getragen zu sein. Wenn das nur mit dem Absprung nicht wäre, der Angst macht.

Wer wissen will, was Glauben ist, hat in diesem Bild eine Deutung. Sprachlich gefasst heißt das Glaubensmut. Den Mut zu fassen, an Gott zu glauben und ihm zu vertrauen. Es erfordert Mut und es ist ein Wagnis, sich Gott anzuvertrauen, wie der Drachenflieger sich der Luft, dem Wind anvertraut.

Das zweite, was mich immer wieder neu beeindruckt, ist zu sehen, dass da eigentlich nichts ist, was den Drachenflieger hinausträgt. Über die Abgründe, Felsabstürze und Wipfel der Bäume hinweg! Natürlich kennen wir aus der Physik den Grund. Was ihn da trägt, ist eine Luftströmung. Aber wehe, sie reißt ab! Durch eigene Ungeschicklichkeit oder eine Wetterveränderung. Dann wird es schlimm und lebensbedrohlich. Aber: Solange die Luftströmung da ist, auch durch eigene Achtsamkeit dafür gesorgt wird, dass diese nicht abreißt, wird der Mensch wie von unsichtbaren Kräften getragen. Was die Luft für den Drachenflieger, ist für den Glauben der Geist Gottes, von dem gesagt wird, dass er weht, wo er will. Aber auch: die der Geist Gottes treibt, könnte auch sagen, die der Geist Gottes trägt, die sind Gottes Kinder. Und darauf zu achten, auf den Geist Gottes zu achten, ist für den Glauben so viel wert wie beim Drachenflieger die Luftströmung. In einem knappen Satz hat die Bibel den Sinn des Lebens formuliert. Die der Geist Gottes treibt, die sind Gottes Kinder.

Eine dritte Beobachtung: Ich hab sie auch schon kämpfen gesehen, die Drachenflieger, mit Böen, ständig wechselnden thermischen Winden. Und ich hab sie auch schon abgekämpft nach der Landung erlebt. Was so leicht aussieht und vielleicht auch manchmal tatsächlich so ist, ein Genuss gewissermaßen, kann auch zu einer großen Herausforderung werden, in der alles gefordert wird.

Auch der Glaube kann ein Genuss sein, eine Freude. Ob einen die Schönheit der Schöpfung, der Liebreiz eines Mädchens z. B. beeindruckt oder eine glückende Beziehung das Herz höher schlagen lässt, weil erahnt ist, was Liebe heißt oder das Lächeln eines Menschen mich bewegt, wie bei einem kleinen Kind, und ich das Wunder des Lebens schaue. Es kann ein Genuss, ein Glück, eine Freude sein, weil gewusst ist, dass das alles nicht selbstverständlich ist. Ein Geschenk wie eine gute Thermik für den Drachenflieger! – Und der Glaube kann zur großen Herausforderung für das Leben werden, wenn ich weiß, dass Geduld und Nachsicht, Hoffnung und Liebe in den Widerfahrnissen des Lebens gefordert sind, sollen sich nicht zerstörende Kräfte des Lebens bemächtigen.

Die letzte Beobachtung: Jeder Drachenflieger weiß sein Ziel, seinen Landeplatz. Natürlich ist das auch gesetzlich geregelt. Aber keiner fliegt ziellos einfach los. Hinaus in die Gegend mit dem Gedanken, irgendwo werde ich schon irgendwie wieder herunterkommen. Im Leben und erst recht im Glauben geht das auch nicht anders. Der Glaubende hat ein Ziel, das er nicht aus dem Auge verlieren darf, soll der Lebenslauf, der Lebensweg, das Leben gelingen. Ob ich das Ziel Gott nenne, Gottes Reich, Ewigkeit, ewiges Leben oder auch nur Nächstenliebe, Bewahrung der Schöpfung, Gerechtigkeit gegenüber den Armen macht keinen Unterschied, wenn es nur ein Ziel ist, auf das hin ich lebe.

Um es anders zu sagen, mit den Worten von Frère Roger, dem Abt von Taizé: „Lebe das, was du vom Evangelium begriffen hast – und wenn es noch so wenig ist. Aber lebe es!" – Das heißt: Wage den Glauben, denn anders wirst du nie erfahren, wie viel einfacher das ist, mit unsichtbaren Flügeln, von unsichtbaren Flügeln getragen, die Hindernisse und Widerfahrnisse des Lebens zu nehmen. – So wie es beim Drachenfliegen anschaubar ist. Amen.

Manfred Reichel

Augustwunsch

Ich wünsche dir, dass du zuweilen
deine Sorgen hinter dir lassen
und auf einen Berg steigen kannst.
Schau, da unten sind sie,
weit weg und kleiner als gedacht.

Ich wünsche dir, dass du neue Kraft in dir spürst
– du hast schon manchen Berg bezwungen –
und dass du zurückkehrst in deinen Alltag,
gestärkt und mit dem Vertrauen,
dass du dein Leben meistern wirst.

Tina Willms

Was fasziniert Menschen so an den Bergen?

Predigt auf der Naggler-Alm/Österreich

Liebe Gemeinde,

was fasziniert Menschen so an den Bergen? Warum steigen sie auf die Höhe, manchmal – wie jetzt beim K2 – unter Lebensgefahr? Warum reisen sie in Gegenden, in denen es Berge gibt? Was macht den Reiz einer Bergwanderung aus?

Ich nehme an, dass es darauf sehr unterschiedliche Antworten gibt. Vielleicht ist es die Ruhe, die ich hier oben finde. Vielleicht die Herausforderung, der ich mich stellen will. Vielleicht die Erfahrung meiner eigenen Grenzen, die ich suche.

Eine ganz eigene Antwort darauf gibt uns der Psalm 121: „Ich hebe meine Augen auf zu den Bergen, von welchen mir Hilfe kommt", so hat Martin Luther übersetzt, „meine Hilfe kommt vom Herrn, der Himmel und Erde gemacht hat."

Hier geht es um Gotteserfahrung im Angesicht der Berge. Für den Beter dieses Psalms werden die Berge, die er vor Augen hat, zum Anlass, über den Schöpfer dieser Welt nachzudenken. Und über sich selbst.

Ich versuche, mich auf die Spur seiner Antwort zu begeben und frage mich: Worin besteht für mich das Geheimnis der Berge? Was zieht mich an, wenn ich hinaufschaue zu ihnen und von dem Wunsch beseelt bin, den einen oder anderen zu besteigen? Was, welche Hilfe, finde ich dort?

Ich versuche eine dreifache Antwort.

1. Wenn ich auf einen Berg steige, gewinne ich mit Sicherheit eines – **Abstand**. Hinaufsteigend löse ich mich mit jedem Schritt von dem, was mich im Tal fesselt. Oben angekommen mache ich die Erfahrung: wie weit das alles weg ist, was da unten mein Leben bestimmt. Wie weit weg: Sorgen, Nöte, Ängste.

Hier oben werden die Gedanken klar, hier kann ich frei atmen. Die Atemlosigkeit und Hektik, die unten im Tal oft mein Leben bestimmen, lege ich ab. Ich spüre den eigenen Atem. Ich erlebe die Zeit, die mir gegeben ist, wirklich als meine Zeit, nicht als Diktat von dritter Seite. Ich spüre das Glück des Augenblicks, einfach nur da zu sein, einzuatmen und auszuatmen – als dankbares Geschöpf Gottes.

2. Hier oben auf dem Berg gewinne ich **Überblick**. Ich nehme viel mehr wahr als unten im Tal, wo mir meine Sorgen und Besorgungen oft den Blick für das Wesentliche verstellen. Wo ich mich vor lauter Erledigungen, die ich zu machen habe, oft beengt und getrieben erlebe. Hier oben nehme ich wahr, wie weit und wie groß diese Welt ist – die Landschaft, die sich bis hin zum Horizont erstreckt, den weiten Himmel über mir und die grüne Alm, den blau herauf leuchtenden See, die Licht durchfluteten Wälder.

Überblick gewinnen heißt immer auch, eine neue Sichtweise gewinnen für das, was mich beschäftigt. Eine neue Perspektive, wo ich erfahre, von oben gesehen, aus der Freiheit der Berge betrachtet, wird alles klein und bedeutungslos. Manches Problem erscheint mir vielleicht jetzt leichter lösbar. Der Überblick, den ich hier oben gewinne, schenkt mir auf jeden Fall Gelassenheit und die Gewissheit, dass die Probleme nicht so groß sind, wie sie sich selbst darstellen.

Und ich hebe den Blick und sehe die Wege, die noch zu anderen Gipfeln führen oder wieder hinab ins Tal. Einer von ihnen wird heute mein Weg sein. Ich freue mich auf diesen Weg, dem ich mich unter dem Segen Gottes anvertrauen möchte.

3. Berge sind in der Bibel immer Orte der **Begegnung** gewesen. Himmel und Erde scheinen sich an der Spitze des Berges zu berühren. Die Sphäre des Irdischen trifft auf die Sphäre des Göttlichen. Menschen entdecken ihre eigenen Grenzen, wenn sie einen Berg besteigen – und sie spüren, dass hinter dieser Grenze etwas anderes verborgen ist, etwas Größeres, für das sie vielleicht keinen Namen haben, aber von dem sie spüren, dass dieses Größere alles Leben umfasst und ihm Geborgenheit schenkt.

Berge sind darum in der Bibel immer Orte der Gottesbegegnung gewesen – denken Sie an den Berg Sinai, wo Mose Gott traf und Weisung erhielt für die Zukunft seines Volkes. Denken Sie an den Berg am See Genezareth, wo Jesus seine Bergpredigt hielt, um die Botschaft von der Menschenfreundlichkeit Gottes unter die Menschen zu bringen.

Berge sind aber nicht nur Orte der Gottesbegegnung, sondern auch Orte der Verwandlung. Menschen erfahren etwas ganz Neues über sich und ihr Leben: erfahren, was im Leben wirklich zählt, was so groß und bedeutend ist, dass es sich lohnt, sich dafür einzusetzen – und andererseits, was nur eine kurze Haltbarkeitsdauer hat.

Und doch weiß der Beter dieses Psalms: Die Hilfe im Leben kommt nicht von den Bergen selbst. Die Berge sind imposante Naturerscheinungen. Aber sie nehmen nicht Anteil am Schicksal des Menschen. Unbewegt liegen sie da, über Jahrtausende und Jahrmillionen: erhaben und großartig. Aber auch gleichgültig und zuweilen grausam gegenüber dem menschlichen Schicksal.

Anteil am Leben des Menschen nimmt allein der lebendige Gott, der Schöpfer des Himmels und der Erde. Von ihm heißt es in diesem Psalm, dass er nicht nur Himmel und Erde, Berge und Täler geschaffen hat. Sondern dass er meinen Gang begleitet über die Höhen und durch die Tiefen eines Menschenlebens.

„Meine Hilfe kommt vom Herrn, der Himmel und Erde gemacht hat. Er wird deinen Fuß nicht gleiten lassen, und der dich behütet schläft nicht."

Gott begleitet uns nicht nur, wenn wir bergauf wandern, wenn unsere Seele leicht ist wie ein Vogel und das Leben einfach nur schön ist. Er ist an unserer Seite auch dann, wenn es abwärts geht. Wenn nach dem Aufstieg der Abstieg kommt und wir wieder zurück sind in den Niederungen des Alltags.

Es gibt eine Geschichte, die davon erzählt, wie ein junger Mensch, der als sehr talentiert galt, sich aufmachte auf seinen Weg durchs Leben. Zunächst war alles sehr behütet und geordnet. Die Eltern trafen die Entscheidungen, in welche Richtung er gehen sollte.

Je älter er aber wurde, desto schwerer fiel es ihm, sich zu entscheiden. An jeder Weggabelung dachte er, welche Richtung soll ich einschlagen? Gehe ich nach dort, versäume ich das, was woanders geschieht. Gehe ich in diese Richtung, verpasse ich die Möglichkeiten auf der anderen Seite.

So ging er weiter, passierte Weggabelungen und Kreuzungen – immer mit dem Gefühl, vielleicht die falsche Entscheidung getroffen zu haben. Immer mit dem Gefühl des Verlustes: Möglichkeiten ausgelassen, Chancen verpasst zu haben, Dinge versäumt zu haben. Immer mit dem Eindruck, ein bisschen kleiner geworden zu sein.

Am Ende seines Lebens hält er inne, bleibt stehen und dreht sich um. Und schaut zurück auf die Wege, die er gegangen ist. Von der Höhe aus, die er erreicht hatte, kann er alle Wege erkennen, die er gegangen war, alle Weggabelungen und Abzweigungen.

Da stellt er fest, dass er ständig aufwärts gegangen war. Und sieht, dass keiner der Wege vergeblich war und umsonst. Dass das Muster der

Wege, die er beschritten hatte, ihn an genau diese Stelle geführt hat, wo er jetzt steht. Dass sein Leben einen roten Faden, einen inneren Sinn, hat.

Manchmal muss man dazu auf einen Berg steigen, um das eigene Lebensmuster zu erkennen. Um sich selbst zu begegnen – im Rückblick auf das, was an Lebenswegen hinter mir liegt. Vieles ist verschlungen und undurchsichtig, solange ich unterwegs bin. Manches erscheint mir als Umweg oder als Sackgasse. Aber im Rückblick erkenne ich vielleicht auch den roten Faden, der sich durch mein Leben zieht. Den Sinn, den mancher Umweg hatte. Das Ziel, auf das alles ausgerichtet war.

Oder, um es in den Worten des Psalmbeters zusagen: Er, der Himmel und Erde gemacht hat, die Berge und die Täler, hat deinen Fuß nicht gleiten lassen, und der dich behütet schläft nicht.

Alle Lebenserfahrung läuft für ihn darin zusammen, dass Gott mitgeht auf seiner Wanderschaft über Höhen und Tiefen – auch wenn einem das nicht immer bewusst ist. Aber es gibt bestimmte Augenblicke, wo wir das doch spüren und erfahren können.

Manchmal muss man dazu einen Berg ersteigen. Um Abstand zu gewinnen und Überblick zu erlangen. Und um Gott zu begegnen. Um ihn dann mit den Worten des Beters zu bitten, er möge auch künftig unser Leben begleiten:

„Der Herr behüte dich vor allem Übel, er behüte deine Seele. Der Herr behüte deinen Ausgang und Eingang von nun an bis in Ewigkeit."

Klaus Nagorni

Der Lohn der Langsamkeit

Mexiko, immer wieder kehren unsere Gedanken zurück an den Geographie-unterricht in der Schule, und nun wird der Traum wahr – und unser Flug-zeug rollt auf der Landebahn auf dem ersehnten mexikanischen Boden aus.

Was haben wir schon darüber gehört: uralte Kulturen, riesige Tempel, Urwald, ein interessantes Volk und vieles mehr.

Von Mexikos Bergen? Nie etwas gehört. Vulkane ja, aber größere Berge?

Wir werden ja sehen. Die Kultur kann warten, die Berge sind uns wichtiger.

Ein großes Erstaunen, denn aus den Wolken tritt ein hoher und eisbe-deckter Riese hervor, der Popokatepetl.

Wir wollen unbedingt da hinauf, und ein wackeliges Fahrzeug bringt uns auf den Cortespass und auf Tlamarcas, wo uns eine fast neue, aber schon wieder etwas ramponierte Hütte aufnimmt.

Socorro Alpino de Mexico.

Da wir die Tagwache um 1 Uhr in der Nacht festgesetzt haben, ver-drücken wir uns bald in die Kojen. Die Spannung auf den morgigen Tag lässt keinen besonders guten Schlaf zu, und die Angst zu verschlafen tut ein Weiteres. Man glaubt kaum eingeschlafen zu sein, schrillt schon der Wecker.

Halb wach, halb noch schlafend und etwas schweigsam, ein kleines Frühstück, und der Aufbruch geht los. Stockdunkle Nacht – und nur un-sere Stirnlampen beleuchten einen kleinen Fleck am Boden. Schweigsam geht einer dem anderen hinterher. Der weiche Lavaboden lässt kein be-sonderes Tempo zu.

Auf einmal um 3 Uhr in der Früh stürmen 12 junge Franzosen an uns vorbei. Ihre Lichter verschwinden in der Finsternis. – Eine Frauenstimme kommt zögerlich von hinten: „Wie sollen wir denn so langsam ganz nach oben kommen?" – Meine kurze Antwort: „Die sind auch noch nicht oben". – Ich muss das Tempo noch etwas zurücknehmen, denn der Atem meiner Anvertrauten wird immer kürzer.

Langsam zieht ein wunderschöner Morgen herauf – und die Sterne verblassen.

Ich frage zurück, wie viele sie gezählt haben, als wir mit unserer Lang-samkeit Paar für Paar der jungen Menschen überholt haben.

Das Tageserwachen gab wieder neuen Mut und wir sind schon am Kraterrand.

So wird wohl die Hölle sein. Ein Fauchen und Brodeln und Schwefel-
gestank. Einen kurzen Blick in das Inferno. Dann gehts weiter auf den
eisigen Gipfel zu.

Auf einmal wird es flacher. Und dann stehen wir nach langen Stunden
Aufstieg auf unserem Popokatepetl auf 5 452 m.

Alle meine Leute sind noch relativ frisch und glücklich. Von unseren
jungen Franzosen den ganzen Tag keine Spur mehr.

Die Langsamkeit hat sich gelohnt.

Unter uns der höllische Krater, um uns wunderschöne Berge und weit
draußen ein fruchtbares Land.

Nun können wir nach weiteren Gipfeln zur Kultur zurückkehren.

Wenn ich zurückdenke an so manchen langsamen Aufstieg und die
Freude darüber, den Gipfel erreicht zu haben, dann frage ich mich: Geht
es uns nicht auch oft so im Leben, dass wir vor lauter Eile Schönheiten
übersehen, und sogar am Glauben an unseren Schöpfer vorbeihasten
und den Gipfel nicht erreichen.

Es ist wohl doch der Segen des Alters, dass man sich mehr Zeit und
Ruhe nehmen kann.

Gott sei Dank.

Manfred Koloska

*P.S.: Die Geschichte beruht auf einer wahren Begebenheit, die ein Bergführer aus
dem Stubaital erzählt hat.*

Lied: Mercy is falling

Mer - cy is fall - ing, is fall - ing, is fall -
Herr, dei - ne Gna - de, sie fällt auf mein Le -

ing, mer - cy it falls like the sweet spring rain.
ben, so wie der Re - gen im Früh - ling fällt.

Mer - cy is fall - ing, is fall -
Herr, dei - ne Gna - de, sie fließt

ing all o - ver me.
und durch - dringt mich ganz.

Hey - oh, I re - ceive Your mer - cy.
Hey - oh, du schenkst mir Gna - de.

Hey - oh I re - ceive Your grace,
Hey - oh, und Barm - her - zig - keit.

Hey - oh I will dance for - e - ver more.
Hey - oh, ich will tan - zen, Herr, vor dir.

Text und Musik: David Ruis. Deutsch: Ute Spengler.
© 1994 by Mercy/Vineyard Publishing, USA
© für D/A/CH: Gerth Medien Musikverlag e.K., Asslar

Tritt in Gottes Fußspuren – er hat deine Schuhgröße

Gottesdienst auf dem Weg

Nicht nur durch das Buch „Ich bin dann mal weg" entdecken immer mehr Menschen das Pilgern. Im kleinen oder großen Rahmen. Oder unterbrechen eine Wanderung, halten 10 Minuten inne, feiern eine Andacht. Manchmal „draußen" an einem schönen Ort, einem Berggipfel oder an einem Seeufer. Manchmal in einer Kirche. Und manchmal gibt es dann eine Abendmahls- oder Agapefeier am Schluss (oder auch unterwegs).

Für solche Situationen haben wir einzelne Bausteine gesammelt. Oft unter der Fragestellung: Wo treffen ein (historischer) Ort, eine biblische Aussage und mein Leben (auf)einander? Wo ergibt sich für mich/für eine Gruppe durch diese „Kreuzung" eine neue Perspektive, eine neue Aussicht?

Am Anfang steht eine Liedmeditation:
Dem Segen des Tages nachsinnen...

(gesungen:)
1. Als Gott mit seinem Wort die Finsternis durchbrach,
   als er dir deine Zeit und auch dein Leben gab,
   da fiel ein Hauch von Liebe in deine Seele hinein.
   Gott sprach: Nimm meinen Atem. Du wirst ein Segen sein.

Urlaub.
Lichte Zeit.
Tage, die das Leben erhellen.

Ruhetage
zwischen den Tagen täglicher Arbeit –
Tage zum Aufleben
zwischen all den Alltagen.

Tage in der Familie,
für uns.
Tage für mich.

Tage zum Einatmen.
Zum Aufatmen.
Geschenkte Zeit.

„...und als er alles vollendet hatte,
ruhte Gott am siebenten Tage von allen seinen Werken,
die er gemacht hatte."
So steht es auf der ersten Seite der Bibel.

(gesungen:)
2. *Wenn dich mitten am Tag ein klares Wort berührt*
   und auch in tiefer Nacht dich eine Hand berührt,
   die jenseits aller Lügen zeigt: Ich werd bei dir sein,
   dann wird dir das zum Zeichen: Du wirst ein Segen sein.

Mein Gott, du bist herrlich.
Licht ist dein Kleid, das du anhast.
Du breitest den Himmel aus wie einen Teppich.
Du lässt Wasser in den Tälern quellen,
dass die Tiere des Feldes trinken
und das Wild seinen Durst lösche.
Darüber sitzen die Vögel des Himmels
und singen unter den Zweigen.
Du lässt Gras wachsen für das Vieh
und Saat, dass du Brot aus der Erde hervorbringst,

dass der Wein erfreue des Menschen Herz
und sein Antlitz schön werde.
Wie sind deine Werke so groß und viel!
Du sendest deinen Atem aus,
und es entsteht Leben.
Du gibst der Erde ein neues Gesicht.

(gesungen:)
3. *Geh deinen Lebensweg gestärkt durch Wein und Brot.*
   Das gibt dir neuen Mut, geht mit dir, tut dir gut.
   Gott schenkt dir seine Gnade. Sie lässt dich nie mehr allein.
   Du lebst aus seiner Liebe. Du wirst ein Segen sein.

Den Rhythmus finden
zwischen Arbeit und Erholung,
          Anstrengung und Entspannung,
          Alltagsroutine und schöpferischer Kreativität,
          die mich erneuert.

... den Rhythmus finden
und ihn nicht wieder verlieren.

Den Rhythmus bewahren,
der mich erfrischt
und immer wieder neu aufstehen lässt.

Tage, die mich stärken.
Tage, die mein Leben [er]halten.
Urlaub.

(gesungen:)
4. *Als Gott mit seinem Wort die Finsternis durchbrach,*
   als er dir deine Zeit und auch dein Leben gab,
   da fiel ein Hauch von Liebe in deine Seele hinein.
   Gott sprach: Nimm meinen Atem. Du wirst ein Segen sein.

Lied: Ein Segen sein

(am Schluss des Tages wiederholen)

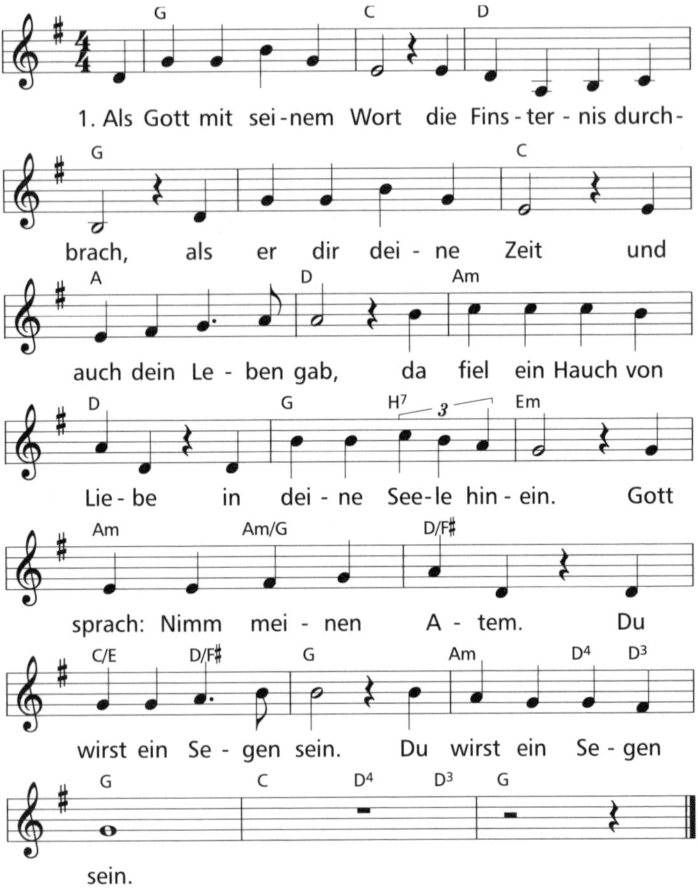
G C D
1. Als Gott mit sei-nem Wort die Fins-ter-nis durch-
G C
brach, als er dir dei-ne Zeit und
A D Am
auch dein Le-ben gab, da fiel ein Hauch von
D G H7 3 Em
Lie-be in dei-ne See-le hin-ein. Gott
Am Am/G D/F♯
sprach: Nimm mei-nen A-tem. Du
C/E D/F♯ G Am D4 D3
wirst ein Se-gen sein. Du wirst ein Se-gen
G C D4 D3 G
sein.

2. Wenn dich mitten am Tag ein klares Wort bewegt
und auch in tiefer Nacht dich eine Hand berührt,
die jenseits aller Lügen zeigt:
Ich werd bei dir sein,
dann wird dir das zum Zeichen:
Du wirst ein Segen sein. Du wirst ein Segen sein.

3. Geh deinen Lebensweg gestärkt durch Wein und Brot.
    Das gibt dir neuen Mut, geht mit dir, tut dir gut.
    Gott schenkt dir seine Gnade.
    Sie lässt dich nie mehr allein.
    Du lebst aus seiner Liebe.
    Du wirst ein Segen sein. Du wirst ein Segen sein.

Text: Albert Wieblitz. Musik: Fritz Baltruweit; aus: Liederzünden, 2007.
Alle Rechte im tvd-Verlag Düsseldorf

Natürlich kann so eine Meditation auch mit einem anderen Lied
gemacht werden,
z.B. mit „Ich singe dir mit Herz und Mund" (EG 324, V.1+2+8+13)
oder „Gott gab uns Atem" (S. 134).

Fritz Baltruweit

Unterwegs einkehren an einem historischen Ort

Auf dem Weg gehen wir in eine Kirche (oder zu einem anderen historischen Ort mit Ausstrahlung). Wie nähern wir uns ihr? Wie finden wir unseren Ort in diesem Glaubens-Bau? Gibt es einzelne Stationen in der Kirche, Bilder, die wir uns genauer anschauen wollen? Denen wir Worte aus der Bibel zuordnen und eine Verbindung zu unserem Leben herstellen können?

Das Umhergehen in der Kirche kann unterbrochen werden mit einem Kanon, der erst nur gesummt wird, dann mit Worten einstimmig, schließlich als Kanon gesungen wird. Die Wiederholung beruhigt.

Schalom-Kanon

Scha - lom, Scha - lom, Scha - lom

Melodie: Herbert Beuerle
Rechte: Verlag Singende Gemeinde, Wuppertal

Abschluss der Kirchenbesichtigung kann eine kurze zehnminütige Andacht sein, z.B. so:

Andacht
Eine Klangschale erklingt dreimal (oder eine Fingerzymbel).
Die Altar-Kerze wird angezündet.

Einleitung
Wir haben uns schon ein wenig umgesehen in dieser (wunderschönen) Kirche.
Nun lade ich Sie ein,
zehn Minuten Pause zu machen,
zur Ruhe zu kommen
und zu beten.

Stille

Wir wollen sehen, wie Worte aus der Bibel in diesem Raum klingen. „Schwarzbrot-Worte". Ich lese die Seligpreisungen aus der Bergpredigt Jesu.
(Hier kann/sollte natürlich ein Wort gelesen werden, was der Gruppe in der Kirche bereits begegnet ist.)

Musik beginnt

Seligpreisungen *unterlegt mit der Harfenmusik „Sarabande"*

Selig sind, die da geistlich arm sind;
denn ihrer ist das Himmelreich.

Selig sind, die da Leid tragen;
denn sie sollen getröstet werden.

Selig sind die Sanftmütigen;
denn sie werden das Erdreich besitzen.

Selig sind, die da hungert und dürstet
nach der Gerechtigkeit;
denn sie sollen satt werden.

Selig sind die Barmherzigen;
denn sie werden Barmherzigkeit erlangen.

Selig sind, die reinen Herzens sind;
denn sie werden Gott schauen.

Selig sind die Friedfertigen;
denn sie werden Gottes Kinder heißen.

Selig sind, die um der Gerechtigkeit willen verfolgt werden;
denn ihrer ist das Himmelreich.

Wort
(An diesem Beispieltext können Sie anknüpfen – es muss natürlich dem Ort angepasst werden:)

Ich weiß nicht, wie es Ihnen geht.
Ich komme in diese Kirche
und bewundere diese xx Jahre alten Steine.
Die Steine dieser Kirche.
Was sie alles erlebt haben...
...was für Zeiten. *(Pause)*
...was für Menschen. *(Pause)*

[Die Steine dieses (wunderschönen) ... Bauwerks
haben turbulente Zeiten hinter sich.
(Beispiele erzählen)
Doch die Kirche steht bis heute.]

Manchmal kommt es mir so vor,
als erzählt jeder einzelne Stein dieser Kirche seine Geschichte.
Es sind Geschichten des Glaubens.
Hören Sie mal genau hin –
Vielleicht haben diese Steine auch Ihnen etwas zu sagen.

Sie führen zum Nachdenken,
zur Besinnung,
zur Andacht.

Sie führen uns auf den Grund –
auch auf den Grundstein dieser Steine,
die wir hier sehen.
Denn sie sind gebaut,
um ein sichtbares Zeichen zu sein
für Gottes Gegenwart in dieser Welt.

So stehen wir in einem Raum,
wo der Himmel irdisch wird
und die Erde himmlisch.

Nehmen wir etwas mit von dem,
was wir hier erlebt und erfahren haben.

Nach dem „Wort":
Lassen Sie uns einen Augenblick still sein.
Lassen Sie die Worte in sich nachklingen –
und die Atmosphäre dieser Kirche...

Stille

Vater unser

Segen
Wenn wir jetzt weitergehen,
dann wollen wir es mit dem Segen Gottes tun:

Gott segne uns und behüte uns.
Gott sorge für uns.
Gott bewahre uns
und erfülle unser Leben mit Liebe.
Amen.

Die Klangschale erklingt dreimal (oder eine Fingerzymbel).
Die Kerze wird gelöscht.

Fritz Baltruweit

Zwischenruf: Wohin wollen Sie eigentlich?

Egal wohin, sagte der junge Mann am Last-Minute-Schalter des Flughafens. Zusammen mit seiner Freundin stand er da, bepackt mit einem überdimensionalen Rucksack, den Blick voller Abenteuerlust. Die ebenso junge Verkäuferin hinter dem Schalter blätterte die möglichen Destinationen hin wie Trümpfe eines Kartenspiels: Malediven, Ägypten, Dominikanische Republik ...

Reisezeit ist Zeit des Aufbruchs. Tapetenwechsel ist angesagt. Die Rolläden werden runter gelassen, der Terminkalender zugeklappt. Die schönsten Wochen des Jahres stehen bevor. Aber wissen wir eigentlich, wohin wir wollen? Und was uns dort, wo wir hinwollen, erwartet?

Wer nicht überlegt, was das Ziel seiner Reise ist, kann am Ende böse Überraschungen erleben.

Wie in der Geschichte vom Seepferdchen. Das nahm eines Tages seine sieben Sachen, um in der Ferne sein Glück zu suchen. Zuerst traf es einen Aal: Wenn du dein Glück suchst, sagte der, kann ich dir diese schnelle Flosse verkaufen. Damit bist du viel schneller dort.

Prima, sagte das Seepferdchen, kauft sich die Flosse und zog mit doppelter Geschwindigkeit weiter. Da traf es einen Schwamm: Wenn du dein Glück suchst, sagte der Schwamm, dann überlasse ich dir für ein paar Euro diesen Propeller mit Düsenantrieb. Damit bist du viel schneller dort.

Das Seepferdchen kratzte sein letztes Geld zusammen und sauste mit vielfacher Geschwindigkeit davon. Schließlich traf es einen Haifisch. Du hast Glück, sagte er, wenn du diese kleine Abkürzung nimmst – dabei zeigte der Haifisch auf seinen geöffneten Rachen – sparst du eine Menge Zeit.

Danke, sagte das Seepferdchen und sauste in den geöffneten Rachen des Hais, um dort verschlungen zu werden. Und die Moral von der Geschichte: Wer nicht weiß, wo er hinwill, landet dort, wo er gar nicht hinwollte.

Reisende mit Erfahrung wissen es: Wer gefährliche Umwege und Irrwege vermeiden will, legt sich beizeiten einen Reiseführer zu. Dort sind die Wege und vor allem die Ziele der Reise genau beschrieben.

In gewisser Weise ist auch die Bibel ein Reiseführer. Sie kennt die Wege, auf denen man sich verirren kann und die, die einen ans Ziel bringen.

Wer sie aufschlägt, liest gleich im ersten Buch von einer großen Reise. Abraham vernimmt Gottes Stimme: Gehe aus deinem Vaterland und von deiner Verwandtschaft und aus deines Vaters Haus in ein Land, das ich dir zeigen werde.

Wir hören von Josefs Reise nach Ägypten, vom Zug der Israeliten ins Gelobte Land, von der erzwungenen Reise der Juden ins babylonische Exil.

Auch im Neuen Testament wird immer wieder von Reisen berichtet. Jesus selbst wird uns als Wanderer geschildert. Der Apostel Paulus bereist den gesamten Mittelmeerraum, um den Menschen die gute Botschaft zu verkündigen.

Am Ende der Bibel schließlich ist vom Ziel aller Reisen die Rede: von der Stadt Gottes, wo Gott unter den Menschen wohnt. Aus dem Reiseführer „Bibel" erfahren wir: Wer mit Gott zu tun bekommt, ist nie ohne Ziel.

Dieses Ziel wird in der Bibel in vielen Bildern beschrieben. Als große Tischgemeinschaft, wo sich die Völker am Ende der Zeit friedlich versammeln. Als Reich des Friedens, wo die Schwerter zu Pflugscharen umgeschmiedet werden. Als großes Fest, bei dem sich die wiedersehen, die sich schon lange aus den Augen verloren hatten, als Stadt, in der Gott Haus an Haus mit den Menschen wohnt und alles, unter dem Menschen leiden, abgeschafft ist.

Dass der Weg schon das Ziel ist, dieser Spruch gilt nach christlichem Verständnis nur begrenzt. „Das Ende der Straße ist unsere wahre Heimat. Lasst uns nicht die Straße mehr lieben als das Land, zu dem sie führt", hatte der schottische Mönch St. Columban schon im 6. Jahrhundert geschrieben. Er hat recht: Ein Weg ohne Ziel ist nicht viel wert.

Dem jungen Mann am Last-Minute-Schalter soll es nicht gehen wie dem Seepferdchen. Die Frage: Wohin wollen Sie eigentlich? braucht eine klare Antwort. So wie jeder Weg ein Ziel braucht, damit er nicht in einem Haifischrachen endet.

Wer den Spuren Gottes in dieser Welt folgt, wird dieses Ziel früher oder später in den Blick bekommen. Dazu hilft es, über den eigenen Horizont hinaus zu schauen auf das, was Gott uns zeigt.

Klaus Nagorni

... unterwegs innehalten

an einem Fluss, einem schönen Aussichtspunkt, einer Sandbank,
einem See... Wieder einmal 10 Minuten zur Ruhe kommen...

Eine Zymbel erklingt (oder die Klangschale).

Auf unserem Weg
halten wir einen Augenblick inne.
Wir schauen uns um,
sehen, was um uns herum ist.

Stille – Musik (Mundharmonika, Flöte, Gitarre, Akkordeon...)

Wir schauen
vor unserem inneren Auge zurück.
Was haben wir heute schon gesehen?
Was haben wir erlebt?

Stille – Musik

Und wir schauen auf das,
was vor uns liegt.
Wohin wird es heute noch gehn?

Stille – Musik

Wir schauen
auf Gottes Wege,
auf die Wegzeichen,
die er uns geben will.

Stille – Musik

Gott,
wir danken dir für das,
was wir sehen,
was wir erfahren.
Sei du mit uns,
wenn wir jetzt weitergehen.
Begleite uns mit deinem Segen.
Amen.

Liedvers – oder Kanon, z.B.:
Danket, danket dem Herrn,
denn er ist sehr freundlich,
seine Güt und Wahrheit
währen ewiglich.

Eine Zymbel erklingt (oder die Klangschale).

Danket dem Herrn

Dan - ket,   dan -   ket   dem   Herrn, denn er
O   give   thanks   to   the   Lord   for the

ist sehr freund - lich,   sei - ne   Güt und   Wahr -
Lord   is   good, and the   stead-fast love of

heit   wäh - ret   e - wig - lich!
God   will en-dure for   -   ev   -   er.

Ringraziam il Signor, perché Egli è buono; e la sua grazia dura in eternità.

Text: Psalm 106,1. Musik: 18. Jahrhundert. Übers.: Dieter Kampen, Ulrich Eckert

An einem Felsen (oder in einer Ruine) halten wir wieder inne. Es ist
Fürbittzeit. Ein Lied wird gesungen. Und gebetet:

Fürbitten-Station
Eine einfache Möglichkeit für Fürbitten ohne viele Worte ist die Fürbitte
mit Klangschale.
Sie wird angeschlagen – dann folgt:

Liturg/in: Lasst uns hier an diesem (denkwürdigen Ort) beten.
             Gott, ich bete für...

Die Klangschale wird angeschlagen.
Die nächste Fürbitte folgt, wenn der Ton verklungen ist.
...immer EIN Satz – auswendig – mit EINEM Stichwort auf dem Zettel.
Fünf (vorbereitete) Stichworte sind genug.

Das Lied wird wiederholt.

Fritz Baltruweit

Unsere Wege – Zwei Wanderschuhe erzählen

(ein großer, sichtlich gebrauchter Schuh, ein kleiner neuer)

Wanderschuh 1:	Ich kann euch sagen, ich habe schon einiges mitgemacht!
Wanderschuh 2:	Hi, hi – das sieht man!
Wanderschuh 1:	Werd' nur nicht frech, mein Kleiner!
	Wart erst mal ab, was dir noch bevorsteht.
Wanderschuh 2.	Och, so schlimm wird es schon nicht werden.
	Das macht doch Spaß, über Stock und Stein zu springen, die Welt zu entdecken!
Wanderschuh 1:	Na klar.
	Aber meine Besitzerin (mein Besitzer – je nachdem, ob Damen- oder Herrenschuh) lässt keine Wanderung aus. Was wir zusammen schon an Kilometern gewandert sind! Ich habe irgendwann aufgehört mitzurechnen. Keine Strecke ist uns zu schwierig, kein Berg zu steil. Wir erklimmen auch die holprigsten Pfade zusammen.
Wanderschuh 2:	Du klingst ja richtig stolz, wenn du das so sagst.
Wanderschuh 1.	Bin ich auch. Wir haben eben schon so viel zusammen erlebt beim Wandern. Wir haben schon lange Wanderungen miteinander gemacht. Da gibt es immer viel zu sehen, schöne Blumen, herrliche Natur. Was ich schon alles entdeckt habe auf den Wegen. Glitzernde Steine, wunderschön geformte Wurzeln und Blätter, Vogeleier, schillernde Schmetterlinge, bunte Raupen, Tannenzapfen und Früchte. Richtig toll.
Wanderschuh 2:	Oh ja, das möchte ich auch noch alles entdecken. Ich möchte auch so viel erleben wie du. Mein Besitzer (meine Besitzerin) hüpft noch viel und ist fröhlich. das gefällt mir. Oft bleiben wir stehen, um etwas anzuschauen oder um Blumen zu pflücken. Wir sind aber auch schon ganz schön oft hingefallen. Manchmal stolpert meine Besitzerin (mein Besitzer) über mich, obwohl ich doch gar nicht im Weg sein will. Aber die kleinen Füße sind manchmal noch ein wenig ungeschickt.

Wanderschuh 1:	Manchmal haben wir auch schon sehr anstrengende Wege zurücklegen müssen, da ging es uns gar nicht so gut. Wir schleppten uns vorwärts bei extremen Temperaturen oder auch mitten im Regen, die Wege waren schwierig. Oder wir hatten den Weg völlig verloren und ich hatte ganz schön Angst, dass wir nicht mehr zurückfinden.
Wanderschuh 2:	Zum Glück gehen bei mir immer Größere mit, die den Weg wissen!
Wanderschuh 1:	Manchmal höre ich auch tolle Geschichten, die sich die Menschen gegenseitig erzählen. Oft ist es sehr lustig bei uns, die Menschen lachen viel. Manchmal reden sie aber auch über traurige, ernste Dinge und dann bin ich froh, dass ich ihnen helfen kann, indem ich einfach da bin und sie sicher vorwärts trage.
Wanderschuh 2:	Am liebsten mag ich es, wenn sie singen!
Wanderschuh 1:	Ich auch. Lassen wir sie doch einfach jetzt auch etwas singen. Es sind ja genug Menschen da, die singen können.
Wanderschuh 2:	Au ja!

Martina Horak-Werz

Gebet auf dem Weg

Wanderer sind wir,
zwischen Welten und zwischen Zeiten,
unterwegs zu immer neuen Zielen,
mit der Sehnsucht im Herzen,
irgendwann anzukommen.
Erhalte uns diese Sehnsucht, Gott,
die unserem Leben ein Ziel gibt.

Wanderer sind wir,
die immer wieder Abschied nehmen müssen
von Menschen und Dingen,
die lieb Gewordenes hinter sich lassen,

um aufzubrechen zu neuen Ufern,
manchmal freiwillig, oft auch unfreiwillig.
Lass uns bei allem Aufbruch und Wechsel
deine segnende und bewahrende Kraft.

Wanderer sind wir,
manchmal geborgen in vertrauten Kreisen,
oft schutzlos einer fremden Umgebung ausgeliefert.
Lass uns Menschen finden,
die es gut mit uns meinen,
die gastlich ein Stück ihrer Zeit,
ihres Wissens,
ihrer Erfahrung mit uns teilen.

Wanderer sind wir,
unterwegs mit so vielen,
die auf anderen Wegen
zu anderen Zielen unterwegs sind.
Erhalte uns die Achtung voreinander,
den Respekt vor dem Fremden,
die Neugier, uns auf etwas Neues einzulassen,
die Freiheit, Urteile und Vorurteile zu korrigieren.

Wanderer sind wir,
deines Schutzes, Gott, bedürftig.
Bewahre uns auf unseren Wegen,
schenke uns Menschen als Begleiter,
die uns hilfreich sind,
und, wo es nötig ist, auch deinen Engel.
Lass uns nicht aus den Augen verlieren,
dass wir auf dem Weg sind zu einem guten Ziel.

Klaus Nagorni

Am Ende des Weges: Abendmahl feiern – oder Agape

Lied: Ein Segen sein
*(Das Lied vom Anfang des Tages wird noch einmal aufgenommen –
siehe S. 190)*

Am Schluss unseres Weges feiern wir zusammen Abendmahl.
Stärkung nach langem Weg.
Es wird uns neu beleben – mit Gottes Liebe.
Es wird uns neue Kraft geben – die Kraft des Geistes Jesu Christi.
Deshalb sage ich euch:

Liturg/in: Gott sei mit euch.
Alle: Gott bewahre auch dich.
Liturg/in: Öffnet eure Herzen.
Alle: Wir haben unser Herz bei Gott.
Liturg/in: Du Gott des Lebens,
            wir danken dir,
            dass wir dich erleben dürfen
            als Freund, als Freundin, die uns liebt,
            und etwas mit uns vorhat.
            Jesus Christus,
            wir wollen dich empfangen.
            Du kommst zu uns in Brot und Wein
            und gehst in uns ein.
            Dafür danken wir dir von ganzem Herzen.
            Du Geist der Liebe,
            begegne uns,
            wenn wir Brot und Wein miteinander teilen.
Alle: Komm, Heiliger Geist.
Liturg/in: Unser Herr Jesus Christus,
            in der Nacht, bevor er starb,
            nahm er das Brot, dankte und brachs,
            gabs den Seinen und sprach:
            Nehmt und esst.
            Das ist mein Leib, der für euch gegeben wird.
            Denkt an mich.
Alle: Jesus, wir denken an dich:
            Geteiltes Brot – geteiltes Leiden.
            Sei bei uns.

Liturg/in: Dann nahm er den Kelch,
dankte, gab ihnen den und sprach:
Nehmt und trinkt alle daraus.
Dieser Kelch ist der neue Bund in meinem Blut,
das für euch vergossen wird
zur Vergebung der Sünden.
Denkt an mich.

Alle: Jesus, wir denken an dich:
geteilter Wein – geteiltes Leben.
Sei bei uns.

Liturg/in: Sei bei uns, Jesus,
wenn wir beieinander sind
wie in deiner letzten Nacht.
Sei bei uns,
wenn wir jetzt gemeinsam beten,
wie du es getan hast:

Alle: Vater unser im Himmel...

Brot und Wein werden im Kreis herumgegeben.

Anschließend:

Liturg/in: Als Gemeinschaft am Tisch Gottes reichen wir einander die Hand.
Gott, wir danken dir:
In der Gemeinschaft mit dir heben wir unsere Gesichter –
geachtet und geschätzt.
Deine Kraft sei mit uns,
wenn wir von diesem wunderschönen Tag,
von diesem gastlichen Ort aufbrechen.
Lass den Geschmack für deine Welt mit uns gehen.
Amen.

Alternative: Agapefeier

Lied: Ein Segen sein
(Das Lied vom Anfang des Tages wird noch einmal aufgenommen – siehe S. 190)

Am Schluss unseres Weges essen wir zusammen.
Stärkung nach langem Weg.

Das wird uns neu beleben – mit Gottes Liebe.
Es wird uns neue Kraft geben – die Kraft des Geistes Jesu Christi.
Wir wollen deshalb Brot und Trauben (oder: Fisch?) miteinander teilen.
Wenn Jesus bei dem Mahl dabei ist,
wenn er der Gastgeber ist,
dann spüren wir – wenn wir Brot und ... miteinander teilen,
auf wundersame Weise Gottes Welt.
Hören wir Worte eine Ostergeschichte besonderer Art
aus dem Johannes-Evangelium, Kapitel 20:

Die Jünger Jesu sind am See Genezareth.
Da spricht Simon Petrus zu den anderen: Ich will fischen gehen.
Sie sprechen zu ihm: Wir wollen mit dir gehen.
Sie gehen hinaus und steigen in das Boot.
Aber in dieser Nacht fangen sie nichts.
Als es Morgen wird, steht Jesus am Ufer,
aber die Jünger wissen nicht, dass es Jesus ist.
Spricht Jesus zu ihnen: Kinder, habt ihr nichts zu essen?
Sie antworten ihm: Nein.
Er aber spricht zu ihnen:
Werft das Netz aus zur Rechten des Bootes, so werdet ihr finden.
Und sie werfen es aus und können's nicht mehr ziehen wegen der
Menge der Fische.
Da spricht der Jünger, den Jesus liebhatte, zu Petrus: Es ist der Herr!
Als Simon Petrus hört, dass es der Herr ist, gürtet er sich das
Obergewand um, denn er ist nackt, und wirft sich ins Wasser.
Die andern Jünger aber kommen mit dem Boot, denn sie sind
nicht fern vom Land, nur etwa zweihundert Ellen,
und ziehen das Netz mit den Fischen.
Als sie nun an Land aussteigen, sehen sie ein Kohlenfeuer
und Fische darauf und Brot.
Spricht Jesus zu ihnen: Bringt von den Fischen, die ihr jetzt gefangen
habt!
Simon Petrus zieht das Netz an Land, voll großer Fische, hundert-
dreiundfünfzig.
Und obwohl es so viele sind, zerreißt das Netz nicht.
Spricht Jesus zu ihnen: Kommt und haltet das Mahl!
Niemand aber unter den Jüngern wagt, ihn zu fragen: Wer bist du?

Denn sie wissen: Es ist der Herr.
Da kommt Jesus
und nimmt das Brot
und gibt's ihnen,
desgleichen auch die Fische.

Kanon: Danket, danket dem Herrn,
denn er ist sehr freundlich...

Gebet
Liturg/in: Gott, wir danken dir für deine guten Gaben,
die du uns schenkst.
Von ihnen leben wir.
Du unser Gastgeber,
verbinde uns durch deinen Geist.
Sei du mit uns,
wenn wir jetzt Brot und Weintrauben (...) miteinander teilen.

So sprechen wir miteinander das Tischgebet:
Alle: Vater unser im Himmel...

Austeilung
Anschließend:
Liturg/in: Als Gemeinschaft am Tisch Gottes reichen wir einander die
Hand.
Gott, wir danken dir:
In der Gemeinschaft mit dir heben wir unsere Gesichter –
geachtet und geschätzt.
Deine Kraft sei mit uns,
wenn wir von diesem wunderschönen Tag,
von diesem gastlichen Ort aufbrechen.
Lass den Geschmack für deine Welt mit uns gehen. Amen.

Kanon: Danket, danket dem Herrn,

*Nach der Abendmahlsfeier/Agapefeier werden die, die den Tag mitein-
ander geteilt haben, mit dem Segen auf den Rückweg geschickt:*

Segen
Klangschale

   „Tritt in Gottes Fußspuren –
   Er hat deine Schuhgröße..."
   Das war für mich wie ein Motto heute.

   Ich denke, etwas davon haben wir alle gespürt.
   Und nun geht es zurück nach Hause.

   Wir schauen
   vor unserem inneren Auge zurück.
   Was haben wir heute schon gesehen,
   was haben wir erlebt?

Stille

   Wir schauen
   auf Gottes Wege,
   auf die Wegzeichen,
   die er uns geben will.

Stille

   Gott,
   wir danken dir für das,
   was wir gesehen,
   was wir erfahren haben.

   Sei du mit uns,
   wenn wir jetzt nach Hause gehen/fahren.
   Begleite uns mit deinem Segen.
   Du wirst uns weitertragen –
   weit über den Tag heute hinaus...

Segen (siehe S. 28 bzw. 212)

Lied: Möge die Straße uns zusammenführen

1. Mö - ge die Stra - ße uns zu-sam-men - füh - ren
und der Wind in dei - nem Rü - cken sein.
Sanft fal - le Re - gen auf dei - ne Fel - der und
warm auf dein Ge-sicht der Son-nen-schein.
Und bis wir uns wie - der - se - hen,
hal - te Gott dich fest in sei - ner Hand.
Und bis wir uns wie - der - se - hen,
halt - te Gott dich fest in sei - ner Hand.

2.   Führe die Straße, die du gehst,
immer nur zu seinem Ziel bergab;
hab' wenn es kühl wird, warme Gedanken
und den vollen Mond in dunkler Nacht.
Und bis wir uns wiedersehen,
halte Gott dich fest in seiner Hand.

3. Hab' unterm Kopf ein weiches Kissen,
    habe Kleidung und das täglich Brot;
    sei über vierzig Jahre im Himmel,
    bevor der Teufel merkt: Du bist schon tot.
    Und bis wir uns wiedersehen,
    halte Gott dich fest in seiner Hand.

4. Bis wir uns mal wiedersehen,
    hoffe ich, dass Gott dich nicht verlässt;
    er halte dich in seinen Händen,
    doch drücke seine Faust dich nie zu fest.
    Und bis wir uns wiedersehen,
    halte Gott dich fest in seiner Hand.

VS 1808 287 / Möge die Straße (Irische Segenswünsche)
M: Pytlik Markus. T: Pytlik Markus
© Strube Verlag München – Berlin

Fritz Baltruweit

Wandersegen

Der Herr segne und behüte alle,
die Ihr unterwegs seid.
Er zeige euch sein Angesicht in den wunderschönen Ausblicken
und er erbarme sich.
Er wende euch sein Antlitz zu
und schenke euch seinen Frieden.

Es segne euch der Herr, mit diesem Tag:
am Morgen und am Mittag, am Abend
und zur Nacht.
Am Morgen schenke er euch klare Augen
und einen wachen Verstand,
eine Begegnung mit einem guten Menschen,
und einen guten Aufstieg in die Berge.
Am Mittag schenke er euch
eine gute Mahlzeit, etwas Stille
und einen guten Abstieg.
Am Abend schenke er euch Entspannung,
sowie einen guten Tropfen.

Und zur Nacht einen guten und tiefen Schlaf,
inneren Frieden und schöne Träume.
So sei er allzeit um euch herum
und umfange euch mit seiner Liebe.

Er schenke euch frohen Mut und Kraft,
das Unabänderliche mit Gelassenheit zu tragen.
Er bewahre euch vor allem Unheil
und schenke euch Tag für Tag,
Jahr für Jahr seinen Frieden.
Mit solchem Segen beladen,
werdet selbst ein „Segen" für die Welt.
Amen.

Ich wünsche dir den Segen der Stille,
der dich vor dem Lärm des Tages schützt,
und dich vor der Hast deiner Termine bewahrt,
so dass du Zeit findest wie diesen Tag.
Ich wünsche dir den Segen der Stille,
damit du deine Gedanken sammeln kannst
auf den herrlichen Pfaden dieser Insel.

Ich wünsche dir den Segen der Stille,
damit du deinen Atem spürst,
und im Schweigen auf dich hören kannst.
Ich wünsche dir den Segen der Stille,
der dich auf die Stimme deines Schöpfers achten lässt,
wenn du diese herrlichen Ausblicke genießt.

Ich wünsche dir den Segen der Stille,
aus dem du mit Gewinn leben kannst,
er schenke dir Ruhe und Gelassenheit,
er mache dich stark mit Ausdauer und Beständigkeit
auf diesen und all deinen Lebenswegen.

Ich wünsche dir den Segen der Stille,
der dich fähig macht,
auch andere zur Stille zu führen.

So mache dich dieser Segen an diesem Ort
zum Segen für Andere.
Amen.

Mögest du immer
Luft zum Atmen,
Feuer zum Wärmen,
Wasser zum Trinken,
Erde zum Leben haben
und einen Menschen zum Lieben.

Möge Gottes Herrlichkeit
aus deinem Herzen strahlen
und sein Frieden
durch jeden Tag hindurchscheinen,
bis seine Welt deine Welt ist.

Möge dann und wann
deine Seele aufleuchten
im Festkleid der Freude.
Möge dann und wann
deine Last leicht werden
und dein Schritt beschwingt wie im Tanz.

Möge dann und wann
ein Lied aufsteigen
vom Grunde deines Herzens,
das Leben zu grüßen
wie die Amsel den Morgen.

Möge dann und wann
der Himmel die Erde berühren.
So wie heute,
an diesem herrlichen Tag.
Amen.

Walter Baßler, Gran Canaria

Reisesegen

(aus dem 17. Jahrhundert)

Sende uns deine Engel, Gott,
dass sie uns geleiten auf
unseren Wegen
und uns gesund, sicher und froh
wieder nach Hause führen.

(englisch)
Send your angels, O God,
to guide us on our way
so we return to our homes
in health, in safety and in joy.

(französisch)
Envoie tes anges, Seigneur,
pour nous guider sur notre che-
min
pour que nous revenions chez
nous en bonne santé,
en sécurité, et dans la joie.

(spanisch)
Envía tus ángeles, oh Dios,
para guiarnos en nuestro camino,
de modo que regresemos a
nuestro hogar en salud,
seguridad y gozo.

(italienisch)
Mandaci i tuoi angeli, Signore
per guidarci lungo il nostro
cammino e per riportarci a casa
sani, salvi e gioiosi.

(dänisch)
Send os dine engle, o Gud,
Så de kan lede os på vore veje
Og bringe os sunde, sikre og
glade hjem igen.

(tschechisch)
Pošli nám Bože své anděly,
aby nás na cěste doprovázeli.
A my ve zdraví, bezpečně a s radostí,
domů dorazili.

Spiritueller Abendspaziergang – Minipilgerweg

Ein gemeinsamer Abendspaziergang durch den Ortsteil Duhnen mit einem thematischen Schwerpunkt und verschiedenen Stationen, an denen gesungen, gebetet, geschwiegen wird oder Texte vorgetragen werden.
Treffpunkt ist die Kapelle am Dohrmannplatz. Dort gibt es eine Begrüßung und eine kurze Einführung über den Verlauf der Veranstaltung, über Reden und Schweigen und über die Bedeutung eines gemeinsamen Weges mit allen Sinnen. Soweit es möglich ist, erhalten die Pilgernden eine „Kleine Jakobsmuschel". Das ist eine typische Herzmuschel der Nordsee am Band für ihren Weg und als Erinnerung (ist sehr aufwendig, da es sehr schwierig ist, durch diese kleinen Muscheln ein Loch zu bohren).

Themen in Auswahl:
– Gönn dir Stille
– Impulse am Weg aufnehmen
– Schritte, die gut tun
– Geschenkte Zeit, Geschenkter Tag
– Aufbruch ins Neuland

Nach einer Eröffnung und einem Segensgebet für den Weg macht sich die Gruppe auf den Weg. Da die Wegabschnitte sehr unterschiedlich sind, wird die inhaltliche Gestaltung darauf abgestimmt. Auf dem ersten Abschnitt ist es laut und unruhig durch viele andere Spaziergänger, die diese Gruppe argwöhnisch beobachten. Aus diesem Grunde nutzt die Gruppe diesen Abschnitt in erster Linie zum Kennenlernen. Ein „Ruhigerwerden" ist erst möglich auf einem kleinen Weg, der zu einer freistehenden Eiche führt, wo sich eine Meditation über Leben, Wachsen und Reifen geradezu anbietet, unterstützt von einem Lied.
Die anschließende Wegstrecke ist ein bisschen hügelig, so dass die Frage von „Auf und ab im Leben und im Glauben" dort aufgenommen werden kann. Das folgende dunkle Waldstück lädt ein zum Schweigen und die damit verbundene Gabelung des Weges weist auf die Entscheidungen, die wir treffen, und die Möglichkeiten, die sich uns bieten, hin. Dort wird wieder gesungen. Nach dem dunklen Waldstück kommen wir direkt ans Meer und damit in die Weite. Je nach Wasserstand (Ebbe oder Flut) gibt es eine entsprechende Meditation über den Rhythmus des Lebens, die Zeit und das Meer und den weiten Horizont. Barfuß im Sand

geht es dann weiter am Strand zu einer zweiten Strand/Meerstation mit der Möglichkeit zu gemeinsamen Fürbitten, Warten auf den Sonnenuntergang und Segensliedern, die die Pilger von sich aus wünschen. Ruhe, Kraft und Gemeinschaft bestimmt diese letzte Station. Wir gehen zurück zum Ausgangspunkt – Kapelle – und beschließen den Weg, indem wir uns im Kreis aufstellen, einander die Hände reichen, das Vaterunser beten und Gott um seinen Segen bitten für den weiteren Weg. Die Teilnehmenden erhalten ein Segensbändchen. Gern wird im Anschluss noch die Gelegenheit wahrgenommen, gemeinsam ein Eis zu essen, etwas zu trinken und auf jeden Fall noch im Gespräch zu bleiben.

Begrüßung
Willkommen zum spirituellen Abendspaziergang, kurze Vorstellung, Informationen über den Ablauf

Eröffnung
Nun geht der Tag zu Ende,
schon schweigen die vier Wände,
zum Schatten wird der Baum.
Lass in die Nacht uns münden
und Herz zum Herzen finden.
Auf blassen Segeln schwimmt ein Traum.

Nun geht der Tag zu Ende...
Am Abend kommen wir zur Ruhe.
Wir danken für diesen Tag.

...schon schweigen die vier Wände ...
ein Spaziergang mit allen Sinnen.
Wir horchen, was Gott uns sagen will.

... zum Schatten wird der Baum.
Der Tag war bunt und voller Eindrücke.
Am Abend sammeln wir die Bilder.

Lass in die Nacht uns münden
Und Herz zum Herzen finden...
Hier sind Menschen, die wir noch nicht kennen.
Sie suchen unsere Herzen, wir suchen ihre Herzen.

... auf blassen Segeln schwimmt ein Traum.
Manchmal träumen wir, dass das Leben anders sein könnte als es ist.
Gott wünscht uns ein segensreiches Leben.

Gebet

Guter Gott,
du hast uns auf eine große Reise geschickt,
auf die Reise unseres Lebens.
Wir bitten dich:
Bleib uns zur Seite auf unserem Weg,
ein Weg, der über Höhen führt,
aber auch durch manches dunkle Tal.
Lass uns gemeinsam gehen
mit dem Ziel zu dir.
Amen.

Gott segne uns die Erde,
auf der wir jetzt stehen.
Gott segne uns den Weg,
den wir jetzt gehen.
Gott segne uns das Ziel,
für das wir jetzt leben.

Die Teilnehmenden erhalten eine Herzmuschel als Pilgermuschel.
Wir machen uns auf den Weg zur ersten Station auf einer belebten Straße
und nutzen die Gelegenheit zum Kennenlernen.

1. Station: BAUM

Wie ein schöner Baum bist du,
wenn du dich nicht zu denen hältst,
die über Gott lästern,
sondern darüber nachdenkst,
was dir und anderen helfen kann,
dann bist du wie ein schöner Baum,
der nah am Wasser wächst mit tiefen Wurzeln verankert
und herrlich grünt und blüht
und viele Früchte trägt.   *(nach Psalm 1)*

Gott, wie ein Baum
sei vor dir mein Leben.
Gib mir Wurzeln,
die tief in die Erde reichen.
Gib mir Kraft,
zum festen Stamm zu wachsen,
dass ich aufrecht stehe,
auch wenn Stürme toben.
Gib mir Zukunft,
dass meine Blätter grünen nach dem Winter
und ich reiche Früchte tragen kann.
Gott, wie ein Baum
So sei vor dir mein Leben.

Meditation über den Baum als Symbol des Lebens, Liedstrophe.
Weiter geht es zu einem Waldstück, weicher Untergrund, ein bisschen
bergauf und bergab. In der Mitte dieses Abschnitts machen wir Halt.

2. Station: WEG – bergauf und bergab

Wir fragen: „Welchen Weg sollen wir gehen?"
und Jesus antwortet uns: „Ich bin der Weg, denn ich bin die Wahrheit
und das Leben.
Einen anderen Weg zu Gott, dem Vater, gibt es nicht". (Joh. 14,6)

Entschleunigung

Gott, mach mich sensibel für den Weg, den ich beschreite.
Lass mich langsamer gehen, Gott,
damit ich wahrnehme, was um mich herum passiert.
Lass meine hastigen Schritte ruhiger werden, Gott,
damit ich den Blick richten kann nach rechts und links, nach oben
und unten.
Löse meine Anspannung und gib mir Ruhe, Gott,
damit ich die Wunder deiner Schöpfung als Geschenk wahrnehme.
Lass mich achtsam bergauf und bergab gehen, Gott,
damit ich meine Bilder von den Höhen und Tiefen meines Lebens
zulasse.
Gib mir den Wunsch, deinen Weg zu gehen, Gott,
den Weg der Wahrheit, der Liebe und des Lebens.

Gott, sprich mich an
und zeige mir deinen Weg.

Wahrnehmung der Geräusche (Blätter rascheln), des Bodens, der Tiere
(Fledermäuse), der Gerüche. Austausch über den je eigenen Lebensweg.
Schweigend weiter durch den dichter werdenden Wald bis zu einer Weg-
gabelung, Lied.

3. Station: WEG-Gabelung

Das Leben fordert uns heraus. Immer wieder werden wir vor Entschei-
dungen gestellt.
Wie sollen wir uns entscheiden?
So weitermachen wie bisher oder einen Aufbruch wagen?
Immer wieder ist unser Glaube, unser Vertrauen gefragt.
Gott ermutigt uns durch die Worte Josuas: „Sei mutig und entschlossen!
Lass dich durch nichts erschrecken und verliere nie den Mut;
denn ich, der Herr, dein Gott, bin bei dir, wohin du auch gehst." (Jos.1,9)

Heute ist der erste Tag vom Rest deines Lebens.
Mache dich auf, suche dein Ziel.
Wegweiser geben dir Orientierung.
Entscheide dich,
entscheide dich für den Weg der Liebe und der Güte.
Nicht der angenehmere Weg ist immer der richtige.
Du kannst alte Wege verlassen.
Du kannst Grenzen überschreiten.
Du kannst umkehren.
Gott geht mit dir, wohin du auch gehst.

Entscheidung für den einen oder anderen Weg, welche Wege gehen wir?
Welche Entscheidungen sind wichtig, schwierig? Welche im Nachhinein
gut? Durchatmen, wenn das Meer in Sicht kommt, Weite, Freiheit, Horizont.

4. Station: MEER

Der Blick auf das Meer eröffnet uns den Blick in die Weite.
Am Horizont berühren sich Himmel und Erde.
Dieser Anblick vermittelt uns Freiheit und Geborgenheit zugleich,
so wie der Beter eines alten Psalms es vor langer Zeit ausgedrückt hat:
„Gott, du stellst meine Füße auf weiten Raum." (Ps 31,9)

Wir beschreiben einander, was wir am Strand, am Wasser, am Horizont wahrnehmen und was uns besonders wichtig ist. Wer mag, geht barfuß durch den Sand. Wir sprechen über die Kraft und Gewalt /Gefahr von Wasser.

Ein Blick für das Wesentliche

Gott, du Schöpfer allen Lebens,
du hast das Meer geschaffen mit all seiner Kraft und Faszination.
Du herrschst über Land und Meer.
Dabei hast du diese Welt so faszinierend geordnet.
Im Rhythmus von Ebbe und Flut nimmst du alles Schwere
von uns weg und machst unser Leben neu.
Wenn die Sonne im Meer versinkt,
stehen wir nur still da und staunen über dieses Wunder.
Du rührst unser Herz an und stillst unsere Sehnsucht.
Danke Gott für dieses Erlebnis.
Danke Gott für deine Güte durch alle Zeiten.

Je nach Wunsch der Teilnehmenden machen wir die letzte Wegstrecke am Strand durch den Sand oder auf dem befestigten Fußweg, Schweigen. Die letzte Station beginnt mit Gesang, oftmals besondere Liedwünsche.

5. Station: MEER – Strand

Die bekannte Geschichte von den Spuren im Sand ist Ausgangspunkt, über unsere Spuren nachzudenken, die wir hinterlassen haben.

Wo haben wir Gottes Spuren entdeckt?

Auch wenn wir es manchmal nicht erkennen können, Gottes Liebe lässt uns nicht im Stich.

Er begleitet uns, wie er es schon bei der Taufe versprochen hat. Jesus Christus verspricht: „Ich bin bei euch allezeit, darauf dürft ihr vertrauen." (Mt 25)

Trotzdem

Gott, du bist unsere Hoffnung.
Auch wenn uns Zweifel im Leben kommen,
dürfen wir uns an dich halten.
Du bist der Garant für eine Wendung zum Guten.

Wir legen unser Leben, unsere Freude, unsere Fragen in deine allmächtige Hand.
Unsere Hoffnung sei so stark wie der Glaube eines Schiffbrüchigen,
der sich mitten im Meer über Wasser hält, obwohl kein Land in Sicht ist.
Gott, du bist die Weite aller Möglichkeiten.
Öffne unseren Blick für das Unvorhergesehene,
gib uns Mut zum Träumen
und stärke unseren Glauben.

Der Weg zurück zum Ausgangspunkt ist wieder sehr belebt. Vor der Kapelle verabschieden wir uns in einem Kreis, indem wir einander die Hände reichen und beten:

Die Nacht bricht herein, treuer Gott.
Wir danken dir für die geschenkte Zeit zur Erholung.
Wir danken dir für alle Begegnungen mit den Menschen um uns herum.
Wir danken dir für alle lieben Freunde, die Familie,
die Menschen in der Nähe und Ferne.
Wir danken dir auch für alle Menschen,
die heute für uns gearbeitet haben.
Wir bitten dich für unser Miteinander:
Lass uns Wege zueinander finden.
Schenke uns eine erholsame Nachtruhe und fröhliches Erwachen.
Und schenke uns den Frieden,
den nur du uns geben kannst.
Vater unser...

Segen
Es segne und behüte euch Gott,
der Allmächtige und Barmherzige,
der Vater, Sohn und Heilige Geist.
Amen.

Zum Abschied erhalten alle ein Segensbändchen für den Arm.

Hella Mahler

Ein Beispiel dafür, wie eine Gemeinde mit dem „Pilgern vor Ort" umgehen kann:

Das Leitbild

für das Pilgerprojekt "ich gehe mit"
der Ev.-luth. KG Neuhaus/Fohlenplacken & Silberborn

ich gehe mit
gemeinsam
pilgerprojekt
der ev-luth kirchengemeinden
neuhaus/fohlenplacken und silberborn

DIE LEITSÄTZE

Gott begegnen
- Spuren des Schöpfers erleben
- Jesus näher kennen lernen
- den Gemeinschaft stiftenden Geist Gottes erleben

öffne dein Herz, um zu empfangen

natürlich feiern
- Gottesdienst in der Natur erleben
- mit allen Sinnen
- sich auf die Stille einlassen

einatmen - aufatmen - durchatmen

miteinander gestalten
- Viele packen mit an
- miterleben, wie etwas entsteht
- es gemeinsam wachsen lassen

ich bin dabei

Gemeinschaft erleben
- jung und alt.....fröhlich und traurig
- unterschiedlichen Glaubens
- gemeinsam auf dem Weg

wir gehen mit

DAS LEITMOTIV

Weiter Himmel,
weites Land,
weite Herzen,
Gott sei Dank!

Suchende einladen
- jeder ist willkommen
- den Glauben entdecken
- das Wesentliche erfahren

Sinn - suchen - Sehnsucht

Orientierung finden
- Abstand vom Alltag gewinnen
- Antwort finden auf eigene Lebensfragen
- zu neuen Erfahrungen aufbrechen

finde dein Ziel

DAS RESUMÉE

Mach es
wie Gott:
Gönn Dir
einen Tag
Pause!

Über Gott staunen
- denn ER ist da
- und ER ist bei mir
- nur ER kennt mich

die Welt als Wunder erleben

Jeder kann pilgern
- mit Behinderungen
- auf kurzen Wegstrecken
- ohne (mit-)beten zu müssen

gehen und doch getragen werden

Gemeinde leben
- auf anderen Wegen
- sich begeistern lassen
- Hoffnung gewinnen

damit Kirche lebendig wird

ich gehe mit
Pilgerprojekt der Ev.-luth.
Kirchengemeinden
Neuhaus/Fohlenplacken & Silberborn
Eichenallee 1
37603 Neuhaus / Solling
Projektleitung: Pn Sabine Kovacevic
Projektassistenz: Heike Beckmann
Tel.: 05536-225
E-Mail: info@ich-gehe-mit.de
Internet: www.ich-gehe-mit.de

für immer und ewig
- Gott hat etwas vor mit Dir
- Du bist ein Teil in seinem großen Plan
- das Land ist hell und weit

ein Geschenk Gottes

Wasser ist Leben
Weggottesdienst

Beginn in der Kapelle

Lied: Ins Wasser fällt ein Stein...

Wir erinnern uns, was Wasser bedeutet.
Sobald Kinder in meinen Garten kommen, fasziniert sie der Bachlauf.
Vielleicht haben auch Sie einmal am Ufer gestanden und einen Stein ins
Wasser geworfen, dabei gezählt, wie oft er hochhüpft.
Noch beeindruckender waren die jeweils entstandenen Bewegungen
im Wasser.

Überlegen Sie unterwegs,
welche Bewegungen des Wassers Sie wahrgenommen haben
und welche Bilder sich bei Ihnen festgemacht haben.

Am Wasser

Mich interessierte im Gebirge immer: Woher kommt das Wasser.
Manchmal stiegen wir bis an den Rand des Gletschers.
Einen Stein habe ich mitgebracht, fast rund geworden, geschliffen
und in Bewegung gesetzt vom Wasser.
Wie viel Energie hat das Wasser? Welche Kraft?
Es ist Lebenselement, aber auch Bedrohung.

Votum
Psalm 104,10-17 *(gemeinsam)*

Lied: Wasser, Wasser hell und klar, Leben, Leben stellst du da....

Gedanken und Bilder,
die uns während der Wanderung begleitet haben.

Ein Bild über die Bedeutung des Wassers hat sich bei mir festgesetzt.
Es entstand beim Nachdenken über einen Taufspruch.
Die Eltern wünschten sich 1. Mose 26:
„Fürchte dich nicht, ich bin mit dir; ich will dich segnen."
Dabei las ich: *(erzählen)*

Isaaks Knechte graben. Sie finden Wasser. Es kommt zum Streit. Er nennt den Brunnen „Zank". Mir erscheint es als Wort, das noch keinen konkreten mitmenschlichen Bezug hat.

Es ist wie eine Feststellung „Zank".

Sie graben einen neuen Brunnen. Dieser wird „Streit" genannt.

Nun sind Personen beteiligt, es ist nicht mehr abstrakt, es ist erfüllt von Erfahrung.

Die Knechte graben einen dritten Brunnen. Dieser erhält den Namen „weiten Raum".

Sie haben es gelernt, miteinander an einem Brunnen zu leben.

Da segnet Gott Abraham.

„Fürchte dich nicht, ich bin mit dir; ich will dich segnen."

Wasser kann verbinden.
Es verbindet Menschen an den Ufern miteinander.
Es verbindet die Menschen mit ihren Wahrnehmungen.
Wasser reinigt.
Wasser verändert.
Es macht deutlich wir leben alle von derselben Quelle: Wasser.

Lied: „Ich möchte, dass einer mit mir geht..."

Wasser der Taufe.
Ich bin benetzt mit Wasser. Ich bin eingebunden in einen Lebensstrom...
(Jeder erhält eine Kerze, Erinnerung an die Taufkerze)

Wir stehen mit der brennenden Kerze im Kreis und sprechen miteinander das Glaubensbekenntnis.

Friedensgruß.
Wir geben uns ein Zeichen des Friedens.

Fürbitten

Vater unser

Segen

Segenslied

Dieter Filsinger

Die Jahreszeiten im Urlaub besonders erleben

Frühling

Es fühlt sich gut an, großer Gott,
wenn das Leben in mir erwacht.
Wenn ich mich jung fühle und frisch,
wie der Tau an einem Frühlingsmorgen.
Ich wünsche mir für mich und meine Mitchristen
ein geistliches Erwachen,
einen spirituellen Frühling,
du Quelle der Kraft und des Lichts.
Brich an in uns, was du versprochen hast.

Jochen Arnold

Sommer

Herr,
es gibt Leute, die behaupten:
Der Sommer käme nicht von dir –
und begründen mit allerlei und vielerlei Tamtam
und Wissenschaft und Hokuspokus,
dass keine Jahreszeit von dir geschaffen –
und dass ein Kindskopf jeder,
der es glaubt...,
und dass dich noch keiner bewiesen hätte
und dass du nur ein Hirngespinst seist.

Ich aber hör nicht drauf
und hülle mich in deine Wärme
und saug mich voll mit Sonne
und lass die klugen Rechner um die Wette laufen.
Ich trink den Sommer wie den Wein.
Die Tage kommen groß daher –
und abends kann man unter deinem Himmel sitzen
und sich freuen,
dass wir sind
und unter deinen Augen
leben.

Hanns Dieter Hüsch, Juni-Psalm

aus: Hanns Dieter Hüsch/Uwe Seidel; Ich stehe unter Gottes Schutz,
Seite 62, 2009/11
© *tvd-Verlag Düsseldorf, 1996*

Herbst

Warmes Licht –
und erdene Farben.
Goldener Herbst.

Jahreszeit –
Lebenszeit.

Eine gute Zeit.

Danke, Gott.

Fritz Baltruweit

Winter

Der Winter fällt mir schwer, Gott.
Es ist dunkel und kalt.
Ich friere so leicht.

Danke für meine Wolldecke.
Ich will mich einhüllen
und es mir gemütlich machen.

Ich möchte mich an dich erinnern, Gott,
wie du mich birgst
und wärmst.
Amen.

Christine Tergau-Harms

Euch ist heute der Heiland geboren. Bitte weitersagen!
Heiligabend

Der Gottesdienst in Marbella mit gut 200 Erwachsenen und etwa 50 Kindern findet um 17 Uhr statt. Es ist 25 Grad, Sonnenschein, heitere Stimmung, 80 Prozent der Besucher kommen wie zum Opernball. Mit einigen anwesenden Kindern und Jugendlichen wird ein Anspiel improvisiert, in das die Gemeinde mit einbezogen wird. Jeder sagt dem Nächsten die Weihnachtsbotschaft weiter: „Bitte weitersagen: Euch ist heute der Heiland geboren."

Liebe Gemeinde!
Euch ist heute der Heiland geboren.
So haben wir es uns gerade gegenseitig sagen lassen und gesagt.
Ist das denn so? Ist ER uns geboren? Kann ich Ihn finden? Ist ER für mich da?

Wenn Josef, der Mann von Maria, 50 Jahre nach Weihnachten gefragt worden wäre:
Josef, wie war eigentlich damals Weihnachten für dich?
Dann könnte er gesagt haben: Ja, wie soll denn das schon gewesen sein. Alles normal. –
Ja, aber der Heiland der Welt, bei dir im Stall. –
Ach, nein, das war die pure Not mit dem Stall. Wir mussten da rein. Schön war das gar nicht.
Echt, es war ganz alltäglich, wie so ein Stall eben ist. –
Aber die Luft war doch sicherlich erfüllt. –
O ja, wie es eben in einem Stall so stinkt. Kennt doch jeder. –
Und nichts Besonderes fällt dir da ein? –
Doch, doch. Die Tiere. Alle standen sie da rum. Ein Wunder, dass wir da überhaupt einen Platz hatten. Sonst war alles wie sonst.
So normal war Gottes Erscheinung und Offenbarung Seines Heilands für den Josef?

Und wenn Josef, der Hirte der Schafe, 50 Jahre später gefragt worden wäre: Josef, wie war eigentlich Weihnachten für dich?
Da wird er vielleicht gesagt haben: Ach ja, es war so wunderbar schön und herrlich.

Ganz anders als sonst. –

Und was war anders? –

Es war einfach himmlisch. Da waren die Engel. Unfassbar, dass wir sie sehen konnten.

Und wie sie sangen! Unglaublich, dass wir so etwas hören konnten.

Und dann war da dieser Glanz in der Luft. Solche Herrlichkeit habe ich nie wieder gesehen.

So muss es im Himmel sein. Es war alles ganz anders.

So anders war Gottes Erscheinung und Offenbarung Seines Heilands für den Josef?

Dann saßen vielleicht zwei Zuhörer dabei und lauschten.

Der eine sagte zu Josef, Marias Mann: So nüchtern müsste Gott mal zu mir kommen.

So im Alltag, so normal!

Dann sagt der zweite zu Josef, dem Hirten. So herrlich müsste Gott mal zu mir reden.

So aus dem Himmel, so anders!

Und beide sehnen sich nach dem Glauben und der Erfahrung des anderen.

Sie wünschen sich: Ach, wenn doch zu mir ein Engel käme!

Ach, wenn doch Gott in meinen Alltag käme!

Vielleicht ist das bis heute so geblieben. Euch ist heute der Heiland geboren. Wo denn?

Ich brauchte einen Engel. Und ich brauchte etwas ganz handfest Normales als mein Zeichen.

Mein Zeichen?

Mal führt Gott durch einen Engel, mal durch einen Politiker wie Augustus – und das war bestimmt kein Engel –, mal durch einen Wirt, mal durch einen Ochsen. Keiner wusste vorher, wie es kommt.

Der Josef der Maria musste glauben: Der Heiland begegnet mir hier, in diesem Stall.

Und der Josef der Schafe musste glauben: Lasst uns nun gehen nach Bethlehem. Dort begegnet mir der Heiland.

Geführt wurde jeder anders. Glauben musste jeder gleich. Und das war für den einen nicht leichter als für den anderen.

Der Heiland ist auf meinem Weg zu finden, auf keinem anderen. Wenn Sie sich das zu Weihnachten sagen lassen, dann können Sie antworten:

Ganz normal. Oder ganz außergewöhnlich. Du bist mit mir auf meinem Weg.

Und das heißt: Du bist mir zum Heiland geworden. Ich sehe deine Liebe zu mir auf meinem Weg. Ich nehme deine gute Gegenwart in meinem Alltag ernst. Dort finde ich sie. Dort gebe ich sie weiter. Und das lässt sich getrost weitersagen: Der Heiland ist geboren. Bitte weitersagen! Amen.

Friedhelm und Heike Peters

Zeit ist ein Geschenk
Gedanken zum Jahreswechsel

„Jeden Morgen wacht in Afrika eine Gazelle auf. Sie weiß, sie muss schneller laufen als der schnellste Löwe, um nicht gefressen zu werden. Jeden Morgen wacht in Afrika aber auch ein Löwe auf. Er weiß, er muss schneller laufen als die langsamste Gazelle. Sonst würde er verhungern. Es ist eigentlich egal, ob man ein Löwe ist oder eine Gazelle: Wenn die Sonne aufgeht, musst du rennen!" Weltweit gilt diese Geschichte als Symbol einer Nonstop-Gesellschaft, in der Zeit-Optimierung und ‚Speed-Management', mitunter sogar Rast- und Ruhelosigkeit den Ton angeben. Michail Gorbatschows Ausspruch – ursprünglich als Mut zur Erneuerung und Reform gemeint – ist ja fast zum geflügelten Wort geworden: „Wer zu spät kommt, den bestraft das Leben."

Ich hoffe nicht, dass die Botschaft dieser Beispielgeschichte Ihre Grunderfahrung in den zurückliegenden 365 Tagen gewesen ist. Natürlich kennen wir alle im ‚Dickicht unseres Lebens' den sanften, aber beharrlichen Druck von Terminen oder den Blick in den Kalender: „Auch an alles gedacht? Wirklich nichts vergessen?" Aber die Zeit und das Leben wollen uns doch nicht bestrafen.

Gerade in diesen Tagen zwischen Weihnachten und dem Jahreswechsel haben wir viel vom Segen der ‚geschenkten Zeit' erfahren können. Zeit zum Reden oder Musik hören, Zeit zum Lesen oder Spazierengehen, Zeit für Bewegung oder Entspannung, Zeit zum Essen und Schlafen, Zeit für mich selbst oder andere Menschen, die mir wichtig sind, Zeit für Gott. Wie sagten unsere Altvordern: „Man soll den Jahren Leben geben, und nicht nur dem Leben Jahre!"

Als aufgeklärte Europäer sind wir eigentlich nicht abergläubisch. Aber es ist schon aufschlussreich, welche Rituale oder Gepflogenheiten uns zum Jahreswechsel begleiten. Da werden die zwölf Trauben verspeist mit der Hoffnung auf Erfüllung persönlicher Wünsche – natürlich wissen wir, dass wir nicht unseres Glückes Schmied sind. Ein buntes Feuerwerk und kräftige Böller begrüßen das neue Jahr; und wenn sie dabei ein paar böse Geister vertreiben, schadet es auch nichts. Einige schwören auf Bleigießen und lesen in der Zukunft, während andere auf eine rauschende Silvesterparty bauen. Und es soll nicht wenige Menschen geben, die lassen nichts auf einen ganz ruhigen und besinnlichen Jahresausklang kommen, weil sie dann in aller Nachdenklichkeit und Ehrlichkeit für sich selbst Bilanz ziehen können.

Ich mag Silvester und seine Bräuche; vor allem diese spezielle Mischung von Rückblick und Vorschau, von Zufriedenheit und Dankbarkeit für die Erlebnisse und Erfahrungen eines langen und ‚ach, so kurzen Jahres'. Und zum Bilanz-Ziehen gehört auch die ehrliche Feststellung: „Vieles ist liegen geblieben oder ganz anders gelaufen, als es geplant war." Aber kein Blick zurück im Zorn. Im Sport sagt man da: „Neues Spiel, neues Glück!"

Versteht man diesen Ausspruch nicht einfach lapidar dahin gesagt, so steckt darin eine gerüttelte Portion biblischer Lebensperspektive. Wir sind nicht aufs Alte und Zurückliegende zwanghaft festgelegt. Und das ist auch keine Abkehr von der Kraft der Erinnerungen, die uns wie innere, seelische Räume ein ganzes Leben lang begleiten. Aber für die Gestaltung unserer persönlichen und gemeinsamen Zukunft brauchen wir den Glauben, das Vertrauen zu den großen Möglichkeiten, die sich für uns auftun. Vom Dichter und Mittelmeerkenner Antoine de Saint-Exupéry stammt der Ausspruch: „Wenn du ein Schiff bauen willst, so trommle nicht Leute zusammen, um Holz zu beschaffen, Werkzeuge vorzubereiten, Aufgaben zu vergeben und die Arbeit einzuteilen, sondern wecke in ihnen die Sehnsucht nach dem weiten, endlosen Meer."

Wie ein unbekanntes Meer liegt das neue Jahr vor uns. Angst ist ein schlechter Ratgeber, wenn wir den Kurs aufnehmen, sie schließt unsere Herzen zu, hindert unser Handeln und engt unseren Horizont ein. Kraft, Liebe und Besonnenheit sollten tragende Säulen unseres Lebens und unserer Gemeinschaft sein. Sie ergänzen sich untereinander, denn Kraft und Stärke könnten ohne die Rückbindung an Sensibilität, Solidarität und Nächstenliebe allzu leicht zu Rücksichtslosigkeit und Machtmissbrauch ausufern. Liebe und Einfühlsamkeit würden andererseits ohne Selbstvertrauen und Stabilität bedeutungslos und schwach sein.

Freuen wir uns auf die großen und kleinen Aufgaben und Begegnungen des kommenden Jahres – in diesem Sinne wünsche ich Ihnen eine gute, langsame Zeit und ein gesegnetes neues Jahr.

Klaus-Peter Weinhold

Gottes Türen sind nur angelehnt

Eine offene Kirche erleben

*„Mein Gott, ich habe lieb die Stätte deines Hauses und den Ort,
da deine Ehre wohnt."*

Mit diesem Psalmwort (Psalm 26) begrüße ich die Gäste in meiner Kirche – ob in der Inselkirche auf Juist, der Stadtkirche in Osnabrück oder in der Kulturkirche in Bremen.

Immer waren es offene Kirchen – mitten im Urlaubsparadies, mitten in der Stadt oder am Rand der Stadt am Weserstrand. Vielleicht sogar die erste Aufgabe überhaupt, unsere Kirchen zu öffnen, solange wie möglich als offene Kirche am Markt – mitten im Dorf – am Stadtrand. Und jeden Tag offen, als Raum der Stille inmitten einer lebendigen Stadt oder als Rastplatz der Seele in meinem Wohnquartier. Offen für die Gottesdienste der Gemeinde. Offen als touristische Attraktion auf dem Weg. Offen für den Einzelnen oder Schulklassen und Gruppen, um den Kirchenraum zu erleben, zu erfahren, was uns trägt, was uns prägt, was uns Orientierung gibt – ein Raum für Gott – ein Raum für mich.

Wohl dem, der dann Kirchenpädagogen in der Gemeinde hat, die die Besucher durch die Kirche begleiten. Sie suchen mit jedem seinen Lieblingsplatz. Sie deuten gemeinsam die Himmelsrichtungen. Sie entdecken Bilder, Skulpturen und Symbole, und finden in der Bibel die passenden Geschichten dazu. Sie stimmen gemeinsam ein Lied an. Sie zünden ein Licht auf dem Altar an. Und am Ende sagen die Gäste: *Heute waren wir in einem besonderen Raum* – wir waren in Gottes Wohnung – das hat mir gut getan.

Kann ich das inszenieren, dass unsere Besucher mehr finden als nur kunsthistorisch Interessantes, mehr als den Unterschlupf gegen Wind und Regen? Ja, aber dazu muss die Kirche verlässlich geöffnet sein. Ob sie eine Bewachung braucht, muss jeder in seinem Umfeld entscheiden. Meist bewacht sich eine Kirche durch ihre Besucher. Sicherer ist allerdings ein Präsenzdienst, und besser Gemeindeglieder, die über die Bewachung hinaus die Gäste begleiten können, wenn dies gewünscht wird. Die Menschen aus den Gemeinden erzählen wie Verliebte von ihren Kirchen. Erzählen auch die Geschichten, die jenseits der Geschichte mit ihren Daten dem Raum Farbe und Lebendigkeit verleihen. Sie erzählen von Gott und der Welt und was sie selber glauben. Dann beginnen Steine

zu sprechen und Fenster lassen das Licht des Himmels erahnen, Altar-
bilder werden zur Lesung und das Taufbecken erinnert uns, dass Gott uns
beim Namen ruft. Plötzlich wird aus einem Kirchenbesuch ein Gottesdienst.

Was trägt – Raum für Gott
Ein kirchenpädagogischer Stationengottesdienst –
oder: spirituelle/liturgische Stationen in einer Kirche[12]

1. Wir beginnen vor der Kirche auf dem Marktplatz:
(Zwei Kinderkirchenführer sprechen im Wechsel)

„Des Bürgers liebstes Kind", nennen die Osnabrücker St. Marien, denn
sie wurde von ihren Bürgern erbaut. Bereits um 800 nach Christus sollen
erste Siedler eine Holzkirche hier am Marktplatz errichtet haben.
Drumherum gab es auch einen Friedhof für die fremden Kaufleute. Wir
beide wissen, wovon wir reden, denn wir sind hier Kirchenführer und
Kirchen-Detektive.

Erstmals erwähnt wurde St. Marien 1177 als Kirche „Zu unserer lieben
Frau". Die Bürger bauten sie immer wieder um, vergrößerten und verschö-
nerten sie. Als eine schöne Einheit präsentieren sich Rathaus, Stadtwaage
und Sankt Marien am Osnabrücker Markt bis heute.

1543 führte Hermann Bonnus die Reformation in Osnabrück ein.
Seitdem ist diese Kirche evangelisch. Im Krieg brannte die Kirche nach
einem Bombenangriff aus. Doch gleich nach dem Zweiten Weltkrieg
begannen die Osnabrücker mit dem Wiederaufbau.

Unser Kirchturm ist weithin zu sehen, 83 Meter hoch ragt er in den
Himmel und 190 Stufen führen hinauf. Doch die Anstrengung lohnt
sich, denn von oben hat man einen wunderbaren Ausblick über unsere
Stadt.

St. Marien ist eine offene, eine einladende Kirche. Kommen Sie mit
uns herein, denn dort gibt es vieles zu entdecken und zu erleben.

Die Kirchentüren werden geöffnet.

---

12 Mit Texten aus dem Fernsehgottesdienst am 08.10.2006. Die liturgischen Texte entstanden damals im
Team der Kirchenpädagogen von St. Marien, Osnabrück.

2. Geläut als Praeludium

3. Gang in die Kirche
(Kirchenpädagogin meditiert:)
Räume faszinieren mich!
Sie können groß oder klein sein, gemütlich, weit, farbig,
leer oder voll, abstoßend und anziehend.
Egal wie – sie wirken auf mich und wecken Gefühle.

Auch die Kirche als Raum fasziniert mich. Hier finde ich, was ich
suche. Und jedes Mal etwas anders.
Was suche ich? Was trägt dieser Raum zu meinem Leben bei?

Es ist ein besonderer Raum, das spüre ich sofort, wenn ich über die
Schwelle trete. Er ist hoch und weit, hell und farbig. Es ist hier innen
stiller als draußen. Mein Schritt verlangsamt sich, meine Augen rich-
ten sich nach oben.
Hier mag ich sein.
Es ist ein Ort, der vor mir war und der nach mir sein wird.
Trotz manch schwierigem Kapitel in der Geschichte dieser Kirche und
trotz vielerlei Verwundungen spürt man es: Dieser Raum ist nicht auf-
gegeben. Menschen kümmern sich liebevoll und glaubend um dieses
Haus.

Immer wieder sehe ich Anderes und Gleiches anders.
Eins aber bleibt. Dieser Raum birgt eine Vision.
Er nährt die Hoffnung, dass es mehr als alles geben muss.
Ich wäre gerne so ein Raum!

4. Lied „Tut mir auf die schöne Pforte" (EG 166, V 1,2+6)

5. Begrüßung
*„Herr, ich habe lieb die Stätte deines Hauses und den Ort, da deine Ehre
wohnt."*
Mit diesem Psalmwort (Psalm 26) begrüßen wir Sie in St. Marien –
der offenen Kirche am Markt – jeden Tag offen – als Raum der Stille
inmitten einer lebendigen Stadt.
Offen – für die Gottesdienste der Gemeinde.

Offen auch als touristische Attraktion auf dem Weg durch die Altstadt. Offen für Schulklassen und Gruppen, um den Kirchenraum zu erleben, – zu erfahren, was uns trägt – was uns prägt – was uns Orientierung gibt – ein Raum für Gott.

Die Kirchenpädagogen von St. Marien haben diesen Gottesdienst vorbereitet und gestalten ihn. Fast täglich begleiten sie Schulklassen, Konfirmanden und Touristengruppen durch unsere gotische Hallen-Kirche, suchen in diesem Raum mit jedem seinen Lieblingsplatz, deuten die Himmelsrichtungen, entdecken Bilder, Skulpturen und Symbole, finden in der Bibel die passenden Geschichten dazu, singen gemeinsam ein Lied, zünden ein Licht am Kerzenglobus an und am Ende sagen sie: *Heute waren wir in einem besonderen Raum* – ein Raum für Gott – wir waren in seiner Wohnung.

6. Psalmvariationen
(gesprochen an den im Text genannten Orten in der Kirche)
Spr. 1: *Herr, ich habe lieb die Stätte deines Hauses und den Ort, da deine Ehre wohnt.*
Spr. 2: Am liebsten sitze ich beim Lichterglobus unter dem Turm und der Orgel – dort ist es gemütlich und das Licht der Kerzen scheint hell und warm.
Spr. 1: *Herr, ich habe lieb die Stätte deines Hauses und den Ort, da deine Ehre wohnt.*
Spr. 3: Ich sitze am liebsten ganz am Rand, wo keiner hinter mir sitzt und ich alles sehen kann.
Spr. 1: *Herr, ich habe lieb die Stätte deines Hauses und den Ort, da deine Ehre wohnt.*
Spr. 4: Mitten unter dem schützenden Gewölbe möglichst weit vorne ist mein Platz, denn da bin ich nahe bei Maria, unter dem Kreuz und am Altar, die alle von der Liebe Gottes erzählen.

(7. Möglichkeit:
Chor: Gustav Merkel (1827-1885): Wie lieblich sind deine Wohnungen
Wie lieblich sind deine Wohnungen, Herr Zebaoth.
Meine Seele verlanget und sehnet sich nach den Vorhöfen des Herrn, mein Leib und Seele freuen sich in dem lebendigen Gott.
Wie lieblich sind deine Wohnungen, Herr Zebaoth.)

8. Entfaltetes Kyrie – (Gemeinde zieht dabei mit von Ort zu Ort)

8.1. Der Westen – *die Turmseite*
Im Westen entschwindet das Licht.
Hier gibt es Schutz gegen die Dunkelheit der Nacht.
Früher schützte der Turm die Händler vor den Überfällen.
Heute schafft er Raum für mein Gebet,
für mein Klagen und Flehen.
Hier kann ich meine Ängste und Sorgen benennen.
Der Turm wehrt sie ab, damit sie nicht mein Leben bestimmen.
Weg sind sie nicht,
aber ich weiß einen Ort, wo ich davon erzählen kann.
Der Kerzenglobus unter diesem mächtigen Westwerk
ist wie ein Zufluchtsort,
wie eine Höhle, in der ich geborgen bin –
für einen Moment,
für eine Ewigkeit.
„Fürchtet euch nicht – Ich bin bei euch alle Tage bis ans Ende der Welt".
Ich verlass mich darauf.

Kyrie (Chor oder EG 178.9 oder 178.12)

8.2. Der Norden – *die Schattenseite*
Hier steht eine Mahnstele.
Hans Sasse erinnert mich mit Trümmerresten aus dem 2. Weltkrieg
an die Zerstörung der Stadt,
erinnert mich an die Schattenseite unserer Geschichte.
Steine brechen,
Eisen schmilzt,
Hölle auf Erden,
von Menschen entfacht.
Lasst uns umkehren.
Neuanfang ist möglich.
Aus Ruinen entstand ein neues Land,
eine neue Stadt.
Die letzten Bomben werden geräumt.
Die letzten Baulücken geschlossen.
Lebensraum für dich und mich.

Kyrie

8.3. (Gloria)

Der Süden – *die Sonnenseite*

Gott bricht ein in unsere Welt
als Licht der Welt,
erhellt die Nacht- und Schattenseiten unserer Lebensräume.
Das Fenster von Johannes Schreiter
verkündet mit seinem Himmelslicht den Einbruch Gottes in unsere Welt.
Das Fenster wandelt das Sonnen- in Himmelslicht
und verkündet das Evangelium,
die gute Nachricht:
Der Evangelist Johannes sagt es so:
(16 Denn also hat Gott die Welt geliebt, dass er seinen eingeborenen
Sohn gab, damit alle, die an ihn glauben, nicht verloren werden,
sondern das ewige Leben haben.)
17 Denn Gott hat seinen Sohn nicht in die Welt gesandt, dass er die
Welt richte, sondern dass die Welt durch ihn gerettet werde.
(18 Wer an ihn glaubt, der wird leben –
19 dazu ist das Licht in diese Welt gekommen.)   *(Johannes 3,16ff)*

Weiß und gold strahlt Gottes Licht in unsere Kirche,
gebündelt vom tiefen Blau des Himmels
bricht es ein in unsere Welt,
die im Grau des Alltäglichen gefangen ist,
durchbricht ihre Schatten,
leuchtet auf
und lässt Gott wirklich werden –
an seinem Tisch,
in der Stille des Hörens,
beim Klang der Musik...

9. Glorialied

Chor: Gustav Merkel (1827-1885): Wie lieblich sind deine Wohnungen
Wie lieblich sind deine Wohnungen, Herr Zebaoth.
Meine Seele verlanget und sehnet sich nach den Vorhöfen des Herrn,
mein Leib und Seele freuen sich in dem lebendigen Gott.
Wie lieblich sind deine Wohnungen, Herr Zebaoth.

10. Gebete zum Thema

a. Gott, ich habe lieb die Stätte deines Hauses.
Du schenkst uns Orientierung. Menschen haben ihr in Räumen
Gestalt gegeben.
Sie erinnern uns daran, woher wir kommen und wohin du mit uns
willst.
Du schenkst uns immer wieder den Mut, unser Leben zu bedenken,
Fehler einzugestehen und neu zu beginnen.
Du bist es, der unsere Hoffnung immer wieder neu belebt.
Gott, ich habe lieb den Ort da deine Ehre wohnt.
Amen

b. Herr, unser Gott, aus allen vier Himmelsrichtungen
kommen Fremde zu uns.
Sie wollen dein Haus kennen lernen.
Sie hören auf die Stille und suchen dich,
sie brauchen die Begegnung mit Menschen
und einen Wegweiser für ihr Leben.
Lass uns in der Kirche eine Gemeinschaft mit offenen Türen und
warmen Herzen sein für Neugierige, Suchende und Zweifelnde.
Gib uns die Kraft, von uns selbst abzusehen
und jeder und jedem das zu geben,
was sie als deine Geschöpfe zum Leben brauchen.
Hilf uns, unser Handeln mit dem alten klösterlichen Maßstab zu
bedenken:
In unseren Entscheidungen das rechte Maß zu finden,
dabei Gerechtigkeit walten zu lassen
und mit Mut und aller Weisheit dafür einzutreten.
Unser Glaube an dich,
unsere Hoffnung auf dich
und unsere Liebe zu dir tragen uns.
Amen.

c. Gott, dein Raum ist es,
der Frauen und Männer, Junge und Alte
in deinem Namen zusammenfinden lässt.

Dein Raum ist es,
der uns als deine Gemeinde umgibt
und uns aus unserem Alltag entfliehen lässt.

Dein Raum ist es,
der uns Raum schafft,
damit wir befreit durchatmen können.
Dein Raum ist es,
der den Lärm mit Stille durchdrängt,
damit wir wieder hören und beten können.

Gott, dein Raum ist es,
der uns trägt.

Dein Raum,
gebaut und geformt von unseren Müttern und Vätern im Glauben,
geschmückt mit Bildern, Formen und Farben.
Jedes Detail erzählt von dir und deiner Nähe.

Dein Raum,
durchdrungen von den Gebeten der Generationen,
angefüllt von Klagen, Bitten und Jubel.

Dein Raum
ragt hinauf in den Himmel,
durchflutet vom Licht des Tages
spannt ein Dach zu meinem Schutz.
Amen.

11. **Lesung** – Epistel: Epheser 2,19-22

19 So seid ihr nun nicht mehr Gäste und Fremdlinge, sondern Mitbürger der Heiligen und Gottes Hausgenossen,

20 erbaut auf den Grund der Apostel und Propheten, da Jesus Christus der Eckstein ist,

21 auf welchem der ganze Bau ineinandergefügt wächst zu einem heiligen Tempel in dem Herrn.

22 Durch ihn werdet auch ihr miterbaut zu einer Wohnung Gottes im Geist.

12. Lied „Preis, Lob und Dank..." (EG 245, 1-3)

13. Predigt – oder eine Anleitung, eine Kirche zu entdecken
(und alles, was erzählt wird kann so miteinander erlebt werden – das braucht dann mehr Zeit als einen Gottesdienst)
Wie lieblich sind deine Wohnungen, Herr Zebaoth.
Als ob die Baumeister dieser Kirche dieses Psalmwort im Hinterkopf gesummt haben, als sie sich an den Bau dieser Kirche wagten. Ein Raum sollte entstehen, ein Raum, der trägt, die Menschen, die hier wohnen und arbeiten, die Fremden, die zum Handel auf den Marktplatz kamen

Ein Raum, der trägt – nicht nur damals – auch heute noch. Ein Raum entstand, der, wenn wir ihn betreten, uns automatisch flüstern lässt, nicht weil wir erstarren oder atemlos würden, sondern weil wir merken, dieser Raum atmet den Glauben unserer Väter und Mütter, die Gebete aller Generationen, die Wärme und Liebe der Tränen, den Zweifel an seiner Gegenwart.

Wir flüstern und verlangsamen den Schritt, weil wir spüren: Hier ist ein anderer der Hausherr und lässt uns Gäste sein. So suche ich mir meinen Platz (mögliche Aufgabe an alle: Jede/r sucht seinen/ihren Lieblingsplatz).

Oft ist es derselbe – mein Lieblingsplatz – so jedenfalls erlebe ich es immer wieder, wenn wir Gäste in unserer Kirche am Markt begrüßen, ob Einzelne, Gruppen oder besonders bei den Schulklassen und mit den Kirchendetektiven. Gemeinsam tasten wir uns heran an diesen Raum. Die Kinder und die Erwachsenen gehen anders als noch auf dem Schulhof oder auf dem Marktplatz. Sie reden leiser. Schauen sich fast ehrfürchtig um. „Poah!" staunen sie über die Höhe, die Säulen, den getragenen Himmel. Gemeinsam durchschreiten wir die Halle und entdecken den Raum für uns und jeder für sich, sucht seinen Platz, und manchmal schreiben wir dann kleine Gedichte:
„Säule
Groß – alt.
Stein umschließt mich,
Ragt in den Himmel
Geborgen"
(Elfchen – Gedicht aus 11 Worten – 1/2/3/4/1 – einer Konfirmandin – macht auch mit Erwachsenen Spaß)

Nach und nach können wir uns orientieren. Und wenn es gelingt, dann verlassen wir nach der Kirchenerkundung den Raum mit Orientierung jenseits der Himmelsrichtungen. Aber eins nach dem anderen. Zuerst schauen wir natürlich auf den Kompass, legen ihn auf einen großen Grundrissplan der Kirche: „Ach, da ist Norden!" – „Dann ist da Süden und der Marktplatz." –

„Und der Turm steht im Westen." – „Und der Altar im Osten!"

Und schon gibt es eine erste Orientierung: „Da wohne ich!" – „Und da ist unsere Schule!" – „Da arbeite ich." – „Dort gehe ich einkaufen." – „Eingenordet" staunen wir gemeinsam über die Dimensionen des Raumes, die Weite, die Tiefe, die Höhe.

„Wie hoch ist die Kirche?" – „Das können wir messen!" – „Ach, dafür hast du den Luftballon mitgebracht!" Und schon schwebt der prall gefüllte Ballon in die Höhe. Alle blicken mit offenen Mündern hinterher bis er an die Decke stößt. Die Knoten an seiner Leine messen jeweils einen Meter und beim Einholen des Gasballons zählen alle mit: „1-2-3 ... 21 Meter".

„Da passt mein Zimmer ja mindestens 8 mal übereinander rein."

„Und wie breit ist dein Zimmer?"

„So breit und so tief wie... wie... die Säule?!" Um auch diese Größe zu begreifen fassen wir uns an den Händen und versuchen, wie viele von uns nötig sind, um sie zu umfassen.

Alles nur Kinderspiele in der Kirche? Was soll das? Ist die Kirche jetzt ein Spielplatz?

Ja! Die Kirchenpädagogen sagen ja, und ein außerschulischer Lern-Ort dazu. Als Gemeinde erleben wir, dass Kinder wie Erwachsene Kirche spielerisch mit Spaß entdecken, dabei die Weite des Glaubens wahrnehmen in allen Dimensionen. Und wenn die Zeitleiste des historischen Zollstocks (2000 Jahre christlichen Zeitrechnung) dazukommt, haben sie schon vier Dimensionen ihrer Kirche geschaut und die 5. Dimension gesellt sich fast unmerklich dazu.

Wie lieblich sind deine Wohnungen. Herr Zebaoth.

Aber kann ich so Gottes Wohnung anfassen? – begreifbar machen? – durch Höhe, Weite und Tiefe – durch die mächtigen Säulen?

Sie zu umfassen gibt eine Ahnung davon – von der Wohnung, in der Gottes Ehre wohnt. Ja, hier ist ein Raum, der über sich hinausweist, ein Raum für Gott, ein Raum, der trägt und prägt.

Die Kirche in ihrer Gestalt ist in der Stadtsilhouette wie ein Hinweis

auf Gott, „gibt der Stadt ein Profil und hält die Frage nach Gott offen"
(Fulbert Steffenski). Die vier Himmelsrichtungen sind dabei nur ein Bild
für die Orientierung des Menschen, und der Osten, den wir auch den
Orient nennen, gibt Orientierung, Richtung, hebt den Blick nach oben –
auf Christus – dessen Geschichte nicht an diesem Kreuz endet. Es erzählt
von der Liebe, der 5. Dimension.

„Wieso hängt der da?", fragt plötzlich ein Kind, als wir unter dem
Triumphkreuz stehen. Unsere traditionellen Antworten passen da plötzlich nicht. Sie tragen nicht mehr alle, bleiben oft genug nur Bekenntnisse
im Mantel eines Lernstoffes ohne Erfahrungsbezug. Geht es uns Erwachsene nicht längst auch so, die wir theologisch richtige Antworten nur
nachsprechen, ohne dass sie einen Bezug zu unserer Wirklichkeit haben?

So versuchen wir uns in die Figur (den Mann am Kreuz) hineinzu-
versetzen. Stehen da wie Christus. Breiten unsere Arme aus. (Gemeinsam
stehen wir im Altarraum unter dem Triumphkreuz und versuchen unsere
Arme in der Horizontalen zu halten.) Am Anfang ist das alles noch ein
Spiel, spielerisch leicht halten wir Hände und Arme in der Horizontalen
– nur ganz langsam spüren wir ihr Gewicht – und wenn wir an ihnen
hängen müssten? – kaum auszudenken die Schmerzen, das Reißen –
warum? – wo ist Gott? – *Hast du mich verlassen?* Fragt Er – ich kann
die Arme nicht mehr halten – will loslassen – sinken lassen.

Halte aus! – halte stand! – ich darf nicht aufgeben – wie lange noch?
– meine Kräfte lassen nach – kämpfe dagegen an – werd ich es schaffen?
– wozu? – für wen? – ist das nötig?

Wie oft versagen meine Kräfte? Wie oft sinkt mir der Mut? Wer wird
mich erlösen? Plötzlich geht es nicht mehr – der Atem stockt – die Kraft
lässt nach – es gibt kein Halten – da ist keiner, der hält – nur noch Ab-
grund und ich falle – falle – in die Grube – in ein Loch – komme alleine
nicht heraus – gefangen – ohne Halt – wie begraben – versunken in
Leid und Trostlosigkeit – kann mir selbst nicht helfen – dann kann auch
Gott nicht helfen?

„Gekreuzigt, gestorben und begraben,
hinabgestiegen in das Reich des Todes,
am dritten Tage auferstanden von Toten..."
Mitten im Abendmahlstisch taucht Er wieder auf, (wir stellen uns um
den Abendmahlstisch und schauen auf die Skulptur von Hans Heiber)
streckt die Hände nach vorne, gezeichnet von den Wunden und dem
Schmerz, von der Hilflosigkeit und den Verletzungen; aber bereit, neu zu

beginnen, voller Kraft und Stärke, die andere mit sich zieht, noch nicht so entschieden, noch gefangen in den Gräbern dieser Welt und doch voller Kraft und Entschlossenheit, sich nach dem Himmel streckend bricht er die Gräber dieser Welt auf, drängt heraus aus der Tiefe in den Raum der Gemeinde entgegen.

Was trägt? Ein Raum, der Gottes Gegenwart spüren und erleben lässt. Und wir – wir sind mitten darin – gehen mit – lassen uns mitziehen in dieses Leben in Gottes Gegenwart.

Amen.

Alternativer Predigtbaustein – Meditation zum Triumphkreuz:
Am Mittwoch hatten die Stadtführer ihre Zwischenprüfung in unserer Kirche – wir bekamen unseren Platz zugewiesen – die Scheinwerfer ließen unser Triumpfkreuz hell erstrahlen – so wie heute Morgen – die Stadt-führerin verglich unser Kreuz mit dem im Dom nebenan – erzählte vom 4-Nagel-Typos dort und 3-Nageltypos in St. Marien – vom erhabenen Christustyp der romanischen Kunst und dem leidenden in der Gotik – geneigter Kopf hier und erhabener Kopf im Dom – vom anschauenden Christus und vom wegschauenden Christus – hier endete ihre Erläuterung.

(Soweit ich das gelernt hatte, war nichts falsch) – Mir ging durch den Kopf: Ist das alles, was ich zum Kreuz sagen kann? Und mir fielen die Fragen der neuen Konfirmanden ein, die wir nach den Herbstferien im Gottesdienst einführen:

Wieso ist da soviel Gold?

Was sind denn das für geflügelte Wesen am Kreuz?

Wieso hängt der da?

Muss der da hängen?

Mitten in der Kirche ein Kunstwerk, das die Blicke anzieht, Orientierung bietet, dem Bau seine Bestimmung und seine Richtung gibt, schön und abstoßend zugleich.

Wie lässt sich diese Spannung aushalten, den leidenden Gottessohn vor Augen an die Kraft Gottes zu glauben?

Wie lässt es sich aushalten, das Leid der Menschheit täglich vor Augen, für den Frieden zu beten, auf eine Zukunft zu hoffen, die unsere Kinder und Kindeskinder erleben?

Wie lässt es sich aushalten, das tägliche Leid in unseren Familien, in meiner Seele? Kann ein Kunstwerk darauf Antworten geben?

Versuchen wir uns heranzutasten – von Außen nach Innen:
Vier geflügelte Wesen geben dem Geschehen den Rahmen. Die Visionen des Propheten Hesekiel geben diesen Figuren den Hintergrund. Hesekiel erzählt im 10. Kapitel von der Herrlichkeit, der Gegenwart Gottes:

Lesung: Hesekiel 10 in Auswahl

Altorientalische Vorstellungen der „Welteckenhüter, der Himmelsträger an den vier Seiten des Firmaments" (s. S. 128, Knauers Lexikon der Symbole) spielen herein und vermischen sich mit den Sternsymbolen, die auf den Tierkreiszeichen beruhen.

Theologie und Kunst verschmelzen antike, astrologische und orientalische Bilder zu neuen Bildsymbolen: Evangelisten – Überbringer einer guten Nachricht. Die wiederum haben Visionen, z. B. die Vision, dass das Leid nicht von der Abwesenheit Gottes ‚sondern von seiner Gegenwart erzählt – weder ein zerstörter Tempel noch ein leidender Gottesknecht, weder die zweite Zerstörung des Tempels noch das Leiden des Gottessohnes schaffen Gott aus der Welt, sondern stellen ihn mitten unter die Menschen – seht, mitten im Leiden, auch in eurem Leid ist Gott gegenwärtig! Das Leid wird nicht beiseite geschoben, als wäre es nicht – es steht im Mittelpunkt – und ... ist Zielpunkt der vier Evangelisten, die vom Geschehen am Kreuz ausführlich berichten. Jeder der vier trägt ein anderes Antlitz. Die christliche Kunst hat schon früh die vier Gesichter aus den Visionen des Hesekiels und die vier Wesen vor dem Thron Gottes aus der Offenbarung des Johannes zusammengefügt und sie den Evangelisten zugeordnet. Vier Gesichter, vier Sichtweisen der Geschichte Jesu stehen in unserer Bibel nebeneinander und haben doch ein Ziel: Sie erzählen von der Gegenwart Gottes unter den Menschen und sagen: Seht, mitten im Leiden, auch in eurem Leid, ist Gott gegenwärtig! Ich bin: ich werde da sein – so sein Gottesname. Das Leid wird nicht beiseite geschoben, als wäre es nicht – es steht im Mittelpunkt – Er steht im Mittelpunkt.

Im Mittelpunkt dieses Kreuzes nun der EINE,
mit drei Nägeln ans Kreuz geschlagen,
hilflos ausgestreckt der Körper,
das Haupt schon geneigt, ohne Kraft,
gehalten nur von Nägeln und seinen Knochen, die unter der Haut
deutlich jede Muskelkraft vermissen lassen (wie z.B. die Christusfiguren

des Albrecht Dürers beim Lichterglobus), nackt und bloß hängt Jesus da, dem Spott und dem Mitleid der Vorübergehenden ausgesetzt – das ist das Ende, sagen die Einen, absolute Gottesferne, ja das Versagen Gottes schlechthin, und wenn Gott so etwas zulässt, dann ...

Aber da sind noch andere Stimmen zu sehen: die Farben mit denen das Kreuz und der Gekreuzigte dargestellt werden.

Das Rot erzählt vom Blut, das vergossen wurde zur Vergebung der Sünden, wie es die Sprache der Bekenntnisse sagt und wie es in den Einsetzungsworten zum Abendmahl heißt.

Das Rot erzählt von der hingebungsvollen Liebe, die vor Leiden nicht zurückschreckt und so ist Rot zum Sinnbild der Liebe schlechthin geworden.

Das Grün erinnert an die Lebendigkeit in der Natur und lässt das Kreuz als Hoffnungsträger erscheinen, das aus der Liebe erwächst – nicht umsonst sagt der Volksmund: Grün ist die Hoffnung – der Glaube des Künstlers sagt mit dem Grün: in IHM ist die Hoffnung und die Erlösung.

Und das Gold nun, das alles rahmt, erzählt von der Gegenwart Gottes, die alles umschließt, ob das bischöfliche Wappen, das über dem Kreuz als Schlussstein die Decke ziert, oder das Triumphkreuz mit den vier Evangelisten, oder die gesamte Passionsgeschichte in unserem Hochaltar im Hintergrund.

Das Gold erzählt hier immer wieder nur das eine: seht, mitten im Leiden, auch in eurem Leid ist Gott gegenwärtig! Das Leid wird nicht beiseite geschoben, als wäre es nicht – es steht im Mittelpunkt – das goldene Tuch um die Lenden des Gekreuzigten – Gottes Gegenwart ist der Mantel, der die Scham nicht entblößt.

Als ob dieser Mantel, von der Innenseite mit dem Rot der Liebe getränkt, und weiter/größer als er sein müsste, – als ob dieser Mantel diesen Christus umfängt und ihn schon in der Ewigkeit bettet und uns eine Ahnung davon gibt, dass die Geschichte am Kreuz nicht endet. Als ob dieser Umhang von Gottes Nähe erzählt, die auch uns umhüllt, wenn wir uns nackt und entblößt fühlen und unsere Seele Schutz braucht, weil wir wissen, seine Geschichte endet nicht an diesem Kreuz, sondern beginnt. Das goldene Tuch sagt: Gott umfängt und umhüllt auch dich und strahlt hinein in diesen Raum, und wir erkennen in seinem goldenen Spiegel Seine Gegenwart.

14. Lied „Gelobet sei der Herr" (EG 139, 1.4.5)

15. Fürbitten
Guter Gott, ich danke dir für die Möglichkeit,
(als Kirchenführer) diese Kirche als deine Wohnung zeigen zu können.
Mir und den anderen machen diese Führungen sehr viel Freude.
Dabei kann es passieren, dass wir auch über unseren Glauben an
dich und Jesus sprechen – andere erzählen dann von Allah
oder sie sagen, dich gäbe es gar nicht.
Das ist dann wirklich spannend und wir lernen viel voneinander.
Guter Gott, ich wünsche mir,
dass unsere kleinen und großen Gäste
diese Stunden in deinem Haus in guter Erinnerung behalten.

Guter Gott, wir danken dir für die vielen Menschen, die unsere Kirchen
besuchen.
Hab Dank für ihr Vertrauen in uns, für ihre Fragen nach dir und
deinem Haus.
Wir bitten dich, gib uns als christlicher Gemeinde die Kraft zum ein-
fühlsamen Hören und lass uns als Christen
offen antworten in intensiven Begegnungen.
Damit die Zweifelnden nicht verzweifeln,
die Distanzierten nicht den Kontakt verlieren,
die Fragenden eine Antwort finden,
die Friedfertigen Verbündete entdecken.

Guter Gott, wir danken dir für den Mut vieler evangelischer Gemeinden,
ihre Kirchenräume auch außerhalb der Gottesdienstzeiten zu öffnen.
Hab Dank für ihre Gastfreundlichkeit, die jeden einlädt.
Guter Gott, wir bitten dich, hilf uns,
dass die Gruppe der ehrenamtlich Tätigen in deinen Kirchen immer
weiter anwächst, damit alle interessierten Gäste von uns noch verläss-
licher erfahren können, was die Schatzhäuser des Christentums, deine
Kirchen, erzählen und was wir besonders in ihnen lieben.

Guter Gott, wir danken dir für diesen Raum –
für die vielen Räume, die von dir erzählen, in denen du zu Hause bist.
Wir bitten dich, dass von diesen Räumen etwas auf uns abstrahlt,

damit wir dir Raum geben in unserem Leben.
Damit die Suchenden eine Spur von dir entdecken,
damit die, die meinen, dich schon zu haben, erneut suchen.
So beten wir in deinem Haus, wie es uns dein Sohn gelehrt hat:

16. Vaterunser

17. Sendung – *gestalteter Abschied*

Aus allen vier Himmelsrichtungen sind wir gekommen.
In alle vier Winde gehen wir wieder auseinander.
Die vier Seiten unserer Kirche haben gesprochen.
Zwölf Säulen gaben uns ein Dach,
spannten den Himmel über uns aus.
Das Licht der Kerzen und Fenster,
die erhabene Streckung der Säulen,
die Pracht von Buntem und Goldenem,
Klänge und Gebete verwandeln diesen Raum
in einen Ort, wo der Himmel *irdisch* wird
und die Erde *himmlisch*.
Ein Raum für Gott, der mich trägt
wie ein Segen.

18. Segen

Bei kleinen Gruppen bis 50 Personen stehen wir rund um den Altar
unter dem Triumphkreuz und legen unsere rechte Hand auf die Schulter
unseres Nachbarn im Kreis.

Gott segne die Erde, auf der du jetzt stehst.
Gott segne den Weg, den du jetzt gehst.
Gott segne das Ziel, das du jetzt siehst.

19. Ausgangslied

Chor: Josef Gabriel Rheinberger (1839-1901): Wie lieblich sind deine
Wohnungen, Hymne für Frauenchor, Harfe und Orgel op. 35

Wie lieblich sind deine Wohnungen, o Herr,
es sehnt sich meine Seele nach dem Vorhof des Herrn.
Mein Herz frohlockt in dem lebendigen Gotte.
Denn der Sperling findet sein Haus, und die Taube Obdach im Sturm;
ich finde deine Altäre, o du mein König, Herr und Gott.

Selig sind, die in deinem Hause wohnen, in alle Ewigkeit loben sie dich!
Barmherzigkeit und Wahrheit liebt Gott
und denen, die da wandeln in Unschuld gibt er Gnade und Herrlichkeit.
Wie lieblich sind deine Wohnungen, o Herr!

Predigt
Psalm 26,8 Herr, ich hab lieb die Stätte deines Hauses und Ort da deine Ehre wohnt
(St. Marien 27.2.2010 – offene Kirche am Markt – Osnabrück)

Liebe Gemeinde,
Ich muss es gestehen: *Ich bin verliebt!* Ihr fragt euch, in wen?
Das kann ich beantworten mit dem Predigttext, den wir in der Lesung (Psalm 26) gehört haben. Der Chor wird ihn noch einmal für uns singen. Er singt sozusagen meine Liebeserklärung:

Chor: *Herr, ich habe lieb die Stätte deines Hauses und den Ort, da deine Ehre wohnt.* (Max Reger (1873-1916): Herr, ich habe lieb die Stätte deines Hauses)

Ach so, werdet ihr sagen, *in unser „Mariechen" ist er verliebt, das können wir gut verstehen.*
Und es war Liebe auf den ersten Blick, ja, der erste flüchtige Blick hat ausgereicht. Die weißen Hinweisschilder führten uns nur in Richtung Dom, den hatten wir schnell gefunden; danach ein kurzer Blick nach links, und schon waren wir vorbeigefahren, denn die gotische Schönheit mit ihrem Maßwerk gen Osten war für eine evangelische Kirche viel zu edel, aber in der Straße kamen keine weiteren Kirchen – nur Verkehr, ein Kino, eine Brücke und ein Bahnhof. *„Die Schöne am Markt muss es sein"*, sagte meine Frau.
(Luftbild Marktplatz Richtung Westen blickend)
Der Marktplatz, mit Schirmen und Stühlen beseelt, lud uns ein zum Flanieren. Über holprig-historisches Pflaster näherten wir uns dem filigranen Bauwerk – die romanische Domburg im Rücken – auf dem Markt öffnete sich der Blick – die Tür stand offen – das Brautportal zog uns an – die törichten und die klugen Jungfrauen begrüßten uns – die traurig Verblendete und die Siegreiche – die Glaubensgewisse mit Reichsapfel und ihrem Gefolge und rechts die Zweifelnde und die Abgebrannten im

Schlepptau – die mit ihren voll gefüllten Lampen und dem vollen Kelch – und die mit ihren leeren Bechern und der zerbrochenen Lampe – Spalier stehend – auf einer Wolke schwebend, überwölbt von der Krönung Mariens – den Himmel auf Erden holend.

Als ich mal die Konfirmanden fragte, warum das Brautportal „Brautportal" hieße, hoffte ich, dass einer die auf dem Portal abgebildete Geschichte von den klugen und den törichten Jungfrauen erzählen könnte, aber er hatte eine Antwort aus der Beobachtung: Weil man dahinter die Liebe findet! Er dachte an die Brautpaare, die durch dieses Tor zum Altar ziehen, um sich ihr Jawort zu geben.

Ich hatte nicht gedacht, dass mir das auch so geht, dass ich hinter dieser Tür die Liebe fand. Nicht als Bräutigam, aber als einer, der singend bekennt: *Herr, ich habe lieb die Stätte deines Hauses.*

Chor: *Herr, ich habe lieb die Stätte deines Hauses und den Ort, da deine Ehre wohnt.*

„Wow, welch ein Raum," so dachte ich damals und seitdem immer wieder: diese Höhe – die Weite – das Licht. Das Reden verstummt, der Schritt wird verhalten. Man möchte niederknien – aber nein, wir sind ja gut evangelisch – also erstmal hinsetzen.

(Bild vom Kirchenschiff Richtung Altar)

Rot strahlen die Bänke. Licht erfüllt den Raum. In der Ferne der goldene Altar und seine aufgeklappten Flügel – ein Globus mit Kerzen im Rücken. Ein Platz war noch frei für unsere Kerze, auch wenn die Lampe zerbrochen, wie die der Frauen im Brautportal, auch wenn der Kelch leer ist, auch wenn ich nicht glauben kann, das, was ich meine, was andere von mir verlangen zu glauben, es spielt keine Rolle.

Ich bin willkommen in diesem Raum mit meinen Zweifeln, mit meiner Gewissheit, mit meinen Tränen, mit meinen Lobgesängen, mit meinen Klagen, mit meinen Bitten und Fragen, mit meinem Dank. Ein Platz ist noch frei für meine Kerze, für mein Gebet für die Familie, für die Gemeinde, für die Freunde, für mich.

(Bild vom Kerzenglobus)

Der Himmel auf Erden – mitten in der Stadt – eine Oase der Ruhe – ein Ort der Muße – und wenn ich Glück habe, übt gerade unser Organist oder einer seiner Schüler an der Orgel, und ich lasse mich von den Klängen davontragen und gehe summend weiter meinen Weg: *Herr, ich habe lieb die Stätte …"*

Chor: *Herr, ich habe lieb die Stätte deines Hauses und den Ort, da deine Ehre wohnt.*

Auf dem Weg zur Mitte meiner Geliebten überrascht mich immer wieder aufs Neue das Licht: gebrochen blau – gold – grau – weiß – den Rotstich muss ich suchen. *„Einbruch des Heils",* so heißt das Fenster von Johannes Schreiter von 1992 im Südschiff – als ob das Licht in die Kirche einbricht, gebrochen die Strahlen der Sonne durch farbiges Glas, gebrochen die Linien des Maßwerks, gebrochen die Scheiben, wie brechendes Eis.

(Bild vom Schreiterfenster, 1992)

„Ist das Fenster kaputt?", fragen mich so manche Besucher. In gewisser Weise – *Ja!* – und doch wieder nicht – denn es erinnert an mein Leben mit seinen Brüchen und wie durch die Lücken des Lebens das Licht Gottes hineinscheinen kann, wie es durch die Ritzen dringt, unaufhaltsam, wenn ich es zulasse. Das Grau des Alltags verdrängend, dann bricht das Heil ein in mein Leben – die Dunkelheiten werden durchflutet – mein Leben breitet sich vor mir aus – *„wo nur eine Spur zu sehen, da hat er mich getragen…"*

Ist das alles nur Poesie? Das Leben ist aber Prosa – ist grau – hat eine Schablone wie die grauen Kästen des Fensters im unteren Drittel. Wie soll da Platz sein für Heiliges? Himmlisches? Göttliches?

Mal ehrlich: Montagmorgen um halb Zehn – da denken doch alle nur an einen Knabberriegel und einen Kaffee als Capuccino oder Latte macchiato.

Wer faltet schon die Hände, wenn die Glocke vom Turm die Zeit einteilt, mich erinnernd an den Takt und die Taktung des Lebens, dessen Tage ich zähle. Wer wird schon sein weises Herz entfalten, wenn die Zeit zerrinnt und im Stundenglas mir entgleitet wie Sand zwischen den Fingern.

Schon klingelt das Telefon. Nein – es ist leider nicht der Freund, der mich zu einer kurzen Pause in die Cafe-Bar um die Ecke entführen will. Nein: Es ist der Bestatter – Namen – Daten – Telefonnummer – Adresse …

Was bleibt?

Eine Urkunde – ein Fetzen Papier für die Akten. Und ich mache mir Gedanken gegen das Vergessen. Setze mich an die Nordwand unserer

Kirche, neben die Stele wider das Vergessen aus Resten der zerstörten Stadt, lass mich vom Licht des Himmels erwärmen, gehe den Linien im Leben nach. Suche nach Brüchen, nach den Ritzen, durch die Gottes Welt in meiner Welt erkennbar wird. Entdecke mehr Göttliches im Menschlichen.

Begegne IHM, weil eine weint, weil der andere lacht. Begegne IHM in der Umarmung des Freundes – im Hören auf mein Klagen. Begegne IHM, denn ich wurde nicht vergessen, da ist jemand, die meine Tränen trocknet, der sie zulässt und ihnen nicht ausweicht. Begegne IHM mitten am Tag – hier in der Kirche immer wieder in einem lichten Moment und lass mich vom goldenen Licht der Fenster erinnern an das Licht der Welt, das in mich hineinbricht wie in diesen Raum.

Ja, *Herr, ich habe lieb die Stätte deines Hauses.*

Chor: *Herr, ich habe lieb die Stätte deines Hauses und den Ort, da deine Ehre wohnt.*

Und manchmal spüre ich, selber das Haus Gottes zu sein. Wie viele Jahre haben wir versucht, unseren Konfirmanden genau dies weiterzugeben. Die Liebe zu ihrer Kirche und damit die Liebe zu sich selbst, denn jeder ist auf seine ganz unverwechselbare Weise ein Teil von ihr.

Ich bin Herr zu dir gekommen (beteten wir zu Beginn des Unterrichts).
Komme du nun auch zu mir.
Wo du Wohnung hast genommen,
da ist lauter Himmel hier.
Zieh in meinem Herzen ein.
Lass es deinen Tempel sein.
(EG 166)

Noch deutlicher sagt es Gerhard Tersteegen:
Ich in dir – du in mir.
Lass mich so
still und froh
deine Strahlen fassen
und dich wirken lassen.

Zu mystisch? Dorothee Sölle meinte, die Zukunft der Kirche läge in der Mystik oder sie hätte keine. Das sehen viele anders, ich vergesse es auch bisweilen. Aber wenn ich dann hier am Altar stehe und meine Finger in die Wunden des Christus aus Bronze lege, der mitten aus unserem Abendmahlstisch in die Gemeinde strebt, mir seine Hände entgegenstreckt und sagt: *Ich bin das Brot des Lebens* (Joh. 6,35) – dann verdichtet sich in diesem Kunstwerk alles, was wir den Menschen hier mitzugeben versuchen: Mit offenen Armen und Händen auf die Menschen zuzugehen und auszuteilen – Gottes Nähe spüren zu lassen – Gott, von sich sagend: *Ich bin. Ich werde sein.*

(Bild vom Abendmahltisch von Hans Heiber, 1990)

Dann stehe ich hinter dem Altar, breche das Brot und in diesem Gestus bricht schon wieder Gott in unser Leben ein wie das Licht durch die Fenster: So ist das Brot auf dem Altar immer wieder wie lebendiges Predigen ohne Worte. Die Sprache der Kunst macht es möglich: lässt Licht predigen, Kerzen beten, Steine sprechen, Skulpturen die Geschichten Gottes erzählen und Musik die Liebeserklärung eures Pastors erklingen.

Ja, *Herr, ich habe lieb die Stätte deines Hauses.*

Amen.

Chor: *Herr, ich habe lieb die Stätte deines Hauses und den Ort, da deine Ehre wohnt.*

Achim Kunze, Kulturkirche Bremen

Wohin dein Leben führen könnte...

Denke einmal darüber nach,
wohin dein Leben führen könnte,
was zu deinem Leben passt, wie sonst nichts,
was dein Leben ausmacht und was es erfüllen kann.

Es gibt Dinge, die stopfen das Leben voll.
Lass sie einfach weg!
Lass' sie!

Und es gibt Dinge, die füllen das Leben nicht nur an,
sondern die machen wirklich etwas daraus.
Sie drängen sich nicht auf.
Sie wollen von dir angepackt werden,
damit sie dir gehören,
dir ganz und gar.

Pflücke den Tag, diesen Tag wie eine reife Frucht,
die Stunden und die Minuten,
damit sie dir zeigen, was dir gehören soll,
die Freude an den Bergen und den Menschen,
das alles ist für dich da.

Schau ins Feuer deines Lebens und sage mir, was du siehst!
Lass die Wolken und den Regen an dir vorbeiziehen
und sage mir, was du dahinter siehst.

Und hast du heute noch nicht die richtige Antwort,
denke dir nichts dabei!
Aber höre nie damit auf zu fragen!

Das Größte in deinem Leben beginnt damit,
dass du hörst und dass du fragst.
Das ist dein Segen.

Walter Baßler, Gran Canaria

Auf dem Weg

Abschied nehmen –
aufbrechen – heimkehren

Wieder aufbrechen

Gott, unser Vater,
die einen von uns werden morgen aufbrechen,
nach Hause oder an andere Orte.
Andere werden bleiben.
Sie haben Zeit für ein paar weitere Tage hier zwischen Ostsee und Haff,
und sie werden Wasser und Wind,
Wolken, Himmel und manches andere genießen.
So oder so – wir sind unterwegs zu dir.
Du begleitest uns,
schenkst uns das Leben
und segnest uns.
Du nimmst unsere Zweifel,
unsere Sorgen und dunklen Stunden
und schenkst uns Freude und Glück.
Dafür danken wir dir, Gott.
Amen.

Klaus Dieter Härtel

Was nehme ich mit? Was bringe ich mit?

Hast du mir etwas mitgebracht? Das ist die Frage, die wohl jedes Kind dem soeben von einer Reise nach Hause kommenden Vater, der heimkehrenden Mutter stellt. Als Kind habe ich, glaube ich, unzählige Male so gefragt, ganz direkt und ohne meine Neugier zu verbergen.

Heute frage ich mich selbst – am Ende der Reisezeit, jetzt, wo alle wieder da sind, die Fern- und die Nahgereisten. Haben wir etwas mitgebracht von unterwegs – aus Städten und Landschaften, von Meeren und Küsten, von Bergen und Seen?

Die Hinreise tritt man ja in aller Regel an mit vollen Koffern und ein bisschen Fernweh im Gepäck. Und die Rückreise? Jetzt wird es darum gehen, wieder den Weg in den Alltag zu finden und das Ankommen zu üben.

Wenn eine Reise nicht einfach nur eine besinnungslose Flucht gewesen ist, dann gibt es auch einen wirklichen Ertrag der Reise. Er könnte darin bestehen, dass wir uns den fremden Blick, der uns auf Reisen auszeichnete, auch zu Hause bewahren. Er könnte in einer Haltung liegen, die neugierig und offen bleibt gegenüber Menschen und Dingen.

Eine solche Heimkehrergeschichte erzählt Jesus im Gleichnis vom verlorenen Sohn. Dem war das Leben im Haus des Vaters leer und bedeutungslos geworden. Er wollte weg aus einer Welt, die ihm nichts Neues mehr zu bieten schien.

In der Fremde aber, wo er auf völlig andere Verhältnisse und Umgangsformen stößt, verändert sich seine Wahrnehmung. Er lernt zu schätzen, was ihm einst gleichgültig war. Heimgekehrt sieht er den Ort, den er einmal verlassen hat, mit anderen Augen. Und entdeckt die Lebensfülle im Haus seines Vaters ganz neu.

Manchmal muss man wirklich erst einmal in der Fremde gewesen sein, um sich die Augen öffnen zu lassen für das Besondere des eigenen Zuhauses. Dann findet man das Wunderbare und Staunenswerte nicht nur in exotischen Fernen, sondern in der vielleicht nur allzu vertraut gewordenen Nähe daheim.

Dieser fremde Blick auf Menschen und Dinge, meine ich, wäre ein gutes Mitbringsel. Er bricht eingefahrene Sichtweisen auf, macht sensibel für bislang Übersehenes und öffnet die Augen für manches wunderbare und kostbare Detail im Alltag.

Klaus Nagorni

Wenn mein Leben eine Reise ist: Wo bin ich gerade? – Kleine Übung

Wenn mein Leben eine Reise ist: Wo bin ich gerade?

Steht ein Abschied mir bevor? Brauche ich alle meine Kräfte zum Loslassen? Sammle ich meinen Mut für das, was vor mir liegt? Was sind meine Hoffnungen? Was meine Befürchtungen?

Oder bin ich schon lange unterwegs? Welche Erfahrungen habe ich gemacht? Welche Enttäuschungen gab es? Welche Überraschungen? Was habe ich über mich erfahren? Was über andere?

Oder bin ich bereits nahe am Ziel? Was erwartet mich da? Habe ich es vielleicht schon erreicht? Wie werde ich begrüßt, wie aufgenommen? Ist es ein Ort zum Bleiben? Oder steht mir bald schon ein neuer Abschied bevor?

Klaus Nagorni

Nach den Ferien

Ich will den Blick aufs Meer
in mir tragen
wie einen Schatz.

Und wenn es eng um mich wird,
wenn ich kaum atmen kann,
will ich ihn mir vor Augen halten:

Dann weht mir der salzige Wind um die Nase,
ich spüre Sand zwischen den Zehen
und Sonne auf meiner Haut.

Und ich erinnere ich mich:
Dein Horizont, Gott, ist größer als meiner.
Du stellst meine Füße auf weiten Raum.

Tina Willms

Brot und Salz

Hier an der Küste müssen Menschen lernen, mit Abschieden zu leben.
Menschen kommen und gehen, ziehen her und ziehen weg.
Manche ziehen freiwillig um. Manche unfreiwillig.
Manche gehen gerne weg. Manche traurig.
Für die, die gehen, kann es sehr schwer sein. Für die, die bleiben, auch.
Immer ist ein neuer Anfang dran: Ohne einander. In der Fremde.
Für den Gehenden beginnt alles neu.
Für den Anfang ist die alte Sitte, Brot und Salz dem Einziehenden zu
schenken, ein Segenswunsch:
Möge Gott, der Geber aller guten Gaben, immer (Nahrungs-) Grund-
lage des Neuen sein.

Friedhelm und Heike Peters

Gebet auf dem Nachhauseweg

Wir danken dir, Gott, für das Geschenk des Lebens,
das du in unsere Hände gelegt hast,
für die kleinen und großen Glücksmomente,
in denen wir am liebsten hüpfen und tanzen würden,
für den frischen Atem, der uns jeden Morgen belebt,
für die vertrauten Stimmen, die uns begrüßen,
für das Licht am Morgen und die Dunkelheit am Abend.

Wir danken dir für die Freude, wenn uns etwas gelingt,
und die Fähigkeit, mit andern Freude und Trauer teilen zu können.
Wir danken dir für die bunte Vielfalt der Sinne,
womit wir hören und sehen, tasten, riechen und schmecken,
und so spüren, dass das Leben auf uns wartet.
Wir danken dir für manche Unvollkommenheiten,
die uns daran erinnern, das wir nicht alles machen und verantworten
müssen, dass auch Brüche und Risse zum Leben gehören,
dass wir keine Perfektionisten sein müssen,
sondern wir einer Vollendung entgegen leben,
die nicht in unseren, sondern in deinen Händen liegt.

Bewahre uns vor der Leere des Lebens,
der irrigen Meinung, alles schon zu wissen und zu kennen,
nichts Neues mehr zu erwarten und am Alten zu verzweifeln.
Schenke uns Achtsamkeit für die verborgenen Spuren und leisen Töne
deiner Schöpfung, für die Stille hinter dem Lärm
und dem Glanz hinter der Dunkelheit.
Lass Lebensmut und Lebensfreude unter uns wachsen,
damit sichtbar wird, wie gut und wie schön diese Welt
von dir geschaffen wurde.

Klaus Nagorni

Gut ankommen

Highway to God

„Wandern", „wir waren am Berg", antwortet man mir immer wieder, liebe Gemeinde, wenn ich Menschen, die mich hier umgeben, nach dem frage, was sie am Wochenende gemacht haben. Die Südtiroler sind Leute, die das Laufen oder Klettern auf gebirgigen Wegen lieben, wahrscheinlich, weil es so naheliegend im wörtlichen Sinne ist. Ja, weil es hier ganz einfach zum Leben gehört, Wege durch Täler und über Berge zu gehen. Oftmals verschlungene, steinige, manchmal steile und gefährliche und vor allem unendlich viele Wege prägen dieses Land.

Wer hier lebt, wird auf natürlichem Wege Wegexperte, lernt sich zu orientieren und Wege einzuschätzen, sie zu finden und sie zu bewältigen. Das Symbol des Weges ist ein christlich universales Glaubensbild, das Ihnen allen zugänglich sein könnte.

Deswegen möchte ich heute zu Ihnen über Glaubenswege sprechen. Es steht an einem solchen Tag ja auch die Frage im Raum, welchen Weg wir, liebe Gemeinde, als wanderndes Gottesvolk in der kommenden Zeit miteinander gehen werden!

Neulich wachte ich einmal wieder früh auf, so gegen fünf. Eigentlich mag ich diese Phasen des frühen Halbwachens sehr, weil in diesen Zeiten die klarsten Gedanken und die besten Predigten entstehen. Es ist so eine Art kleine Trance, die Sie vielleicht auch kennen. Diesmal gingen mir immer wieder zwei Worte durch den Kopf: Weg und Schritt. Weg und Schritt, aber ich konnte mir nicht wirklich einen Reim darauf machen.

Noch vor dem ersten Tageslicht ging ich also an meine Bücherwand und griff nach der Bibelkonkordanz, das ist ein Nachschlagewerk für Worte in der Bibel, und suchte nach einer Stelle, in der beides vorkommt. Ich fand tatsächlich etwas bei den Sprüchen, Weisheiten aus der Salomonischen Gelehrtenschule: „Des Menschen Herz erdenkt sich seinen Weg, Gott aber lenkt seinen Schritt" (Sprüche 16,9).

Was wir uns auch immer erdenken, alleine oder gemeinsam, du sollst wissen, dass an deinem Herz und der Meinung der Anderen lange nicht alles hängt, so die göttliche Pointe dieses einfachen Satzes. Ich, dein Schöpfer und Begleiter, werde dazu schon noch meinen Teil beitragen. Es könnte auch ganz anders ausgehen. Des Menschen Herz erdenkt sich seinen Weg, Gott aber lenkt seinen Schritt...

„Welches ist der Weg dahin, wo das Licht wohnt?", fragt Hiob mit uns Gottessuchern. Könnten wir, liebe Gemeinde, unser Leben unter diese Frage stellen? Welches ist der Weg dahin, wo das Licht wohnt?

Während wir fragen, sind wir ja schon auf diesem Weg. Wir werden von unserem Schöpfer ins Leben gerufen und auf den Weg gebracht, und dann heißt es suchen und gehen auf seinen Wegen, dem Licht entgegen. „Gott zeige mir deine Wege und lehre mich deine Steige!" (Psalm 25,4).

Zu unseren Glaubenswegen gehören nun alle, uneingeschränkt alle Erfahrungen, die man auch auf irdischen Wegen machen kann, und Sie wissen, wie verschieden Wege sein können:

Da gibt es die geraden und einfach zu gehenden Wege. Du brauchst dir keine Gedanken zu machen, das Leben läuft wie am Schnürchen. Dich plagen keine Zweifel. Manchmal läuft es wie von selbst. Diese Wege sind in gewisser Weise ideal, auch Idealbilder für den Weg zu Gott: *Make straight in the desert a highway to god*, heißt es so schön im englischen Messias von Händel, im Anschluss an den Propheten Jesaja. Mache einen geraden Weg klar, einen Highway zu Gott. Jesaja fordert uns auf, die Hindernisse aus dem Weg zu räumen, die das Leben behindern und den Blick auf den Wesentlichen verstellen.

Ach, wenn es doch so einfach wäre, wie es klingt! Ist es nicht eher die Regel auf dem Lebensweg und der Suche nach dem Licht, dass das Ziel immer wieder nicht zu sehen ist?

Vielmehr überrascht einen die nächste Kurve. Und im schlimmsten Fall geht es dahinter hinunter statt hinauf. Was sich wirklich hinter dem verbergen wird, was vor uns liegt, können wir kaum vorher sagen. Wir haben sie trotzdem zu wagen: die Schritte in eine neue Aufgabe, ein neues Land, eine neue Schule, eine politische Entscheidung.

Auch als Paare oder in der Arbeit stehen wir immer wieder vor Kurven oder plötzlichen Abgründen und müssen schauen, dass wir nicht aus der Kurve fliegen oder abstürzen. Manchmal muss dann jeder für sich alleine gehen, so schmal ist der Pfad, oder es gilt, einander besonders fest zu halten und zu sichern.

Mit den Glaubenswegen ist es nicht anders. Der Highway to God ist seltenes Glück. Oft ist der Weg steinig, das Gebet mühselig, das Vertrauen anzukommen kann schwinden. Manchmal heißt es einfach nur weitergehen. Schritt für Schritt und dem Hirten vertrauen, von dem wir erzählen.

Und hoffen, dass er noch hinter mir geht, der Hirte, sodass ich ihn gar nicht sehen kann, und er trotzdem lenkt und führt. Wie gut ist es dann, wenn ich links und rechs, vor mir und bei mir andere Menschen wahrnehme, die gehen, einfach weitergehen im Glauben und mich mitziehen, vielleicht sogar einmal ein Stück tragen.

Ganz hart kann es kommen, auf dem Lebensweg, wenn wir vor einer Wand zu stehen scheinen. Einer Wand des Unglücks. Der Lichtsucher Hiob weiß, wovon er spricht, wenn er über seinen Gott klagt: „Er hat meinen Weg vermauert." Kinder zu verlieren wie Hiob, dass ist wie wenn eine Mauer dir den Lebensweg versperrt. Mein Gott, wird jemals wieder Licht zu sehen sein?

Es wird dann auch Umwege brauchen, liebe Gemeinde, um den Weg zum Leben neu zu finden, zu dem Leben, das zu Gott führt.

Auch das ist nicht die Ausnahme. Die ganze Bibel ist eine Ansammlung von Geschichten über Umwege der Menschen zu Gott. Wer am Berg wohnt, wird damit gelassener umgehen können. Denn auch er weiß, dass es oft der Umwege bedarf, um ans Ziel zu kommen. Beharrliches Suchen ist nötig und vorsichtiges Probieren, wo sich der Weg zu verlieren scheint, und wo sich ein Weg auftut. Genauso sind das Anhalten und das Schauen, Vorausschauen und Hinaufschauen immer wieder nötig, und sich beraten, ermutigen und ermuntern, wo es weitergehen könnte und sollte!

All dies werden wir miteinander immer wieder tun, liebe Schwestern und Brüder, als wandernde Gemeinde, als Kirche unterwegs zum Licht, mal im Pulk und mal hintereinander, mal unter der Führung des einen, mal des anderen, hinauf- und hinabsteigen, als Gottes Volk unterwegs. Immer unserem Ziel, Gottes Reich, entgegen. Die Grundbewegung ist sicher eher aufwärts als abwärts, da kommt Freude auf trotz Anstrengung, nicht ohne Grund beten wir „Vater unser im Himmel". Es ist eben ein Weg dem Himmel entgegen. Deswegen kommt noch der Steig zum Weg: „Herr zeige mir deine Wege und lehre mich deine Steige!"

Eins möchte ich noch ansprechen, das Schwerste und mit am Wichtigsten auf dem Glaubensweg. Wer klettert, weiß, dass es hinauf oft leichter geht als hinunter. Aber man kann sich auch versteigen. Es gibt auch Holzwege und Irrwege, die irgendwo im Dickicht enden. Wenn es so weit ist, dann gibt es eigentlich nur noch eins – umkehren.

„Kehrt um von euren bösen Wegen", heißt es im zweiten Buch der Könige. Auf Glaubenswegen heißt diese Umkehr Buße.

Buße bedeutet nicht, sich künstlich in den Staub zu drücken. Buße heißt einfach einsehen, dass man umkehren und auch so handeln muss, wissend, dass das der einzige Weg zum Leben ist. Weiterzugehen würde böse enden.

Was ist daran so schwer?

Es ist vor allem die Einsicht in die eigenen Grenzen, die uns Menschen doch immer wieder große Mühe macht. Anerkennen, dass es nicht mehr weiter hinaufgeht auf dem Weg, dass man sich überschätzt hat, scheitern und rückwärts gehen, wieder hinunter. So etwas kostet mindestens ebensoviel Anstrengung wie hinaufzugehen. Es geht langsamer, mühseliger als hinauf und ist obendrein kränkend, enttäuschend, aber manchmal eben die einzige Möglichkeit zum Leben. Gott kann und wird das von uns fordern, von jedem von uns irgendwann einmal im Leben, und von uns allen als Gemeinde auch. Auch Umkehren gehört dazu, Fehler erkennen und Irrwege und wieder ein Stück zurückgehen.

Müssen wir uns davor ängstigen? Ich glaube nein. Umkehren ist keine Schande. Vielmehr müssen wir uns vor Menschen ängstigen, die meinen, umkehren sei niemals nötig. Umkehren gehört auch zu Glaubenswegen immer irgendwann dazu. Aber auch aus einem anderen Grund brauchen wir uns nicht zu ängstigen:

Ihr kennt das Gefühl, Kinder, da seid ihr ganz flink auf einen Baum geklettert, und beim Hinunterblicken bekommt ihr es plötzlich mit der Angst zu tun. Wie soll ich da bloß wieder hinunterkommen? Jetzt bin ich zu hoch. Ich kann mich nicht mehr halten. Wie gut ist es dann, wenn da unten einer steht, der sagt, du, wenn du fällst, dann fang ich dich auf.

Wir brauchen nicht den Glauben zu verlieren über den Abstieg, liebe Gemeinde, oder über der Angst, den Weg zu verlieren. In Jesus Christus haben wir einen Weg, der, wenn er manchmal auch hinabgeht, sogar bis in den Tod, nicht dort endet: „Ich bin der Weg, die Wahrheit, und das Leben", sagt Jesus Christus über sich im Johannes-Evangelium, das Leben, sagt er und nicht etwa das Ende oder ähnliches.

Er lädt uns ein, mit ihm und durch ihn neue Wege zu gehen. Der Wahrheit können wir standhalten, dass es auch hinabgehen wird, eines Tages bis in den Tod. Und die Gewissheit können wir teilen, dass das Leben siegt auf dem Weg zum Licht über alle Höhen und Tiefen unseres Daseins hinweg.

Marcus A. Friedrich

Erhalte uns den weiten Horizont

Gott, unser Vater,
wir danken dir für die Möglichkeit aufzubrechen,
Vertrautes und Fremdes zu sehen,
anderen Menschen und andern Ländern zu begegnen.

Wir bitten dich um ein gutes Gedächtnis für unsere Erfahrungen,
die guten und die schwierigen.
Halte die Freude in uns wach, die wir in den Ferien, im Urlaub hatten.

Stärke die guten Kräfte in uns, die wir im Urlaub sammeln konnten,
erhalte uns den weiten Horizont, den wir entdeckt haben.

Deine Nähe und dein Geleit haben wir im Urlaub gespürt.
Bleib uns jetzt nahe, wo der Alltag uns wieder im Griff hat.
Hilf uns, die Erfahrung deiner Nähe weiterzugeben
an die Menschen, die unser Leben teilen.
Mach uns offen für alle, die bei uns Urlaub machen
und Erholung suchen.

Um dein Geleit,
um Kraft und Zuversicht
bitten wir für alle,
die keinen Urlaub machen können.
Halte ihre und unsere Augen offen
für Ungewohntes und Fremdes bei uns.
Gott, dir vertrauen wir uns an.
Amen.

Rainer Staege

Gott, deinen Namen will ich singen

mit Musik-„Unterlegung" (Harfe)

Gott,
deinen Namen will ich singen.
Dir entspringt mein Leben.
Aus deiner Schöpfung
schöpfe ich,
schöpfe meine Kraft.
In deiner Sonne blühe ich.
In deinem Boden wurzle ich.
Aus dir ziehn meine Sinne Saft.
Deine Farben färben mich.
Deine Schatten schlagen mich.
Dein langer Atem
schafft mir Luft.
In deine Nacht verkriech ich mich,
ruhe aus und träume.
Dein Morgen weckt mich auf,
spannt meinen Willen an.
Dein Wille setzt voraus.
Ich setze nach
und tue, was ich kann.
Dein Abendrot führt mich in
Weiten,
ich ahne meine Zeit.
Die Dunkelheit führt mir
beizeiten dein Amen vor,
die unbekannte Ewigkeit.

Gott,
deinen Namen will ich singen –
und dann zu guter Letzt
versteck den meinen
in deinem großen weiten Kleid.
Amen.

O God,
I praise your name.
My life comes from you.
My creative power
comes from you,
you, who have created me.
Under your sun I blossom.
Deep within your earth
my roots grow.
From your sap my senses rise.
Your colours give me my colour.
Your shadows overshadow me.
Your deep breath
gives me air to breathe.
Into your night I snuggle down
to rest and dream.
Your morning wakes me up,
gives me purpose for the day.
And your purpose goes before me.
I follow, and do whatever I can.
Your sunset leads me on,
gives me a sense of my time.
In good time the darkness
introduces me to your Amen,
the unknown eternity.

O God,
I praise your name –
and then, last but not least,
entrust mine
to the wide folds of your cloak.
Amen.

Friedrich Karl Barth   Englische Übersetzung: Robert Jones

Gott ist mit dir in allem

Seebestattung

Begrüßung und Wort zur Situation
„Und glaubt mir, ich bin nicht tot, ich schlafe nur.
In euren Herzen bin ich bei euch."

Antoine de Saint-Exupéry

Biblische Lesung aus dem Alten Testament: 1. Mose 1,1-5
Gottes Geist schwebt über den Wassern –
Gott scheidet zwischen Licht und Finsternis, Tag und Nacht.
Die Schöpfung:
„Am Anfang schuf Gott Himmel und Erde.
Und die Erde war wüst und leer, und es war finster auf der Tiefe;
und der Geist Gottes schwebte auf dem Wasser.
Und Gott sprach: Es werde Licht! Und es ward Licht.
Und Gott sah, dass das Licht gut war.
Da schied Gott das Licht von der Finsternis
und nannte das Licht Tag und die Finsternis Nacht.
Da ward aus Abend und Morgen der erste Tag."

Erfahrungen des Lebens und der Familie –
Erinnerungen an den Verstorbenen/die Verstorbene –
„Man sieht nur mit dem Herzen gut, das Wesentliche ist für die
Augen unsichtbar."

Antoine de Saint-Exupéry

Biblische Lesung aus Psalm 104,24-30
„Lob des Schöpfers und der Schöpfung" – die Wunder des Meeres
Herr, wie sind deine Werke so groß und viel!
Du hast sie alle weise geordnet, und die Erde ist voll deiner Güter.
Da ist das Meer, das so groß und weit ist,
da wimmelt's ohne Zahl, große und kleine Tiere.
Dort ziehen Schiffe dahin;
da sind große Fische, die du gemacht hast, damit zu spielen.
Es warten alle auf dich,
dass du ihnen Speise gebest zur rechten Zeit.
Wenn du ihnen gibst, so sammeln sie;

wenn du deine Hand auftust,
so werden sie mit Gutem gesättigt.
Verbirgst du dein Angesicht, so erschrecken sie;
nimmst du weg ihren Odem, so vergehen sie und werden wieder Staub.
Du sendest aus deinen Odem, so werden sie geschaffen,
und du machst neu die Gestalt der Erde.

Aussegnungsworte

Es segne dich, Gott, der Allmächtige und Barmherzige, der Schöpfer
des Himmels und der Erde. Er hat dich einst geschaffen aus den
Wassern des Lebens und er hat dich berufen zum Erbe der Heiligen in
seinem Licht. Gott heilt, was wir getrennt sehen, Gott tröstet unsere
Tränen.

Biblisches Votum

Brief des Apostel Paulus an die Römer, Kapitel 8:

„Wer will uns scheiden von der Liebe Christi? Trübsal oder Angst oder
Verfolgung oder Hunger oder Blöße oder Gefahr oder Schwert?
Aber in dem Allen überwinden wir weit durch den, der uns geliebt hat.
Denn ich bin gewiss, dass weder Tod noch Leben, weder Engel noch
Mächte noch Gewalten, weder Gegenwärtiges noch Zukünftiges,
weder Hohes noch Tiefes noch eine andere Kreatur uns scheiden
kann von der Liebe Gottes, die in Christus Jesus ist, unserm Herrn."

Vaterunser

Urnenübergabe ins Meer

Sendungswort

„Ich bin durchs Leben auf dich zugegangen
so fest und klar, wie übers Land.
Die Taube flog, die lange eingefangen
und doch den Weg zur süßen Heimat fand.
Und denke ich an Sturm und Streit und Streben,
an meiner Jugend Wandern dort und hier.
So ist mir oft: Es war mein ganzes Leben,
ein stiller, unbeirrter Weg zu dir."

(Börries Freiherr von Münchhausen)

Segenswort

„Der Herr segne dich
und behüte dich.
Der Herr lasse sein Angesicht leuchten über dir
und sei dir gnädig.
Der Herr erhebe sein Angesicht auf dich
und gebe dir (†) Frieden.
Amen"

Ansprache

Liebe Frau N.N., liebe Familie und Verwandte, Freunde und
Mitbewohner, liebe Trauergemeinde!

‚Zeit und Ewigkeit', ‚Verbundenheit und Alleinsein', ‚Freud und
Schmerz', ‚Nachtgedanken und Erinnerungen an erfüllte Augenblicke',
‚hoffendes Vertrauen und die Sehnsucht nach einer Hand, die uns hält'
– das mögen Stimmungen und Bilder unserer Seelen in diesen Tagen
der Trauer sein, wie wir sie eben mit den alten Worten Paul Gerhardts
gesungen haben. Unser Herz ist gekränkt, wir brauchen Pflege, wollen
behutsam und achtsam aufs Leben schauen, weil der Lebensweg von
N.N. zu seinem irdischen Ende gekommen ist.

Am ... ist er in ... eingeschlafen, kurz vor der Vollendung seines ...
Lebensjahres am ... .

Das ist ein hohes, gesegnetes Alter, in dem man alt und lebenssatt
gehen kann. Müde war er geworden, kein Wiederherstellen der alten
Lebenskräfte konnte es mehr geben. Wie gut und tröstlich, dass sie in
diesen letzten sechs Wochen jeden Tag – jeden Tag – bei ihm sein
konnten. Er hat trotz der Hitze und der Schmerzen nie geklagt auf der
Wachstation, wo mit aller medizinischen Kunst das kranke Herz wieder
gesunden sollte.

Zeiten der Trauer sind Zeiten der Veränderung, liebe Trauergemeinde,
aber da sind auch die Bilder des Dankes und der Erfüllung, gerade in
der Trauer über das Verlorene und Vergangene.

Der Dichter Jean Paul hat einmal gesagt, dass die Erinnerungen die
einzigen Paradiese sind, aus denen wir nicht vertrieben werden können.
Nicht in dem einfachen Sinne, dass die Erinnerungen alles vergolden.
Eher so, als ob er bei allem Glauben an die versöhnende Kraft der Er-

innerungen auch um ihre Gefährdung, ihre Bedrohung gewusst hat, vor allem in der Zeit der Trauer.

„Siehe, ich habe dir geboten, dass du getrost und freudig seist. Lass dir nicht grauen und entsetze dich nicht, denn der Herr, dein Gott ist mit dir in allem, was du tun wirst" (Josua 1,9).

Dieses Wort aus dem Josuabuch haben Sie sich als Leitwort für diese Stunde des Abschieds gewünscht, weil es in markanter Weise und sehr komprimiert, elementar die Dynamik ihres gemeinsamen Lebens zusammenbindet. Es war Ihr Trauspruch, als sie … in der …Kirche in … mit Gottes Segen in Ihre Ehe getreten sind – und es lag ja so viel reicher Segen auf ihren gemeinsamen Tagen.

„Getrost und freudig" – so beginnt das Urvertrauen der Kindheit, setzt sich fort in der Phantasie der Lebensgestaltung und reift schließlich im Herbst des Lebens zu wertvollen Früchten.

Denn wir müssen äußere Realität und innere Bilderwelt zusammenbekommen – das Belastende gerade der letzten Zeit durch das Schwinden der Kräfte in diesem früher bärenstarken Mann – als könne kein neues Holz seinem Lebensfeuer neue Energie zuführen. Und N.N. war aus einem besonderen, knorrigen Holz geschnitzt: An ihm konnte man sich reiben, aber auf ihn konnte man auch bauen, da war Widerstandsfähigkeit und Beharrlichkeit, Markantes und Kantiges.

N.N. wurde am … in … als ältester Sohn vor seinen drei Schwestern geboren. Die Eltern waren beide Lehrer und haben den Kindern mit einem festen Glauben und viel Liebe zur Natur, besonders zum Bergsteigen, die Welt aufgeschlossen. Da heißt es beim Propheten Jesaja im 54. Kapitel, Vers 10: „Denn es sollen wohl Berge weichen und Hügel hinfallen, aber meine Gnade soll nicht von dir weichen und der Bund meines Friedens soll nicht hinfallen, spricht der Herr, dein Erbarmer".

Ich möchte Ihnen ein Zitat von Martin Heidegger aus seinen Gedanken „Der Feldweg" vorlesen, denn ich meine, diese Zeilen sprechen für sich:

„Wenn die Rätsel einander drängten und kein Ausweg sich bot, half der Feldweg. Denn er geleitete den Fuß auf wendigem Pfad still durch die Weite des kargen Landes. … Ob das Alpengebirge über den Wäldern in die Abendstimmung wegsinkt, ob dort, wo der Feldweg sich über eine Hügelwelle schwingt, die Lerche in den Sommermorgen steigt, ob aus der Gegend, wo das Heimatdorf der Mutter liegt, die Ostluft herüberströmt, ob ein Holzbauer beim Zunachten sein Reisigbündel zum Herd schleppt, ob ein Erntewagen in den Furchen des Feldweges heimwärts schwankt, ob die Kinder die ersten Schlüsselblumen am Wiesenrain pflücken, ob der Nebel tagelang seine Düsternis und Last über die Fluren schiebt, immer und von überall her steht um den Feldweg der Zuspruch des Selben: Das Einfache verwahrt das Rätsel des Bleibenden und des Großen. Unvermittelt kehrt es bei den Menschen ein und braucht doch ein langes Gedeihen. Im Unscheinbaren des immer Selben verbirgt es seinen Segen. Die Weite aller gewachsenen Dinge, die um den Feldweg verweilen, spendet Welt. Im Ungesprochenen ihrer Sprache ist, wie der alte Lese- und Lebemeister Eckhardt sagt, Gott erst Gott.

Aber der Zuspruch des Feldweges spricht nur so lange, als Menschen sind, die, in seiner Luft geboren, ihn hören können. Sie sind Hörige ihrer Herkunft, aber keine Knechte von Machenschaften. Der Mensch versucht vergeblich, durch sein Planen den Erdball in eine Ordnung zu bringen, wenn er nicht dem Zuspruch des Feldweges eingeordnet ist. ...

Auf seinem Pfad begegnen sich der Wintersturm und der Erntetag, treffen sich das regsam Erregende des Frühjahrs und das gelassene Sterben des Herbstes, erblicken einander das Spiel der Jugend und die Weisheit des Alters. Doch in einem einzigen Einklang, dessen Echo der Feldweg schweigsam mit sich hin und her trägt, ist alles verheitert. Die wissende Heiterkeit ist ein Tor zum Ewigen. Seine Tür dreht sich in den Angeln, die aus den Rätseln des Daseins bei einem kundigen Schmied einst geschmiedet worden. ...

Die Stille wird mit einem letzten Schlag noch stiller. Sie reicht bis zu jenen, die durch zwei Welt-Kriege vor der Zeit geopfert sind. Das Einfache ist noch einfacher geworden. Das immer Selbe befremdet und löst. Der Zuspruch des Feldweges ist jetzt ganz deutlich. Spricht die Seele? Spricht die Welt? Spricht Gott? Alles spricht den Verzicht in das Selbe. Der Verzicht nimmt nicht. Der Verzicht gibt. Er gibt die unerschöpfliche Kraft des Einfachen. Der Zuspruch macht heimisch in einer langen Herkunft." ...

Liebe Gemeinde, liebe Frau N.N.,
der Tod bringt so viel Stille und Endgültiges. Diese Lektion haben Sie schmerzlich erfahren müssen. Deshalb wollen wir sehr behutsam nach den Spuren des Lebens fragen, die er uns gezeigt hat.

Ich denke, mit seinem Wesen und Wirken war uns ein faszinierender Blick auf ein engagiertes Leben vergönnt, auf einen starken, souveränen, fürsorglichen und liebevollen Menschen.

‚Weiß Gott, davon gibt es nicht sehr viele'. Aus solchem Holze müsste man geschnitzt sein.

Was die Glaubwürdigkeit und Integrität seines Handelns ausmachte? Ich möchte einige Annäherungen versuchen: Der Feldweg ist ja nicht nur eine Landschaftsimpression aus seiner Schweitzer Heimat, er ist vielmehr eine Art des Denkens und Fühlens, eine Art zu leben.

Wir leben heutzutage in unserer modernen Gesellschaft in einer Zeit, in der komplizierte und komplexe Zusammenhänge zu notwendiger Spezialisierung, Ausdifferenzierung, zum ‚Experte-sein' zwingen. Man muss das gar nicht beklagen. N.N. hat in seinem beruflichen Werdegang als ... mit seinem Geschäft im Tessin oder den Auslandserfahrungen seinen Mann gestanden. Aber oft bleiben dabei Fragen des übergreifenden Gemeinwohls, der verbindlichen Ethik und Moral hinter allen Sachzwängen und Partikularinteressen auf der Strecke.

„Aus der Stille wächst die tiefe Gotteserfahrung" – das meint die Beschreibung des Feldweges.

Er war ein stiller Mann, ein Mittler verschiedener Welten. Die Liebe zur Natur, zu Bergen und zum Wasser, aber genauso zu Kunst, Kultur und Musik, die Schönheit dieser Insel staunend in sich aufnehmen und die heimatliche Verbundenheit pflegen, dies bildeten die Mosaiksteine seines Lebens. Eher klein an Statur, war doch bei ihm nichts Kleinliches, sondern sehr viel Verlässliches, Treues. Und wir haben als deutschsprachige Evangelische Gemeinde auf den Balearen von Herzen zu danken für ihren gemeinsamen Dienst in der Kirchenmusik, liebe Frau N.N., wo er sie all die Jahrzehnte treu über die ganze Insel gefahren hat, zu den Gottesdiensten, Hochzeiten und Taufen, oder zu den Gemeindefesten etwa nach Consolacion. Wie aktiv war er unserer Gemeinde verbunden, wie sehr werden wir ihn gerade an den Samstagabendgottesdiensten hier in Es Catellot vermissen. Wie sehr hatte ihn seit den 60er Jahren Mallorca, die Faszination der Insel in den Bann gezogen. Wie hat er nach den Jahren im Haus an der Costa Calma den Lebensabend hier in der Residenz mit dem Blick auf das Meer und die Berge genossen.

Bildung ist mehr als Wissen, sie ist eher tiefe Verbundenheit mit der Schöpfung, mit dem Schöpfer selbst und uns, den Menschen und Tieren als seine Geschöpfe. Da Bildung sowohl qualifiziertes, auf Erfahrung begründetes Wissen als auch Gestaltung von Zukunft beinhaltet und immer den ganzen, lebendigen Menschen meint, spürte man seinem Auftreten diese Verstandes- und Herzensbildung an. Vielleicht ist es mehr als zufällig, dass er sich gerade zu den Schildkröten, diesen sanften, ausdauernden und klugen Tieren hingezogen fühlte, und nicht zufällig zeigt die Schildkröte ‚Kassiopeia' in Buch „Momo" von Michael Ende der kleinen Titelheldin den Weg zum Meister ‚Hora' – zum Geheimnis der Zeit und zum Geheimnis des Lebens.

Wenn man ‚Lieben und Arbeiten', womit wir Anteil haben an der Schöpfung Gottes, übersetzt in den Kontext unseres aufgeklärten Menschenbildes, in die Perspektive unserer christlichen, abendländischen Gesellschaft, dann kann man für ‚Lieben und Arbeiten' auch Kultur sagen: liebevolles Pflanzen und Pflegen, aktives Bebauen und Bewahren. Für Ihren Mann und Sie bedeutete das ganz konkret, dass sie noch 1989 für drei Monate nach Brasilien gingen, um dort über den Seniorenexpertenservice Kindern von landlosen Arbeitern in Teofilo Otoni in Brasilien zu helfen, damit diese eine Ausbildung erfahren und sich eine Zukunft aufbauen konnten. Einfache Sonnenkollektoren waren da z. B. gefragt.

Auch die Sehnsucht nach Freiheit, nach Aufbruch und Verwandlung sind in der Weisheit des Feldweges enthalten. N.N. brauchte seine Freiheit, er war ein freiheitlicher Mensch und einer seiner Wahlsprüche hätte lauten können: Ich arbeite viel und gerne, aber ich bin nicht gerne Untertan.

Wenn es denn stimmt, dass Gott uns als Partner und Mitarbeiter braucht beim Bauen und bewahren einer gerechteren, zärtlicheren Welt, wo keiner mehr hungern soll, wo keiner einsam ohne Trost sterben soll, wo Kinder und Alte auf dem Marktplatz sitzen und spielen, dann haben wir wahrlich einen guten Mann verloren.

Liebe Gemeinde hier in Es Castellot,

ich denke, das haben wir von N.N. lernen können: Im Wissen um die richtigen Relationen des Lebens alles in unserer Macht Stehende zu tun, damit unser Zusammenleben gelingen kann; aber auch in den Dimensionen der Menschlichkeit unseres Handelns, im ‚Bewusstsein des Humanums' die Stille auszuhalten. Sie schenkt uns die Stille und Weite Gottes.

So bitten wir in dieser Stunde des Abschieds, dass Gott ihn und uns alle mitnehme in die Kraft seiner Auferstehung:

„Siehe, ich habe dir geboten, dass du getrost und freudig seist. Lass dir nicht grauen und entsetze dich nicht, denn der Herr, dein Gott ist mit dir in allem, was du tun wirst" (Josua 1,9).

Ein Bild der Kraft gegen die Müdigkeit, gegen den Treibsand der Trauer, die einen am Gehen hindern will, weil man keinen Halt unter den Füßen findet. Der Seele Flügel wachsen lassen – ein Bild des Trostes und der Stärkung. Ein Bild der Hoffnung, der Erfahrung der österlichen Auferstehung.

Nicht das Vergessen und Verdrängen von all dem, was uns schwer fällt und schmerzt, macht uns menschlicher. Sondern das Wahrnehmen und Aushalten unserer Ängste und Beschädigungen lässt unser Leben heil werden. Ich glaube, das Paradies ist ein weites Land, mit glutroten Sonnenuntergängen wie auf unserem geliebten Mallorca, mit Sandstränden und geschützten Buchten, wo die Schildkröten ihre Nachkommen ins Nest legen, wie er das von Südamerika kannte, besonders von den Galapagos-Inseln, oder mit Kälbern und Ochsen, mit Hasen und Füchsen, die sich dort – wie im Schweitzer Jura oder auf der Golzern Alp – friedlich gute Nacht und guten Morgen sagen.

So schildert es uns jedenfalls die Bilderwelt des Alten Testaments, Bilder des Friedens über alle Grenzen unserer Vernunft hinweg. Keinen geringen Zipfel vom Paradies haben Sie in Ihrer Ehe durch ihren Mann erfahren können – gefüllt mit Leben, Zuneigung und Liebe.

Wir bitten Gott in dieser Stunde des Abschieds, dass er N.N. gnädig aufnimmt in seine Liebe, uns schenke er die Zuversicht und die Kraft der Auferstehung, die Hoffnung und den Glauben, dass uns nichts trennen kann von der Liebe Gottes. In einem alten Segen aus dem Jahr 1692 aus Baltimore haben die ersten Siedler der Neuen Welt ihre Hoffnung auf Zukunft einmal so ausgedrückt:

Pflege die Kräfte deines Gemüts,
damit es dich schützen kann, wenn Unglück dich trifft,
aber überfordere dich nicht durch deine Wunschträume.
Viele Ängste entstehen durch Enttäuschung und Verlorenheit.
Erwarte eine heilsame Selbstbeherrschung von dir.
Im Übrigen aber sei freundlich und sanft zu dir selber.
Du bist ein Kind der Schöpfung,
nicht weniger als die Bäume und Sterne es sind.
Und ob du es merkst oder nicht –
ohne Zweifel entfaltet die Schöpfung sich so, wie sie es soll.
Lebe in Frieden mit Gott, wie du ihn jetzt für dich begreifst.
Und was auch immer deine Mühen und Träume sind
in der lärmenden Verwirrung des Lebens –
halte Frieden mit deiner eigenen Seele.

Mit allem – ihrem Trug, ihrer Plackerei und ihren zerronnenen
Träumen – die Welt ist immer noch schön!
So nehmen wir in Trauer und Dankbarkeit Abschied von N.N.

Und der Friede Gottes, der höher und tiefer ist als unsere Vernunft,
bewahre unsere Herzen und Sinne – heute in dieser Stunde des Abschieds und in allen Tagen, die kommen werden – in Jesus Christus.
Amen.

Klaus-Peter Weinhold

Ich bin nur ganz leise
auf die andere Seite des Weges gegangen

Sterben hat keine Bedeutung.
Es zählt nicht.
Ich bin nur ganz leise auf die andere Seite des Weges gegangen.
Alles bleibt genauso, wie es war.
Ich bleibe ich und ihr bleibt ihr.
Das Leben, das wir so voll Liebe miteinander verbracht haben,
bleibt unberührt.
Was wir füreinander waren, das sind wir noch.
Nennt mich so wie immer.
Sprecht von mir wie eh und je und nicht anders.
Werdet nicht feierlich oder traurig.
Lacht weiter über Dinge, über die wir gemeinsam gelacht haben.
Spielt, freut euch und denkt an mich.
Betet auch für mich.
Man soll zu Hause von mir reden wie immer,
ohne Pathos, ohne eine Spur von Trauer.
Alles, was das Leben für uns gemeinsam bedeutet hat,
das bedeutet es immer noch.
Es besteht weiter. Der Faden ist nicht gerissen.
Was heißt schon Sterben?
Es ist etwas, das täglich passiert.

Warum sollte ich aus eurem Leben verschwunden sein,
nur weil man mich nicht mehr sieht?
Ich bin ja nicht weit weg, nur auf der anderen Seite des Weges.
Ihr seht ja, alles ist so, wie es sein soll.
Ich warte doch nur auf euch.
Alles ist gut.

Augustinus

Trauern

Trauern ist ein mühsamer Weg.
Trauern um einen verlorenen Menschen ist besonders schmerzlich.
Der gemeinsame Weg liegt hinter uns.
Die Ernte, wenn es denn als eine gemeinsame fruchtbare Zeit
empfunden werden kann, liegt zurück.
Es gibt nichts Gemeinsames mehr außer der Vergangenheit.
Gibt es eine Zukunft?
Der Steinbruch ist leer, abgeerntet, verlassen.
Alle Arbeiter, Maschinen und Werkzeuge sind weg.
Stille ist eingekehrt.
Lange dauert es, bis neues Leben wächst.
Aber irgendwann kommt es. Ein einzelner Baum entsteht.
Etwas ganz Neues.
Etwas Lebendiges. Gott ist ein Schöpfer aus dem Nichts.
Alleine steht er, der Baum.
Er ist ein Zeichen für die Zukunft, für Wurzeln, die aus wenig Erde
viel Kraft ziehen.

Heike Peters

Ein Vaterunser mit auf den Weg nehmen...

(englisch)
Our Father, who are in heaven,
hallowed be thy name;
Thy kingdom come;
Thy will be done on earth as it is
in heaven.
Give us this day our daily bread;
and forgive us our trespasses,
as we forgive those who trespass
against us;
and lead us not into temptation,
but deliver us from evil.
For thine is the kingdom, and the
power,
and the glory for ever and ever.
Amen.

(spanisch)
Padre nuestro, que estás en el
cielo,
santificado sea tu Nombre;
venga a nosotros tu reino;
hágase tu voluntad en la tierra
como en el cielo.
Danos hoy nuestro pan de cada
día;
perdona nuestras ofensas,
como también nosotros perdona-
mos
a los que nos ofenden;
no nos dejes caer en la tentación,
y líbranos del mal.
Porque tuyo es el Reino, el Poder,
y la Gloria,
por todos los siglos.
Amén.

(französisch)
Notre Père qui est aux cieux,
que ton nom soit sanctifié,
que ton règne vienne,
que ta volonté soit faite
sur la terre comme au ciel.
Donne-nous aujourd'hui
notre pain de ce jour.
Pardonne-nous nos oçenses,
comme nous pardonnons aussi
à ceux qui nous ont oçensés.
Et ne nous soumets pas à la tenta-
tion, mais delivre-nous du mal.
Car c'est à toi qu'appartiennent le
règne, la puissance et la gloire,
pour les siècles des siècles!
Amen.

(italienisch)
Padre nostro, che sei nei cieli,
sia santificato il tuo nome,
venga il tuo regno,
sia fatta la tua volontà come in
cielo anche in terra.
Dacci oggi il nostro pane quotidi-
ano
e rimetti a noi i nostri debiti
come anche noi li rimettiamo ai
nostri
debitori e non esporci alla tentazi-
one
ma liberaci dal Male.
Tuo è il Regno, la potenza e la
gloria
nei secoli dei secoli.
Amen.

(dänisch)
Vor Fader, du som er i himlene!
Helliget blive dit navn,
komme dit rige,
ske din vilje
som i himlen således også på
jorden;
giv os i dag vort daglige brød,
og forlad os vor skyld, som også
vi forlader vore skyldnere,
og led os ikke ind i fristelse,
men fri os fra det onde.
For dit er Riget og magten og
æren i evighed!
Amen.

(niederländisch)
Onze Vader,
die in de hemelen zijt,
Uw Naam worde geheiligd;
Uw koninkrijk kome;
Uw wil geschiede,
gelijk in de hemel alzo ook op de
aarde.
Geef ons heden ons dagelijks
brood;
en vergeef ons onze schulden,
gelijk ook wij vergeven onze
schuldenaren;
en leid ons niet in verzoeking,
maar verlos ons van de boze.
Want van U is het koninkrijk
en de kracht
en de heerlijkheid,
tot in eeuwigheid.
Amen.

Weitere Sprachen finden Sie in dem Buch „Laudate omnes gentes – Was uns eint: Gemeinsam beten und singen in der Ökumene, Gütersloh 2010.

Weltensegen *mit Musik-„Unterlegung" (Harfe)*

Geht hin in die Welt,
in Abend und Morgen.
Gott, Schöpfer des Lichtes,
segne euch und alle Menschen
und alles, was den Hauch des
Lebens
in sich trägt.
Gott segne euch
im Lauf der aufgehenden Sonne
rund um die Erde;
sei du der Morgenstern,
der über Australien wacht;

Go out into all the world.
From the rising of the sun to its
setting
may God, the creator of light
and everything that has life and
breath,
bless you and all people.
May God bless you
as the sun rises and runs it course
around the world;
the morning star
watching over Australia;

die Morgensonne,	the morning sun
die über Asien aufgeht;	rising over Asia;
die Sonne der Gerechtigkeit,	the sun of righteousness
die für Afrika neuen Segen bringt;	bringing new blessings to Africa;
die Morgenröte,	the dawn of new day shining
die über Europa erstrahlt;	upon Europe;
das Sonnenlicht,	the sunlight
das sich über die Weiten	flooding the Americas,
Süd- und Nordamerikas verschenkt.	north and south.
Gott segne euch	May God bless you
und behüte euch.	and protect you.
Gott sorge für euch.	May God keep you in his care.
Gott bewahre euch	May God watch over you
und erfülle euer Leben	and fill your life
mit Liebe.	with love.
Amen.	Amen.

Pater Dieter Haite

Abendsegen aus dem Christus-Pavillon / Weltausstellung EXPO 2000 in Hannover

Weitere Sprachen (französisch / spanisch / italienisch) finden Sie in dem Buch „Laudate omnes gentes" – Was uns eint: Gemeinsam beten und singen in der Ökumene, Gütersloh 2010.

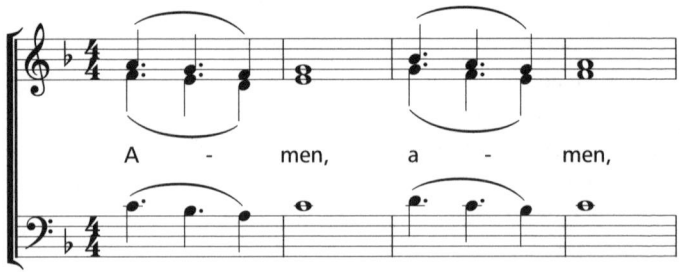

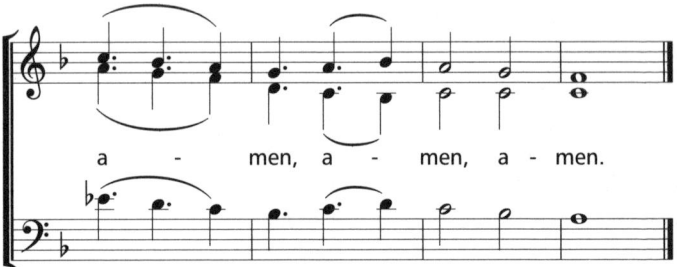

Words: traditional liturgical. Music: South African traditional, transcribed by
John L. Bell, at the Sunrise Hospice, Themba.

Ein Segen für das Leben

Der Herr sei vor dir,
um dir den rechten Weg zu zeigen.
Der Herr sei neben dir,
um dich in die Arme zu schließen und dich zu schützen.
Der Herr sei hinter dir,
um dich zu bewahren vor der Heimtücke böser Menschen.
Der Herr sei unter dir,
um dich aufzufangen, wenn du fällst,
und dich aus der Schlinge zu ziehen.
Der Herr sei in dir,
um dich zu trösten, wenn du traurig bist.
Der Herr sei um dich herum,
um dich zu verteidigen,
wenn andere über dich herfallen.
Der Herr sei über dir, um dich zu segnen.
So segne dich der gütige Gott.
Amen.

Irisches Segenswort

E

May the road   rise to
Wie die   Stra - ße uns zu -

A/E   **E**   **G#m**   **A**

meet you,   may the wind   be al-ways at your
sam-menführt und der Wind   sich in den Rü-cken

F#m   **H**

back,   may the   sun - shine up on your
legt,   wie die   Son - ne uns - re See-le

E   **A**   **E**

face,   may the   rain   fall soft-ly on your
wärmt   und der   Re - gen sanft auf die Fel-der

H⁷   **E**

fields,   un - til we meet a - gain,
fällt,   so   seg - ne uns Gott,

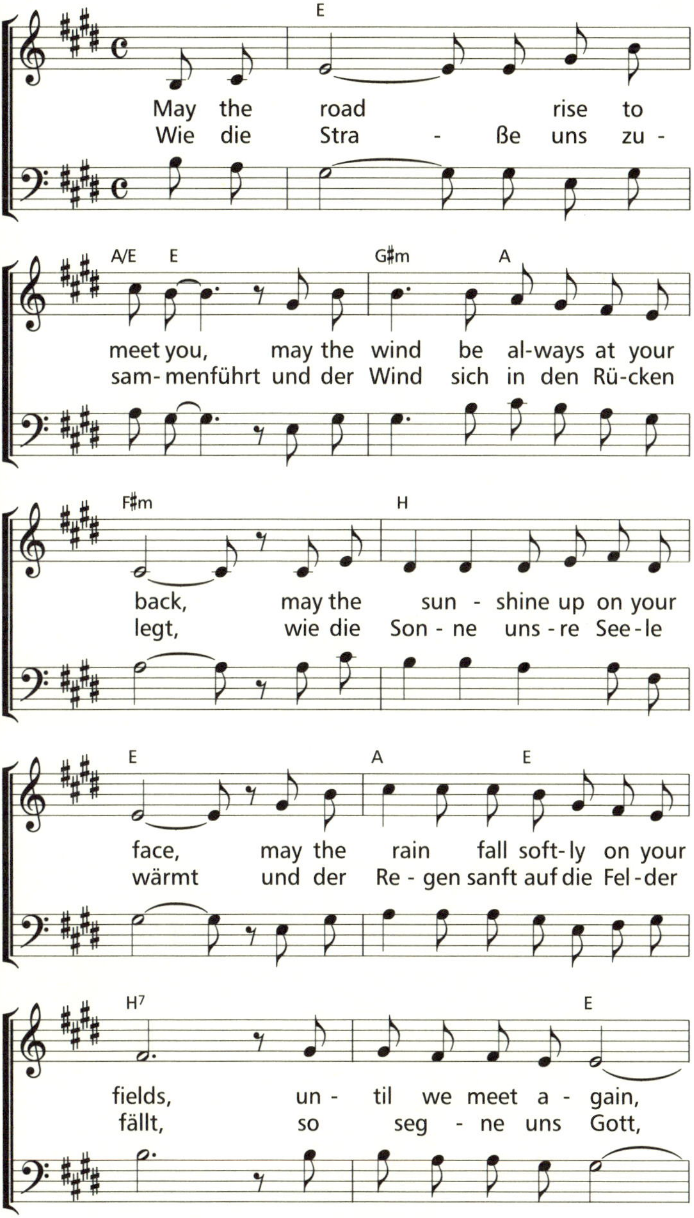

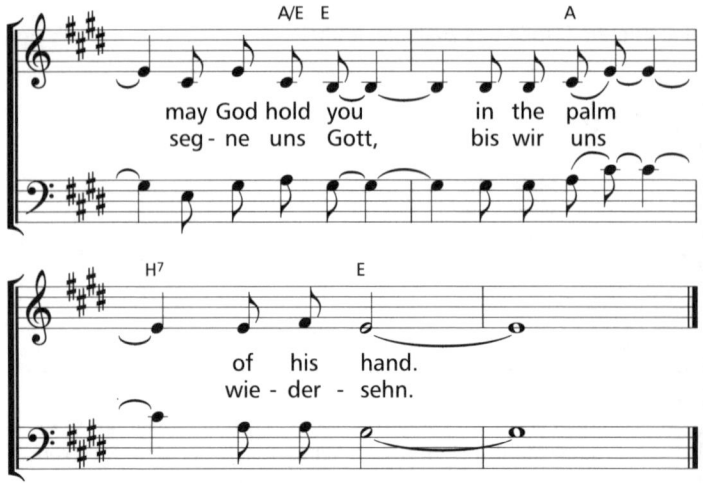

may God hold you in the palm
seg-ne uns Gott, bis wir uns

of his hand.
wie - der - sehn.

Text und Musik: Traditional. Übersetzung: Fritz Baltruweit.
Alle Rechte im tvd-Verlag Düsseldorf
portugiesisch: Simei Monteiro, spanisch: Martin Junge,
französisch: Marc Chambron, italienisch: Luca M. Negro
© CEC-FWF-WCC. 150, Route de Ferney, 1211, Geneva 2, Switzerland.

(französisch)
Que la route monte vers toi, que le vent souffle bien dans ton dos,
Que sur toi brille le soleil, que la pluiearrose ton jardin,
Avant qu'on se revoie, que Dieu te garde dans la paume de sa main.

(spanisch)
Que un camino haya frente a ti siempre un viento te impulse sutil,
Que en tu rostro brille el tibio sol, caiga suave lluvia sobre ti,
Ymientras que volvamos a encontrarnos, en su mano te tenga Diós.

(ialienisch)
Che la strada venga incontro a te, e che il vento soffi dietro a te,
Possa il sole splender su di te, e la pioggia cadere su di te,
Finché ci rivedrem ti sostenga il Signore nel tuo cammin.

(gälisch)
Go n éirí an bóthar leat
Go raibh an ghaot go brách ag do chúl
Go lonrái an ghrian go te ar d'aghaidh
go dtite an bháisteach go min ar do pháirceanna
Agus go mbuailimid le chéile aris,
Go gcoinní Dia i mbos A láimhe thú.

(portugiesisch)
Que um caminho se abra para ti, e que o vento sopre ao teu redor,
Que em tua face brilhe a luz do sol, caia a chuva suave sobre ti,
e até nos encontrarmos de novo, Deus te guarde em suas mãos.

(schwedisch)
Må din väg ga dig till mötes och må vinden vara din vän,
Och må solen värma din kind, och må regnet vattna själens jord,
Och till vi möts igen må Gud hålla, hålla dig i sin hand.

Zum Schluss

Gast sein – Gastgeber werden

© Dana S. Rothmann, © mattilda – Fotolia.com

Die Welt ist wie ein Buch.
Wer nie reist, sieht nur eine Seite davon.

Augustinus

Hinweise für die Arbeit in der Urlaubsseelsorge

Michael Schneider

Als Seelsorgerinnen und Seelsorger an Urlaubsorten – sei es an der Nordsee oder in Österreich, an der französischen Atlantikküste oder in Italien am Gardasee – bekommen wir eine doppelte Rolle: Wir sind Gäste in anderen Gemeinden, manchmal auch in Kirchen anderer Konfessionen. Und wir sind gegenüber den Urlaubsgästen auch in der Rolle des Gastgebers.

Zuallererst einmal sind wir Gäste. Wir sind herzlich willkommen. Die Gemeinden in diesen touristischen Regionen erwarten uns und freuen sich auf unsere Mitarbeit. Wir kommen also in ein Umfeld, das strukturiert ist. Menschen leben hier ihre christliche Gemeinschaft nicht nur wie wir für ein paar Wochen, sondern das ganze Jahr. Die Gäste gehören für viele Wochen und Monate zum Ortsbild. Sie prägen auch den Alltag der Menschen vor Ort. Diese leben größtenteils im und vom Tourismus. Nicht immer überwiegen dabei die positiven Begegnungen. So verschieden die Menschen sind, die dort Urlaub machen, so unterschiedlich sind auch ihre Erwartungen und Ansprüche. Da hat Gastfreundschaft manchmal seine Grenzen. Das gilt es zu bedenken, wenn wir voller Elan in eine Urlaubsgemeinde kommen und uns wundern, wenn nicht gleich jede Idee, die wir mitbringen, positiv aufgenommen wird. Die Gemeindeglieder bleiben. Wir gehen.

Darum sind auch im Vorfeld Informationen und Absprachen so wichtig. Was ist üblich in der Gemeinde? Was ist vertraut? Was wird von mir erwartet? Wo gibt es Spielraum, auch etwas Neues zu gestalten?

Es braucht viel Sensibilität für die Situation vor Ort.

Ein Beispiel: Auf einer ostfriesischen Insel hat nach einigen Jahren der Kirchenvorstand entschieden, dass die, die als Urlaubsseelsorger und -seelsorgerinnen auf die Insel kommen, sich bei den Gottesdiensten an eine fest vorgeschriebene Liturgie zu halten haben. Dahinter stand die Erfahrung, dass mit jedem neuen Urlaubsseelsorger eine neue Liturgie Eingang in den Gottesdienst fand, je nachdem welche Vorlieben er hatte oder was ihm aus seiner Kirche vertraut war. Denjenigen, der nur zu Gast ist, wird das wenig stören, aber die, die bleiben, müssen sich stets Neuem öffnen und verlieren dabei ihr Eigenes.

Gute Ideen fallen sicher auch bei den Verantwortlichen in Urlaubs-
gemeinden auf fruchtbaren Boden. Wenn wir etwas ändern oder etwas
ganz Neues ausprobieren wollen, dann sollten wir das mit den Verantwortlichen absprechen. In der Regel können wir davon ausgehen, dass
die Gemeinde vor Ort sich als Gastgeberin versteht und sich so mit ihren
kirchlichen Angeboten an die Gäste wendet. Hier gibt es viel Erfahrung!

Wir sind zuallererst Gäste. Das bedeutet, dass wir uns auch auf die
Gastgeber einstellen, genau hinsehen, sie in der Art, wie sie Gemeinde
leben, respektieren und das, was sie bereit sind, uns zu geben, anneh-
men. Dass der Gastgeber dabei auch auf unsere Wünsche eingeht, ist
zu erwarten.

Dabei ist der Blick über die Gemeinde hinaus von großer Bedeutung.
Ob Kureinrichtungen, Tourismusbüros, Hotels oder der Strandkorbvermie-
ter, alle haben – wenn auch in unterschiedlicher Weise – Berührung mit
dem Urlaubsgast. Es ist gut und hilfreich, dieses Umfeld genauer wahr-
zunehmen und so ein Gefühl für den Urlaubsort, seine Gastgeber und
Gäste zu bekommen.

Für die Gäste, die für ein paar Tage oder wenige Wochen an diesem
Ort Urlaub machen, werden wir zu Gastgebern. Wir arbeiten mit in der
Gemeinde, öffnen die Kirchentüren und laden ein zu Gottesdiensten und
werben für andere Veranstaltungen. Auch für diese Rolle ist es gut im
Vorfeld zu wissen, was das für Menschen sind, die dort Urlaub machen
und die Veranstaltungen der Kirche besuchen. Dabei hilft das zuständige
Pfarramt. Manchmal ist es auch hilfreich, im Vorfeld darüber Informatio-
nen über die Tourismusverantwortlichen vor Ort zu erbitten.

Veranstaltungen, die nicht bereits vor Ort im Blick auf das Format und
die Zielgruppe erprobt sind, können misslingen, wenn wir nichts über die
wissen, die wir einladen und für unser Angebot interessieren wollen.

Die sorgfältige und liebevolle Vorbereitung, die ansprechend gestaltete Einladung sind Voraussetzungen für eine gelungene Begegnung
zwischen Gastgebern und Gästen. Damit sind zwei ganz wichtige Bereiche der Urlaubsseelsorge angesprochen.

Zur sorgfältigen Vorbereitung gehören die eben schon angesprochenen
Fragen, wer an diesem Ort Urlaub macht und was sein Interesse wecken
könnte. Jeder Urlaubsort hat sein eigenes Urlauberprofil – und damit
auch die Gemeinde vor Ort. Menschen, die an der französischen Antlan-
tikküste Urlaub machen, haben andere Interessen und Vorlieben als die,
die sich in der österreichischen Bergwelt oder am dänischen Nordsee-

strand erholen wollen. Themen und Veranstaltungsformate werden davon geprägt. Was an dem einen Ort gut ankommt, muss keineswegs auch für andere gelten. Und gerade die Besonderheiten üben oft genug auch den Reiz für die Teilnahme an kirchlichen Veranstaltungen aus: Den sonntäglichen Gottesdienst kennen die meisten, aber wenn dieser im Watt oder auf einem Berggipfel gefeiert wird, kann er eine ganz neue Anziehungskraft entfalten und beim Gast tief gehende Eindrücke hinterlassen.

Viele Situationen sind auch für mich als Urlaubsseelsorger oder -seelsorgerin neu und nicht vertraut. Ich muss im Vorfeld klären, was es an Möglichkeiten gibt und wer mich vielleicht aus der Gemeinde mit seiner Erfahrung unterstützen kann. Dinge, die mir nicht vertraut sind, brauchen um so mehr Zeit für die Vorbereitung.

Die Sorgfalt bezieht sich aber auch auf die inhaltliche Vorbereitung. Selbst eine in meinen Augen gut gelungene und auch erprobte Predigt muss am Urlaubsort nicht in gleicher Weise „gehört" werden und „ankommen". Nicht, weil die Predigt nicht ansprechend und gut ist, sondern einfach weil der Ort und die Atmosphäre anders sind – und die, die sich in dieser Kirche versammeln, auch. Meine Erfahrung ist, dass es auch für mich selbst ein Gewinn sein kann, wenn ich Predigten zeitnah im Urlaubsort schreibe, weil ich erst dort das Gefühl für den Ort und die Menschen, zu denen ich spreche, entwickeln kann. Auch wenn ich schon zum dritten oder vierten Mal am gleichen Ort als Urlaubsseelsorger war, sollte ich bedenken, dass wir die meiste Zeit des Jahres in einem anderen Umfeld zu Hause sind, und dass sich in einem Jahr in der Gemeinde wie am Urlaubsort auch etwas verändern kann.

Auch die Vorbereitung von Räumen gerade an Orten, die mir selbst nicht vertraut sind, ist von großer Bedeutung. Dabei meine ich nicht nur den Gottesdienstraum in der Kirche, in der ich zu Gast bin, sondern auch besondere Orte, an denen ich vielleicht Andachten anbiete: am Strand, auf einem Kutter, auf dem Berggipfel, auf einem Kreuzfahrtschiff oder auch in einem Hotel. Der Ort beeinflusst sehr stark das Erleben. Auch eine Kirche braucht eine besondere Gestaltung, damit sie gastlich und einladend wirkt. Aber ein Kirchenraum hat schon für sich eine eigene Botschaft – etwas, was ich in einem sonst für andere Zwecke gebrauchten Raum wie in einem Hotel erst schaffen muss.

Bei der Werbung für kirchliche Veranstaltungen am Urlaubsort stehen wir in einer großen Konkurrenz mit anderen Anbietern. Wir stehen in einer Reihe mit den Gesundheits- und Wellnessangeboten der Hotels, dem Konzert des Shanty-Chores am Sonntagvormittag, dem Kinderspaß und Ausflugsangeboten der Kurverwaltungen. Die Werbung ist zum Teil professionell gemacht und auch gut platziert. Auch wenn im Vergleich zu dem dafür verbrauchten Werbeetat die finanziellen Mittel einer Kirchengemeinde manchmal eher begrenzt sind, sollte auch unserer Werbung Professionalität nicht fehlen. Werbung muss ansprechend gestaltet sein. Der Gast möchte sich ernst genommen fühlen, möchte den Eindruck vermittelt bekommen, dass man auf ihn wartet und dass ihm etwas Besonderes geboten wird. Dabei lässt sich ein Gast durchaus auch gerne einmal überraschen.

Es braucht Mut und Kreativität, auch einmal mit anderen Mitteln zu werben. Wir haben als Kirchen nicht nur an Urlaubsorten, aber gerade auch dort etwas, was die anderen nicht anbieten. Räume, die etwas von der Gegenwart Gottes ausstrahlen und die zu Begegnungen besonderer Art einladen. Eine Botschaft, die heil und gesund machen kann, und Menschen, die sie leben und mit anderen teilen möchten – auch im Urlaub. Die als Gäste kommen, sollen erfahren und erleben, dass sie willkommen sind, weil ein jeder von uns Gast ist auf dieser Erde. Das Besondere unseres Angebots sollte sich aus der Flut der anderen Angebote deutlich hervorheben. Auch wenn die Art unseres Angebots überraschen sollte, ist für die Urlaubsgäste wichtig zu wissen, was sie erwartet und wie viel Zeit sie dafür haben sollten. Das heißt: Mein Angebot sollte von seinem Thema und auch vom Ort her klar erkennbar sein – und zeitlich begrenzt. Nicht nur der Gastgeber sollte informiert sein, auch der Gast fühlt sich wohler, wenn er weiß, wie viel Zeit er einplanen „muss". Dass sich dabei beim Verabschieden zum Teil „auf der Schwelle" intensivere Gespräche ergeben, sollte einen Gastgeber nicht überraschen.

Als Gastgeber, aber auch gerade als Gast unter Gästen, sind wir als Urlaubsseelsorgerinnen und Urlaubsseelsorger in ganz besonderer Weise begehrte Gesprächspartner. Gerade in der Anonymität des Urlaubs können sich an den unterschiedlichsten Orten manchmal intensive seelsorgerliche Gespräche ergeben. Da können aus den veranschlagten zehn Minuten für das Holen der Frühstücksbrötchen beim Bäcker um die Ecke schon mal schnell 30 Minuten werden oder mehr. Urlaubszeit ist eben auch freie Zeit – zumindest für den Urlaubsgast.

Anhang

Die CD – Inhalt

01   Lied: Gottes Hände sind wie ein großes Zelt (Playback)
       aus: Meine Liedertüte, alle Rechte im tvd-Verlag Düsseldorf

02   Lied: Jeder Mensch braucht einen Engel
       aus: Flirt mit dem Himmel, alle Rechte im tvd-Verlag Düsseldorf

03   Lied: Jeder Mensch braucht einen Engel (Playback)
       aus: Flirt mit dem Himmel, alle Rechte im tvd-Verlag Düsseldorf

04   Lied: Wir machen uns gemeinsam auf den Weg
       aus: Studiogruppe Baltruweit/Hanns Dieter Hüsch, Jeder Tag ist ein Geschenk,
       alle Rechte im tvd-Verlag Düsseldorf

05   Lied: Schenk uns Zeit (Playback)
       aus: LebensWeisen, Playback-Doppel-CD zum Beiheft 05 zum Ev.Gesangbuch,
       Michaeliskloster Hildesheim, © Strube Verlag, München – Berlin

06   Lied: Jeder Tag ist ein Geschenk
       aus: Studiogruppe Baltruweit/Hanns Dieter Hüsch, Jeder Tag ist ein Geschenk,
       alle Rechte im tvd-Verlag Düsseldorf

07   Musikunterlegung zu Psalm 36 von Valentin Brand (Keyboard)
       aus: Fritz Baltruweit u.a., Gottesdienstentwürfe zur Ökumenischen Dekade – 50
       Liturgien, Haus kirchlicher Dienste, Hannover

08   Lied: Ich lobe meinen Gott von ganzem Herzen (Playback)
       aus: LebensWeisen, Playback-Doppel-CD zum Beiheft 05 zum Ev.Gesangbuch,
       Michaeliskloster Hildesheim, © 1982 Claude Fraysse/Alain Bergèse, Frankreich;
       für D/A/CH: SCM Hänssler, Holzgerlingen

09   Lied: Mitten am Tag ein Innehalten
       aus: Fritz Baltruweit, Du leihst mir deine Flügel – Flirt mit dem Himmel,
       tvd-Verlag Düsseldorf

10   Lied: Mitten am Tag ein Innehalten (Playback)
       aus: Fritz Baltruweit, Du leihst mir deine Flügel – Flirt mit dem Himmel,
       © Musik: tvd-Verlag Düsseldorf, © Text: Strube Verlag, München

11   Lied: Lieber Gott, ich danke dir (Playback)
       aus: Meine Liedertüte, alle Rechte im tvd-Verlag Düsseldorf

12   Gesang: Dein Licht leuchte uns
       aus: Studiogruppe Baltruweit, Dein Licht leuchte uns – Lieder zur Nacht,
       alle Rechte im tvd-Verlag Düsseldorf

13   Lied: Die Sonne sinkt ins Meer
       aus: Studiogruppe Baltruweit, Dein Licht leuchte uns – Lieder zur Nacht,
       Rechte für die Übersetzung: tvd-Verlag Düsseldorf

14   Lied: Die Sonne sinkt ins Meer (Playback)
      aus: LebensWeisen, Playback-Doppel-CD zum Beiheft 05 zum Ev.Gesangbuch,
      Michaeliskloster Hildesheim

15   Wasseraufnahme am Strand (Günter Raschen)
      aus: Günther Raschen, Wasser, Wind & Weite – Die Gesänge des Meeres am
      Strand von Wangerooge

16   Lied: Gott gab uns Atem
      aus: Studiogruppe Baltruweit/Hanns Dieter Hüsch, Jeder Tag ist ein Geschenk,
      Musikrechte: tvd-Verlag Düsseldorf, Textrechte: Strube Verlag, München

17   Lied: Gott gab uns Atem (Playback)
      aus: LebensWeisen, Playback-Doppel-CD zum Beiheft 05 zum Ev.Gesangbuch,
      Michaeliskloster Hildesheim

18   Lied: Du bist da
      aus: Studiogruppe Baltruweit/Mechthild Werner/Jan von Lingen, Leben aus
      erster Hand, Textrechte: tvd-Verlag Düsseldorf, Musikrechte: tvd-Verlag Düssel-
      dorf

19   Lied: Du bist da (Playback)
      aus: LebensWeisen, Playback-Doppel-CD zum Beiheft 05 zum Ev.Gesangbuch,
      Michaeliskloster Hildesheim

20   Lied: Heute mal wieder schwere See – Akkordeon-Musikunterlegung von
      Johannes Grundhoff, Aufnahme von Johannes Grundhoff –
      aus: Fundstücke, Bremische Evangelische Kirche, Text: Jan Janssen, Musik:
      Andreas Lettau, © bei den Urhebern

21   Lied: Mercy is falling (Playback)
      aus: LebensWeisen, Playback-Doppel-CD zum Beiheft 05 zum Ev.Gesangbuch,
      Michaeliskloster Hildesheim, © für D/A/CH: Gerth Medien Musikverlag e.K.,
      Asslar

22   Lied: Ein Segen sein
      aus: Fritz Baltruweit u.a., Gottesdienstentwürfe zur Ökumenischen Dekade –
      50 Liturgien, Haus kirchlicher Dienste, Hannover, alle Rechte im tvd-Verlag
      Düsseldorf

23   Lied: Ein Segen sein (Playback)
      aus: Fritz Baltruweit u.a., Gottesdienstentwürfe zur Ökumenischen Dekade –
      50 Liturgien, Haus kirchlicher Dienste, Hannover, alle Rechte im tvd-Verlag
      Düsseldorf

24   Seligpreisungen – Musik-Unterlegung „Sarabande" von Bernard Andrés (Harfe)
      gespielt von Konstanze Kuß, aus: Fritz Baltruweit, Du leihst mir deine Flügel –
      Flirt mit dem Himmel, tvd-Verlag Düsseldorf

25   Gott, deinen Namen will ich singen – Musik-Unterlegung „Fhear a' Bhata" trad.
      Schottisch, Arr. Kim Robertson (Harfe) gespielt von Konstanze Kuß
      aus: Fritz Baltruweit, Ich sing für dich, tvd-Verlag Düsseldorf

26 Weltensegen – Musik-Unterlegung „Bittersuit II" von Kim Robertson (Harfe) gespielt von Konstanze Kuß
aus: Fritz Baltruweit, Du leihst mir deine Flügel – Flirt mit dem Himmel, tvd-Verlag Düsseldorf

27 Lied: Wie die Straße uns zusammenführt.../May the road...
Privataufnahme Fritz Baltruweit/Konstanze Kuß, alle Rechte im tvd-Verlag Düsseldorf

28 Lied: Wie die Straße uns zusammenführt.../May the road... (Playback)
Privataufnahme Fritz Baltruweit/Konstanze Kuß, alle Rechte im tvd-Verlag Düsseldorf

Die Autorinnen und Autoren

Affolderbach, Dr., Martin, Oberkirchenrat, Referat für Islam und Weltreligionen, Hannover

Arnold, Dr. Jochen, Pastor und Kirchenmusiker, Direktor des Ev. Zentrums für Gottesdienst und Kirchenmusik der Ev.-luth. Landeskirche Hannovers im Michaeliskloster in Hildesheim

Baltruweit, Fritz, Pastor und Musiker, Referent im Ev. Zentrum für Gottesdienst und Kirchenmusik der Ev.-luth. Landeskirche Hannovers im Michaeliskloster in Hildesheim und im Referat für Projekte und Öffentlichkeitsarbeit im Haus kirchlicher Dienste, Hannover

Baßler, Walter, Pfarrer in Weil am Rhein, bis 2010 Pfarrer im Tourismuspfarramt auf Gran Canaria

Barth, Friedrich-Karl, Lieddichter, Bad Wildungen

Bünker, Hon.-Prof. Dr. Michael, Bischof der Evangelischen Kirche Österreichs A.B., Wien

Büssow, Bärbel, Pfarrerin der EKD in Rotterdam und Koordinatorin der Urlaubsseelsorge der EKD in den Niederlanden, Amsterdam

Czysewski, Helga, Urlaubsseelsorgerin in Italien und Niederlande, Klinikpfarrerin in Gelnhausen, Gründau

Filsinger, Dieter, Urlaubsseelsorger in Italien, Niederlande und Österreich, Pfarrer i.R., Weinheim

Friedrich, Dr. Marcus A., Pfarrer der Evangelisch-lutherischen Kirche in Italien in Bozen

Hählke, Christian, Bord- und Urlaubsseelsorger in Dänemark, Lettland, Österreich und Polen, Pfarrer, Höchstenbach

Härtel, Klaus Dieter, Urlaubsseelsorger Litauen und Polen, Pfarrer i.R., Bad Münster

Haite, Dieter, Pater, Hannover

Handelsmann, Manuela, Pastorin in Bliedersdorf, Autorin der „Evangelischen Kirche im NDR"

Herlyn, Prof. Dr. Okko, Urlaubsseelsorger in Dänemark, Italien, Niederlande und Österreich, Pfarrer i. R., Duisburg

Hofmann, PB Dr. Renate, Religionspädagogin und Lektorin, Gütersloh

Hüsch, Hanns Dieter, Kabarettist, Dichter und Prediger († 2005)

Hof, Bernd, mag. theol. und Pfarrer i.R. der Österreichischen Kirche A.B. in Innsbruck

Horak-Werz, Martina, Urlaubsseelsorgerin in Frankreich, Pfarrerin in Gommersheim

Koloska, Manfred, Urlaubsseelsorger im Stubaital in Österreich, Pfarrer, Berlin

Kristoffersen, Kirstin, Pastorin der Nordschleswigschen Gemeinde der Nordelbischen Kirche in Tingleff

Kunze, Achim, Pastor der Bremischen Ev. Kirche, Projektleitung der Kulturkirche St. Stephani in Bremen, langjähriger Inselpastor auf Juist und Pastor der Offenen Kirche am Markt St. Marien, Osnabrück

Kusche, D. Ulrich, Pfarrer i.R., Vakanzvertreter im Tourismuspfarramt auf Teneriffa

Lingen von, Jan, Radiopastor, Evangelische Kirche im NDR, Hannover, von 1995 bis 2001 Pfarrer in Werdum/Neuharlingersiel, Ostfriesland

Lunde, Friedrich und Sigrid, Pfarrerehepaar in Bad Kreuznach, Urlaubsseelsorge in Österreich

Mahler, Hella, Pastorin und Urlaubsseelsorgerin in Cuxhaven

Mering von, Klaus, langjähriger Inselpfarrer auf der Nordseeinsel Langeoog, Pastor i.R., Rastede, Autor der „Evangelischen Kirche im NDR"

Michler, Elli, Lyrikerin, Bad Homburg

Nagorni, Klaus, Urlaubsseelsorger in Italien und Österreich und Polen, Akademie-direktor der Evangelischen Akademie Baden in Bad Herrenalb, Pfarrer, Karlsruhe

Naumann, Bettina, Theologin, München

Peters, Friedhelm, Pfarrer im Tourismuspfarramt an der Costa del Sol

Peters, Heike, Diplom-Pädagogin, Prädikantin im Tourismuspfarramt an der Costa del Sol

Raschen, Günther, Pastor auf Wangerooge, Autor der „Evangelischen Kirche im NDR"

Raupach, Wolfgang, Pastor i.R., Hannover, Autor der „Evangelischen Kirche im NDR"

Reichel, Manfred, Bord- und Urlaubsseelsorger in Italien, Österreich, Dänemark und Polen, Pfarrer i.R., Ruhpolding

Ruffer, Christoph, Urlaubsseelsorge in Dänemark, Pfarrer, Löhne

Schneider, Michael, Oberkirchenrat, von 1988-1992 Pfarrer in Werdum/Neuharlinger-siel, bis 2002 Geschäftsführer für Kirche im Tourismus der Ev.-luth. Landeskirche Han-novers, Hannover

Schnitt, Annemarie, Lyrikerin, Northeim (weitere Texte unter www.annemarie-schnitt.de)

Schulz, Peter T., Künstler im holländischen Friesland und in Mülheim an der Ruhr

Schwabe, Tanja, ehrenamtliche Mitarbeiterin bei der ‚Kirche unterwegs' in Cuxhaven

Staege, Rainer, Urlaubsseelsorger in Dänemark, Dekan in Kirchhain

Steen, Nora, Citykirchenpastorin, Hildesheim

Strehlke, Achim, Pastor der ev.-luth. dänischen Volkskirche (Folkekirke) in Tondern für die deutschen Teile der Gemeinde in Tondern und Uberg, Dänemark

Teichmann, Wolfgang, Kirchenmusikdirektor, Referent im Ev. Zentrum für Gottesdienst und Kirchenmusik der Ev.-luth. Landeskirche Hannovers im Michaeliskloster in Hildesheim

Tergau-Harms, Christine, Pastorin, Referentin im Ev. Zentrum für Gottesdienst und Kirchenmusik der Ev.-luth. Landeskirche Hannovers im Michaeliskloster in Hildesheim

Voß, Melanie, ehrenamtliche Mitarbeiterin bei „Kirche unterwegs" in Cuxhaven

Wachowsky, Robert, Urlaubsseelsorger in den Niederlanden und Langzeitseelsorger in Peru, Pfarrer i.R., Bonn

Weinhold, Klaus-Peter, Tourismuspfarrer auf den Balearen, Mallorca

Werner, Mechthild, Rundfunkpfarrerin, Erfurt

Willms, Tina, Pastorin in Hameln, Autorin der „Evangelischen Kirche im NDR"

Wittenborn, Ilse, Religionslehrerin in Springe, Autorin der „Evangelischen Kirche im NDR"

Fotonachweise

Fritz Baltruweit (S. 97, 111, 124, 152, 187, 230, 259, 264)
Julia Drinnenberg, Zeichnung (S. 57)
Bernd Hof (S. 176)
Gerhard Hof (S. 166, 172)
Sabine Kovačević, Schaubild (S. 220)
Anke Krauskopf (S. 130, 131)
Katja Müller (S. 47, 65, 105, 140, 162, 165, 254)
Friedhelm Peters (S. 53)
Heike Peters (S. 163, 276)
Britta Rook (S. 275)
Friedemann Schlede (S. 155)
Jens Schulze (S. 14, 192, 223)
Tanja Schwabe (S. 92)
Nora Steen, Engel-Bild (S. 30)
Kirchengemeinde Christus- und Garnisonkirche Wilhelmshaven (S. 147)
Unbekannt (S. 119)